VIERWALDSTÄTTER SEE
UND ZENTRALSCHWEIZ

Vordere Umschlagklappe: Übersichtskarte Zentralschweiz

Hintere Umschlagklappe: Stadtplan Luzern

Erika Schumacher

VIERWALDSTÄTTER SEE
UND ZENTRALSCHWEIZ

DUMONT

Titelbild: Kapellbrücke von Luzern
Umschlaginnenklappe vorne: Blick von der Rigi auf den Vierwaldstätter See
Vignette: Typischer Schweizer Hausschmuck
S. 2/3: Der Vierwaldstätter See bei Beckenried
Umschlaginnenklappe hinten: Stadtmauer in Luzern
Umschlagrückseite oben: Fahnenschwinger beim Schwinget-Fest
Umschlagrückseite Mitte: Abendstimmung am Vierwaldstätter See
*Umschlagrückseite hinten:*Haus Treib

Über die Autorin: Erika Schumacher, geboren 1962, arbeitet als freie Journalistin und Autorin, spezialisiert auf Tourismus-Themen, in Bern. Bei DuMont erschien von ihr der Band »Richtig Wandern Wallis«.

Meinem Freund und Partner Gotthard Klingler gewidmet

Danksagung
Ich danke all jenen, die mit Fachwissen, moralischer Unterstützung und auch sonst zum Gelingen dieses Buches beigetragen haben – im besonderen Gotthard Klingler aus Basel, Karin Schwerzmann von Zentralschweiz-Tourismus in Luzern, den regionalen Verkehrsverbänden, lokalen Verkehrsbüros und spezialisierten Fachstellen.

Die Deutsche Bibliothek – CIP-Einheitsaufnahme

Schumacher, Erika:
Vierwaldstätter See und Zentralschweiz / Erika Schumacher. –
Köln: DuMont, 1999
   (DuMont-Reise-Taschenbücher ; 2171)
   ISBN 3-7701-4311-6

© 1999 DuMont Buchverlag, Köln
Alle Rechte vorbehalten
Satz und Druck: Rasch, Bramsche
Buchbinderische Verarbeitung: Bramscher Buchbinder Betriebe

Printed in Germany   ISBN 3-7701-4311-6

INHALT

LAND & LEUTE

Natur, Umwelt und Wirtschaft

Geschichte, Gesellschaft und Kultur

UNTERWEGS
IN DER ZENTRALSCHWEIZ

Rund um den Vierwaldstätter See

Von Luzern ins Luzernbiet

Durch die Kantone Nid- und Obwalden

Inhalt

TIPS & ADRESSEN

Fast die gesamte **Zentralschweiz** weist die regionale **Vorwahl (0)41** auf; eine Ausnahme bildet die Region **Einsiedeln** mit **(0)55**. Alle Telefonnummern in diesem Buch haben demnach, falls nichts anderes erwähnt ist, die regionale Vorwahl (0)41.

Bitte schreiben Sie uns, wenn sich etwas geändert hat.
Alle in diesem Buch enthaltenen Angaben wurden von der Autorin nach bestem Wissen erstellt und von ihr und dem Verlag mit größtmöglicher Sorgfalt überprüft. Gleichwohl sind – wie wir im Sinne des Produkthaftungsrechts betonen müssen – inhaltliche Fehler nicht vollständig auszuschließen. Daher erfolgen die Angaben ohne jegliche Verpflichtung oder Garantie des Verlages oder der Autorin. Beide übernehmen keinerlei Verantwortung und Haftung für etwaige inhaltliche Unstimmigkeiten. Wir bitten dafür um Verständnis und werden Korrekturhinweise gerne aufgreifen:

DuMont Buchverlag, Postfach 10 10 45, 50450 Köln
E-Mail: reise@dumontverlag.de

LAND & LEUTE

»Eine Fahrt über
den See ist das
vollkommenste
Vergnügen, das man
sich nur denken
kann. Die Berge
waren ein Wunder
ohne Ende.«

Mark Twain, aus
›Ferien in Luzern‹

Natur, Umwelt und Wirtschaft

Geographie und Landschaft

Klima

Flora und Fauna

Wirtschaft

Aussicht vom Bürgenstock

Ferien in der »Wiege der Schweiz«

Kein anderer Landesteil kommt dem Bild der »typischen« Schweiz näher als die Zentralschweiz. Wer das Ursprüngliche und Echte, das Bodenständige und Stetige und damit die Symbole – und auch Klischees – sucht, die mit der Schweiz gemeinhin in Zusammenhang gebracht werden, glaubt sie am ehesten im Land rund um den Vierwaldstätter See zu finden. Dies gilt nicht nur für die Gäste aus dem Ausland, sondern auch für Schweizer selbst und mag vor allem in der Geschichte gründen: Am Vierwaldstätter See wurde vor 700 Jahren die schweizerische Eidgenossenschaft gegründet, und in der Zentralschweiz mahlen die Mühlen generell etwas langsamer als anderswo im Land.

Was den Fremdenverkehr betrifft, waren die Innerschweizer allerdings schneller als manch andere. Die berühmten Aussichtsberge Rigi und Pilatus wurden schon im 18. Jh. bestiegen, Schillers »Wilhelm Tell« hat die Region weltberühmt gemacht. Die Innerschweizer sind – mit 3,2 Mio. Hotelübernachtungen im Jahr – längst zu professionellen Gastgebern geworden, das Angebot an touristischen Dienstleistungen ist sehr umfangreich, Hotels und Unterkünfte für jedes Budget, Qualität in der Küche und zuvorkommender Service eine Selbstverständlichkeit.

Wer in die Zentralschweiz fährt, sucht nicht in erster Linie Trubel, sondern geruhsame Ferien. Diese sind nicht nur auf dem Land, sondern auch in den Städten garantiert – außer an gewissen Sommertagen in Luzern, wenn Reisegruppen und Individualreisende die Gassen und Plätze bevölkern. Immerhin verfügt die touristische Hauptstadt der Schweiz über ein ausgezeichnetes Verkehrsnetz und damit über genügend Ausweichmöglichkeiten; jedes Ausflugs- und Ferienziel der Innerschweiz ist, mit dem Auto oder der Bahn und dem Postauto, innerhalb kurzer Zeit zu erreichen.

In Sachen Urlaubsgestaltung läßt die Zentralschweiz kaum einen Wunsch offen. Zu den klassischen Angeboten gehören eine Dampfschiffahrt auf dem Vierwaldstätter See, Ausflüge auf Rigi und Pilatus, Folkloredarbietungen und jede Menge Berg- und Seilbahnen auf Gipfel und Höhen mit phantastischer Aussicht. In den ländlichen Gebieten sind Spaziergänge und Wanderungen angesagt – am flachen Ufer des Zuger Sees und im sanft hügeligen Luzerngebiet ebenso wie auf den Obwaldner Alpweiden, in den waldreichen Schwyzer Tälern, in den schroffen Urner Bergen und über die Alpenpässe. Kulturgeschichtlich Interessierte suchen die historischen Stätten rund um den Vierwaldstätter See, mittelalterliche Marktstädtchen und reich ausgestattete Kirchen auf. Die Stadt Luzern

Seilbahn bei Beckenried

Herz der Zentralschweiz – der Vierwaldstätter See

verfügt über ein vielfältiges Kultur-angebot, und zur Hauptreisezeit bieten die größeren und auch man-che kleinere Urlaubsorte attraktive Gästeprogramme mit Kultur, Sport, Unterhaltung und Ausflügen an.

Wer's sportlich aktiv mag, kommt in der Zentralschweiz ebenfalls auf seine Kosten, sei es beim Wasser-sport auf den zahlreichen Seen, in den Winterferienorten wie Engelberg und Andermatt oder beim Klettern in den Wänden der Dreitausender.

Seinen Namen erhielt er von den vier Waldstätten, und damit ist der Vierwaldstätter See ein historisches Symbol in der Schweiz. Zwar waren die Waldstätten ursprünglich nur ih-rer drei, aber zu Uri, Schwyz und Unterwalden, die anno 1291 am Vierwaldstätter See die Schweiz aus der Taufe hoben, gesellte sich bald Luzern. Und somit war das Quartett komplett. Zug, der fünfte Inner-schweizer Kanton, ist übrigens auch

Raddampfer und Salonschiffe

Schiffahrt auf dem Vierwaldstätter See

Im offenen Maschinenraum stampfen die Kolben, im Wasser drehen sich die riesigen Schaufelräder, der Kamin stößt Dampfschwaden aus, dumpf ertönt das Horn – der Faszination eines nostalgischen Raddampfers kann sich keiner entziehen. »Es gibt kaum ein Objekt der Kulturgeschichte und schon gar nicht der Technik, das alle Generationen der Gegenwart derart in seinen Bann zieht wie das Dampfschiff«: Was die Vereinigung der Dampferfreunde am Vierwaldstätter See in ihrem Prospekt schreibt, bestätigen jedes Jahr Hunderttausende von Passagieren aus nah und fern.

Die beliebtesten Plätze auf den eleganten Veteranen aus der Jahrhundertwende befinden sich auf dem Außendeck: Von oben scheint die Sonne, von der Seite erfrischt eine kühle Brise, unten schäumt auf tiefdunklem Wasser die Gischt. Das Schiff pflügt im Zickzack die Wellen, legt immer wieder am Ufer an, derweil sich ringsum stetig die Landschaft verändert. Auf das helle Grün der Wiesen folgen dunkle Bergwälder, malerische Buchten tauchen auf und Felswände fallen fast senkrecht in den See.

Die fünf Vierwaldstätter See-Raddampfer bilden die größte Binnen-Dampferflotte der Welt. Flaggschiff mit einem Gewicht von 415 Tonnen und einer Leistung von 1300 PS ist die »Stadt Luzern«. 63,5 m lang und 15,2 m breit, kann das Schiff 1200 Personen aufnehmen. »Unterwalden« und »Schiller« sind 1902 bzw. 1906 vom Stapel gelaufen. Mit Jahrgang 1901 ist die »Uri« der älteste Raddampfer, die »Gallia« aus dem Jahr 1913 dagegen das schnellste Radschiff der Schweiz. Alle fünf wurden mit viel Liebe stilgerecht restauriert. Die teilweise luxuriöse Innenausstattung, vor allem die Salons aus Belle Epoque und Jugendstil, ist so alt wie die Schiffe selber und weist viele kunsthandwerkliche Details auf.

Bis ins 19. Jh. hinein verkehrten auf dem Vierwaldstätter See ausschließlich Ruder- und Segelschiffe und Flöße. Am 30. September 1836 trat der erste Raddampfer, zusätzlich mit einem Segel ausgestattet, die Jungfernfahrt an. Ausgiebig bewunderte die Bevölkerung vom Ufer aus das stolze, kräftig rauchende Monstrum. Am Urner See schlug die Begeisterung jedoch in handgreifliche Ablehnung um. Die Urner Schiffsleute fürchteten die Konkurrenz durch den Luzerner Koloß und bangten um ihr tägliches Einkommen. Unter Schimpf und Schande und einem Hagel von Steinen mußte das Schiff abdampfen, ohne in Flüelen angelegt zu haben. 1847 bauten schließlich auch die Urner ihren ersten Dampfer.

Mit dem Fremdenverkehr florierte im ausgehenden 19. Jh. auch die Schiffahrt, etliche neue Dampfer wurden gebaut. Jäh gebremst wurde die Entwicklung in der Zeit der beiden Weltkriege. Der Neuanfang ließ jedoch nicht lange auf sich warten: Seit 1951 baut man in der Werft der Schiffahrtsgesellschaft des Vierwaldstätter Sees (SGV) Motorschiffe, die Kohleheizungen der Raddampfer wurden durch Ölfeuerungen ersetzt. Damit auch die großen Schiffe die niedrige Achereggbrücke bei Stansstad passieren können, werden sie mit absenkbaren Kaminen, Masten und Steuerhäusern ausgestattet. Für die Generalsanierung eines Schiffes werden rund 100 000 Arbeitsstunden und mehrere Mio. Franken eingesetzt.

Daß die nostalgischen Raddampfer aus der Jahrhundertwende noch verkehren, ist nicht selbstverständlich. In den 70er Jahren kündigte die SGV an, bis auf ein einziges Exemplar nach und nach alle Raddampfer aus dem Verkehr ziehen zu wollen. Durch diese Mitteilung in Aufruhr versetzt, gründeten Dampferfreunde aus der ganzen Schweiz und aus dem Ausland eine Bürgerinitiative. Mit hartnäckigem Einsatz brachte diese schließlich die Mittel für die kostspielige Überholung und Erhaltung der Dampfer auf und rettete damit die Zeugen alter Schiffsbaukunst vor dem Umbau zu einem Motorschiff oder gar der Verschrottung.

Heute umfaßt die Vierwaldstätter See-Flotte neben den fünf historischen Dampfschiffen 15 elegante Salon-Motorschiffe. Die insgesamt 20 Schiffe bieten Platz für 13 000 Fahrgäste; die meisten verfügen über ein Restaurant. Die legendären Raddampfer werden von Mai bis Oktober im Linienverkehr zwischen Luzern und Flüelen sowie Luzern und Alpnachstad eingesetzt, die Motor-Salonschiffe sind ganzjährig unterwegs.

Als bedeutendstes Schweizer Schiffahrtsunternehmen befördert die SGV auf 38 km Seeweg über zwei Mio. Passagiere pro Jahr. Von den 33 Anlegestellen rund um den See bieten Luzern, Brunnen, Flüelen und Alpnachstad Anschluß ans internationale Bahnnetz, zahlreiche Landestege befinden sich wenige Meter von der Talstation einer Bergbahn entfernt.

Zum Angebot der SGV gehören neben den regulären Kursen Rundfahrten, Halbtages- und Ganztages-Ausflüge und kombinierte Schiff-/Bergbahnfahrten. Vom Frühling bis in den Herbst kreuzen das Sunntigs(z)morge- (Sonntagvormittag, mit Frühstück), das Mittagsschiff und der Zvieri-Dampfer (Zvieri = Zwischenmahlzeit am Nachmittag) den See und werden verschiedene kulinarische Fahrten (Fondue, Crêpes), Sonnenuntergangs- und Sommernachts-Fahrten, letztere mit Musik, Tanz und Schweizer Folklore, angeboten.

Unterlagen und Auskünfte: Schiffahrtsgesellschaft des Vierwaldstätter Sees, Werftstr. 5, 6002 Luzern, ✆ 041/367 66 66.

nicht weit: Nur rund drei Kilometer trennen zwischen Küssnacht und Immensee den Zuger vom Vierwaldstätter See, der den Namen frühestens 1332 – im Jahr, als Luzern der Eidgenossenschaft beitrat – bekommen hat. Wie alte Gemälde zeigen, hat der See im geschichtlichen und geographischen Herzen der Schweiz von jeher auch den Einheimischen gefallen, richtig verehrt wurde er allerdings von Auswärtigen: Neben Friedrich Schiller, dem Verfasser des Dramas »Wilhelm Tell« – der ihn selber übrigens nie in natura bewundert hat – und seinem weitgereisten Zeitgenossen Johann Wolfgang von Goethe ließen sich Victor Hugo, Leo Tolstoi, Hans Christian Andersen, Mark Twain und viele Dichter mehr von ihm begeistern und zu Werken inspirieren, die dem See schließlich zu Weltruhm verholfen haben.

Mit einer Oberfläche von 114 km^2 ist der Vierwaldstätter See der fünftgrößte See der Schweiz. Er liegt auf 437 m über NN, mißt von Flüelen im Süden bis nach Luzern im Norden 38 km, ist bis zu 4 km breit und mißt an seiner engsten Stelle zwischen den beiden sogenannten Nasen von Vitznauer Stock und Bürgenstock nur 825 m. Seine durchschnittliche Tiefe beträgt 104 m, die tiefste Stelle, 214 m unter dem Wasserspiegel, wurde zwischen Beckenried und Gersau gemessen. Gespeist wird der See vor allem von der Reuss, die an seinem südlichen Ende bei Flüelen ein- und in Luzern im Norden wieder ausfließt. Aus dem Kanton Schwyz herkommend, münden bei

Brunnen die Muota, aus Obwalden bei Buochs die Engelberger und bei Alpnachstad die Sarner Aa ein.

Entstanden ist der Vierwaldstätter See aus rasch schmelzenden Eismassen, sein Bett bereitete ihm der Titlisgletscher. Seine Abgrenzungen hat er offensichtlich so kompliziert wie möglich gewählt: Das Herz der Schweiz ist eigentlich ein schiefes Kreuz. Vom Mittelpunkt, dem sogenannten Kreuztrichter – der früher als Unfallrisiko gefürchtet war – greifen vier Seearme (Weggiser, Küssnachter, Luzerner und Hergiswiler See) aus und in sanft gerundete oder spitze Buchten hinein. Östlich vom Weggiser See kommt das Gersauer Becken dazu, um schließlich beim Knie in Brunnen an den Urner See anzuschließen.

Mit dem Vierwaldstätter See verbinden sich viele romantische Vorstellungen rund um die alte Gotthardroute. Auf der Hauptverkehrsader der Innerschweiz, die wahrscheinlich schon von den Römern genutzt wurde, spielte sich jedoch vom 13. Jh. an harter Schifferalltag ab. Gerade war die Schöllenenschlucht erschlossen worden, der See bot den Handelsleuten den einzigen Zugang zum Gotthardpass und damit in den Süden an. Im unwegsamen Ufergelände hatten noch keine Straßen gebaut werden können. So wurden denn in Flüelen am südlichen See-Ende alle Handelsgüter auf Nauen, Kähne und Segelschiffe verladen, über den See transportiert und in Luzern wieder auf Wagen umgeladen.

›Steckbrief‹ Zentralschweiz

Name: Zentralschweiz oder Innerschweiz. Mit dem Begriff »Urschweiz« werden die Gründungskantone der Eidgenossenschaft bezeichnet: Uri, Schwyz und das aus Nid- und Obwalden bestehende Unterwalden.

Lage: Im Herzen der Schweiz. Im Süden grenzt die Zentralschweiz ans Gotthardmassiv und damit an den Kanton Tessin und über wenige Kilometer an die Kantone Wallis im Westen und Graubünden im Osten davon. Im Osten liegen der Voralpenkanton Glarus sowie das St. Galler Oberland, im Norden die Kantone Zürich und Aargau und im Westen der Kanton Bern.

Fläche: 4482 km^2, ca. 11 % der Schweiz (41287 km^2)

Politische Gliederung: Die Zentralschweiz umfaßt 6 der insgesamt 26 Schweizer Kantone:
Uri, Hauptort Altdorf.
Schwyz, Hauptort Schwyz.
Obwalden, Hauptort Sarnen.
Nidwalden, Hauptort Stans.
Luzern, Hauptort Luzern.
Zug, Hauptort Zug.
Die 6 Kantone umfassen insgesamt 186 Gemeinden.

Bevölkerung: Rund 620 000 Einwohner, knapp 9 % der Schweizer (ca. 7 Mio.)

Besiedlungsdichte: 138 Einw./km^2

Sprache: Deutsch, das sogenannte »Schwyzerdütsch«.

Religion: Die Zentralschweizer Bevölkerung ist traditionell katholisch. Durch Zuwanderung weisen Schwyz, Nidwalden, Luzern und Zug heute einen Anteil von Protestanten zwischen 10 und 30 % auf.

Die größten Städte: Luzern (59 000 Einwohner), Zug (25 000 Einwohner), Schwyz (13 000 Einwohner), Einsiedeln (9 600 Einwohner).

Höchster Punkt: Dammastock (3630 m).

Tiefster Punkt: Ufer des Zürichsees, Kanton Schwyz (408 m).

Staatswesen und Politik: Die Schweiz wird aus 23 Kantonen gebildet. Das nationale Parlament besteht aus zwei Kammern: Der Nationalrat zählt 200 Volksvertreter, die proportional zur Einwohnerzahl unter den Kantonen aufgeteilt werden. Zur Zeit entsendet Uri einen, Schwyz drei, Nid- und Obwalden je einen, Luzern neun und Zug zwei Abgeordnete, darunter drei Frauen, an die Parlamentssessionen nach Bern. Im Ständerat sitzen 46 Kantonsvertreter (zwei pro Kanton bzw. einer pro Halbkanton). Alle vier Jahre finden Parlamentswahlen statt. Oberste ausführende Behörde der Schweiz ist der siebenköpfige Bundesrat, jährlich und im Turnus wird aus ihrer Mitte als repräsentierendes Staatsoberhaupt der Bundespräsident gewählt. Kantone und Gemeinden verfügen über eine große Eigenständigkeit. Jeder Kanton hat eine eigene Verfassung, zieht die Steuern ein und ist zuständig für die Bereiche Schule, Verkehr, Gesundheit, Bau, Energie, Polizei, Kultur, Wirtschaft und Zivilstandswesen und führt kantonale Wahlen und Abstimmungen durch. Dem Bund obliegen allein die Bereiche Außenpolitik, Landesverteidigung und Zoll. Die Kantons-Parlamente heißen Großrat oder Kantonsrat, ausführende Behörde ist der Regierungsrat. In der Innerschweiz dominieren die bürgerlich-konservativen Parteien wie die Christlich-Demokratische Volkspartei (CVP) und die Liberale Partei (LP).

Aus dem Jahr 1357 stammen die ersten schriftlichen Abmachungen der Ufergemeinden über die Regelungen des Seeverkehrs. Diese galten jedoch nur für die beiden größten Nauen-Gesellschaften, die anderen Transporteure wurden erst 1532 gleichberechtigte Partner. Über bedeutende Umschlaghäfen verfügten auch Küssnacht, Arth und Brunnen im Kanton Schwyz. Von hier aus wurde der Weitertransport der Waren Richtung Zürich und ins nördliche Ausland organisiert.

Für den Warentransport hat der Wasserweg über den Vierwaldstätter See seine Bedeutung erst mit der Eröffnung der Bahnstrecke durch den Gotthard im Jahr 1882 verloren, für den Durchgangs- und Warenverkehr ist heute neben der Schiene auch die Straße zuständig.

Verkehrstechnisch hat sich der See allerdings bis heute bewährt. Auf den alten Dampfern und modernen Schiffen der Schiffahrtsgesellschaft für den Vierwaldstätter See (SVG) peilen Gäste aus aller Welt die Uferorte an. Eine Schiffahrt ist darüber hinaus die geeignetste und schönste Art, den See kennenzulernen.

Geographie und Landschaft

Die Zentralschweiz präsentiert auf verhältnismäßig kleinem Raum ein geographisch und landschaftlich vielseitiges Bild; es ist das Nebeneinander von enger Bergwelt und weitem Flachland, das ihren Reiz ausmacht.

Rund um den Vierwaldstätter See erheben sich die voralpinen Berge Rigi, Pilatus und Bürgenstock. Sie reichen zwar kaum über 2000 m hinaus, sind aber dennoch recht imposante Erscheinungen. Hochalpin wird es erst im Süden, wo sich das

Frühling auf der Alm

Gotthardmassiv, eines der Kernstük-
ke der Alpen, mit majestätischen,
firnbedeckten Dreitausendern umgibt, deren Kette sich Richtung
Nordwesten bis zum Titlis hinzieht
und im Nordosten beim Klausenpass allmählich endet.

Nördlich des Gotthards senkt sich
das Gelände ab. Abseits des verkehrsreichen Reusstals öffnen sich
zahlreiche, zum Teil wildromantische und noch fast unberührte Berg-
und Voralpentäler. Wilde Talbäche
eilen durch herrliche Nadelwälder
talaus, und auf den Höhen breiten
sich Alpweiden aus. Sie liegen noch
unter der Baumgrenze, lockere
Gruppen von Tannen und Föhren
sind daher keine Seltenheit. Nördlich des Vierwaldstätter Sees ziehen
sich sanfte Täler mit grünen Wiesen
und landwirtschaftlich bewirtschafteten Feldern ins Schweizer Mittelland hinaus.

Wie die Alpen – sie sind selbst in
tiefergelegenen Orten und von fast
jedem Hügel aus zu sehen – gehören neben dem Vierwaldstätter See
auch zahlreiche kleinere Seen zur
Zentralschweiz. Im Übergangsge-
biet zwischen Voralpen und Mittelland breitet sich der Zuger See aus,
in den Kantonen Schwyz und Zug
stößt man auf Sihl-, Ägeri-, Lauerzer
und Wägitaler See, in Obwalden
gibt es Sarner- und Lungernsee und
im Kanton Luzern Sempacher, Hallwiler und Baldegger See.

Zum Landschaftsbild der Zentralschweiz gehören neben den geschlossenen, oft am Fuße schützen-
der Hügel und Berge liegenden
Dörfern und Kantonshauptorten die
typischen Streusiedlungen. Die vielen kleinen Bauernhöfe sind über
Talböden und Hänge verstreut, oft
kilometerweit von der nächsten Ort-
schaft entfernt.

Klima

Das Klima in der Schweiz wird von drei großräumigen Wetterphänomenen bestimmt, dem Azorenhoch, dem Islandtief und, vor allem im Winter, dem kontinentalen Rußlandhoch. Die Alpenkette wirkt als europäische Wetterscheide, das Wetter südlich des Gotthards ist weitgehend vom milden Mittelmeerklima beeinflußt und unterscheidet sich daher von jenem in der Zentralschweiz. Nördlich des Gotthardpasses treten verhältnismäßig starke Klimaschwankungen auf, außerdem gilt das Gebiet rund um den Vierwaldstätter See als »Schüttstein der Schweiz«. Dies heißt allerdings nicht, daß sich der Tourist ausschließlich auf Schlechtwetter einstellen muß: Immerhin scheint die Sonne in Luzern rund 1550 Stunden im Jahr. Im übrigen sind in der Leuchtenstadt die Winter nicht sehr kalt und die Sommer nicht zu heiß.

Wer den Regen jedoch liebt und sucht, wird in der Zentralschweiz fündig. Wie die Reichen in der glühenden Hitze Saudiarabiens, denen der rührige Luzerner Verkehrsdirektor den Regen als Argument für Ferien in der Zentralschweiz angepriesen hat – mit Erfolg, wie es heißt. Immerhin fallen die Niederschläge gleichmäßig über das Jahr verteilt; ausgedehnte Schlechtwetterperioden sind also kaum zu befürchten.

Ein einfaches Mittel, sich dem Wetter im voraus bestmöglich anzupassen, ist, den Finger in die Luft zu halten: Weht der Wind aus dem Westen, sind milde Temperaturen und veränderliches Wetter zu erwarten. Weht er aus dem Osten, wird es im Sommer trocken, im Winter zusätzlich kalt. Der meist in der kalten Jahreszeit vorkommende Nordwind läßt regnerische und kühle Tage und viele Wolken erwarten.

Der Föhn ist bei den meisten Touristen besondes beliebt. Bringt dieser Südwind jenseits des Alpenkammes viel Regen, weht er in der Zentralschweiz trocken und warm, beschenkt das Land mit sprunghaft ansteigenden Temperaturen, viel Sonnenschein und glasklarer Sicht: Berge und Seen scheinen zum Greifen nah. Im Winter mildert er die Kälte, im Frühling bringt er innerhalb kürzester Zeit den Schnee zum Schmelzen. Gebärdet er sich allerdings zu heftig, braust und heult er mit großer Geschwindigkeit vom Gotthard durchs Reusstal hinab, beobachtet auf dem Vierwaldstätter See jeder Kapitän die blinkenden Warnlichter am Ufer, jederzeit bereit, das Schiff vorübergehend dorthin zurückzumanövrieren. Ein veritabler Föhnsturm auf dem Urner See ist ein Naturschauspiel, das man nicht so leicht vergißt – wobei man es besser vom Ufer aus genießen sollte.

Am Vierwaldstätter See und im Mittelland nördlich davon beginnt die Haupttreisesaison im März/April und hält bis in den Oktober an. Hier sowie in den breiteren Tälern wird es im Sommer bis um 30° C warm, an manchen Tagen können die Temperaturen noch höher liegen. An der

»Riviera des Vierwaldstätter Sees« am Rigi-Südfuß sind die Ferienorte Weggis, Vitznau, Gersau und Brunnen generell mit einem sanfteren Klima gesegnet als die übrige Zentralschweiz; hier lassen sich bereits im beginnenden Frühling milde Temperaturen genießen.

Wer die Bergtäler entdecken will, wählt am besten die Monate Juli und August. Im Mai und Juni zieht der Bergfrühling die Freunde der reichen Alpenflora an und der September empfiehlt sich all jenen, die sich mildes, stabiles Wetter und viel Sonne wünschen. Das ist die Zeit der Bergwanderer und Hochalpinisten, die in der Höhe schon mal relativ kühle Temperaturen von 10° C oder weniger zu erwarten haben. Zum Skifahren kommt man ab Mitte Dezember. In den Bergtälern können die Temperaturen bis auf minus 20 °C sinken. Am schönsten präsentiert sich der März, bereits etwas wärmer und dennoch weitgehend schneesicher und reich an Sonnenschein.

Flora und Fauna

So vielfältig wie Landschaft und Klima präsentiert sich in der Zentralschweiz auch die Tier- und Pflanzenwelt. In den Mittellandregionen der Kantone Luzern und Zug leben im großen und ganzen die gleichen Tiere wie in anderen mitteleuropäischen Ländern auch. An den Ufern von Zuger, Baldegger, Hallwiler und Sempacher See, teilweise auch am Vier-

waldstätter See, nisten Wasservögel, unter ihnen neben Enten und Schwänen auch der Hauben- und der Zwergtaucher, das Blässhuhn und das grünfüßige Teichhuhn, die Rohrdommel und der Drosselrohrsänger. An den zahlreichen größeren und kleineren Tümpeln krabbeln und schwirren Insekten vieler Arten, in großer Zahl sind Frösche, Unken, Kröten und Molche anzutreffen. Im Sommer sollte man sich an diesen Orten vor den Stechmücken hüten.

Die Seen und teilweise auch die Flüsse, vor allem die Reuss, sind Lebensraum zahlreicher Fische; mancherorts zählt man über 30 Arten. Am häufigsten sind die Forellen, Hechte, Felchen sowie das kleine Egli, eine Barschart und beliebte kulinarische Schweizer Spezialität.

Ihn gibt es noch in der Zentralschweiz

Der Wald ist das Revier der Rehe und Füchse, im Mittelland Richtung Aargau ist in den letzten Jahren das Wildschwein vermehrt heimisch geworden. Hasen, Wiesel, Igel und sogar Iltisse gibt es ebenfalls, in großer Zahl kann man Eidechsen und Blindschleichen beobachten.

Artenreich ist auch die Vogelwelt: Amsel, Drossel, Fink und Star, Meise, Grasmücke, Würger und Goldammer fühlen sich in der Zentralschweiz ebenso wohl wie Eichelhäher, Specht und Kuckuck, der kleine Zaunkönig und die großen Eulen, Käuze und Bussarde.

In den ausgedehnten Wäldern der Voralpengebiete leben Hirsche, in den letzten Jahren wurde – wie in anderen Regionen der Schweiz – auch der Luchs wieder angesiedelt.

In den alpinen Gebieten tummeln sich Gemsen und – etwas seltener – Steinböcke, Murmeltiere und Schneehasen. Glück hat, wer einen der seltenen Adler zu Gesicht bekommt. Von den Tieren, die allgemein als Jagdwild gelten, dürfen nicht alle erlegt werden; andere sind nur zu bestimmten Zeiten zum Abschuß freigegeben. Ganz ohne Angst vor Menschen lebt das Bergwild im Naturtierpark Goldau, wo es sich sogar geduldig streicheln läßt.

Von großer Vielfalt ist auch die Zentralschweizer Flora. An manchen Uferstrichen am Vierwaldstätter See gedeihen, vom warmen Südwind Föhn verwöhnt, Zedern und Zypressen, Edelkastanien und Tulpenbäume, Mandeln und Feigen. Ebenfalls eine typische Föhnpflanze ist in den vom Südwind durchwehten Tälern die Erika. Über dem Mischwald, der bis auf rund 1200 m hinaufreicht, setzt sich der Bergwald ausschließlich aus Nadelhölzern, vor allem Lärchen, zusammen. In den Hochmooren mutet die Vegetation skandinavisch an. Besonders reichhaltig präsentiert sich der Alpenflor: Neben den bekannten Arten Alpenrose und Enzian, Anemone und Krokus sind auf den Bergwiesen auch die Silberdistel und das Männertreu, die Feuerlilie und der Frauenschuh, Alpenmohn und Rittersporn heimisch. Und natürlich ganz hoch oben im Fels das Edelweiß. Etliche Alpenblumen stehen unter strengem Naturschutz und dürfen weder gepflückt noch ausgegraben werden.

Wirtschaft

Stärkster Wirtschaftsfaktor in der Zentralschweiz ist, wie erwartet, der Tourismus. Rund 20 % der Bevölkerung verdienen ihr Brot direkt oder indirekt mit den Fremden, von denen rund zwei Drittel aus dem Ausland anreisen.

Wirtschaftlich hat sich die Zentralschweiz langsamer entwickelt als der größte Teil der übrigen Schweiz. Dafür ist deren Struktur vielseitig und daher weniger krisenanfällig als anderswo. Mit rund 10 % sind in der Landwirtschaft – im kargen Berggebiet wie im fruchtbaren Mittelland – mehr Menschen tätig als im schweizerischen Durchschnitt. Ungefähr je 45 % finden ihr Auskommen in Industrie und Gewerbe bzw. im Dienstleistungssektor, letztere vor allem in den beiden größten Städten Luzern und Zug. Keiner der sechs Kantone ist von einem einzelnen Sektor abhängig.

Gemessen am Einkommen pro Kopf schneiden die Innerschweizer – mit der Ausnahme von Zug – verhältnismäßig schlecht ab. Verdient der Zuger durchschnittlich mehr als alle übrigen Schweizer, liegen Luzerner, Schwyzer, Urner, Ob- und Nidwaldner darunter, teilweise recht stark.

Im Industriesektor herrschen Metall- und Maschinenbau vor, aber auch die Textilfabrikation ist recht stark vertreten. Von den großen Unternehmen, d. h. jenen, die über 1000 Personen beschäftigen, befinden sich die meisten in den Agglomerationsgemeinden der Stadt Luzern, Platz zwei nimmt der Kanton Zug – mit der berühmten Nestlé AG – ein, zwei weitere große Betriebe sind in Altdorf zu finden. Die ländlichen Gebiete und die Kantone Schwyz, Nid- und Obwalden kennen nur kleine und mittelgroße Betriebe. Aber: Ob klein oder groß – zahlreiche Unternehmen exportieren ihre Ware in die ganze Welt.

Ein besonderes Augenmerk verdient Uri, der Schweizer Bergkanton par excellence. Waren im Mittelalter der Warentransport über den Gotthard und das fürstliche Entgelt für fremde Kriegsdienste die Haupteinnahmequelle der Urner, ist es heute

Alphornmanufaktur in Luzern

beileibe nicht die Landwirtschaft, wie man vermuten könnte. Im Gegenteil: Während der Obwalden mit 18 % im ersten Sektor Beschäftigten prozentual die meisten Bauern der Innerschweiz aufweist, hat Uri gerade mal die Hälfte und damit gar am wenigsten aller Innerschweizer Kantone. Der Bergkanton gehört heute zu den am stärksten industrialisierten Schweizer Kantonen. Der Urner verdient sein Geld vor allem in der Kabelfabrik Dätwyler und in der Munitionsfabrik der Schweiz. Zusammen mit weiteren Bundesbetrieben beschäftigt die Munitionsfabrik rund 2300 Personen bzw. ungefähr 16 % der Arbeitnehmer des Kantons, während die Bundesbetriebe im gesamtschweizerischen Durchschnitt nur 4 % der Arbeitsplätze anbieten. Diese 16 % verdienen rund ein Fünftel des Bevölkerungseinkommens. In beiden Großbetrieben gehen im Winter viele Alpbauern, auf Geld zum Leben angewiesen, einem Nebenerwerb nach.

Geschichte, Gesellschaft und Kultur

Daten zur Geschichte

Bevölkerung

Feste und Brauchtum

Kunst und Kultur

Küche

Fahnenschwinger beim Schwinget-Fest, Brünigpass

Daten zur Geschichte

Ur- und Frühgeschichte

**Ca. 8000 –
4000 v. Chr.**
In der Jungsteinzeit siedeln am Nordende des Zuger Sees Jäger und Sammler, möglicherweise reichte die Besiedlung gar bis in die letzte Phase der Eiszeit (10 000 v. Chr.) zurück. Reste von Pfahlbauten fand man auch im Kanton Luzern, unter anderem am Baldegger See.

**1000 –
800 v. Chr.**
In der späten Bronzezeit leben vorübergehend Menschen im unteren Reusstal, in Unterwalden, bei Schwyz und im Kanton Luzern.

Kelten und Römer

**Ca. 800 –
300 v. Chr.**
Große Einwanderung besonders von keltischen Stämmen – in der jüngeren Eisenzeit (ab 450 v. Chr.) vor allem der Helvetier – in die Zentralschweiz und an den Vierwaldstätter See. Ein bei Erstfeld geborgener keltischer Goldschatz läßt vermuten, daß über den Gotthardpass bereits Handel betrieben wurde.

Ab 15 v. Chr.
Die Römer dringen in die Alpen ein; Überreste ihrer Siedlungen hinterließen sie in Buochs (Gräber) und Alpnach (Villa) im heutigen Kanton Nidwalden. Helvetien wird Teil des römischen Reiches. Römische Funde in Zug und Baar stammen aus dem 2. Jh.

Alemannen, Franken und Christianisierung

5. Jh.
Erste Blüte des Handelsverkehrs, besonders über den Gotthard. Von Norden dringen die Alemannen in die Zentralschweiz vor, zerstören römische Siedlungen, unternehmen über die römische Paßstraße am Gotthard Beutezüge in den Süden. Das weströmische Reich und damit die römische Herrschaft über die Zentralschweiz neigt sich dem Ende zu. Ende des Jahrhunderts unterwerfen die Franken die Alemannen und gliedern die ganze heutige Schweiz ihrem Reich ein.

7. Jh.	Wiederum dringen die Alemannen ein und lassen sich in der Zentralschweiz nieder.
8. Jh.	Mit der Christianisierung setzt eine starke Entwicklung in den Bereichen Landbau und Viehzucht, Handwerk und Kunst, Bildung und Gesundheit ein. Um 720 wird in Schwyz die erste christliche Kirche der Zentralschweiz gebaut. Um 750 wird das Kloster Luceria, aus dem sich später die Stadt Luzern entwickeln wird, gegründet.
840	Das Kloster Murbach im Elsaß übernimmt Luceria.
843	Die Nachkommen Kaisers Karl des Großen teilen das Frankenreich auf und machen aus dem Siedlungsgebiet der Alemannen – und dazu gehört auch die Zentralschweiz – das Herzogtum Schwaben.
853	In Zürich wird die Fraumünsterabtei gegründet, die im heutigen Urnerland das Gebiet des heutigen Altdorf und später die Weiler Bürglen und Silenen übernimmt. In der Folge entstehen im Schwabenreich zahlreiche weitere Klöster und damit auch in der Zentralschweiz bedeutende Ausstrahlungsstätten für die Entwicklung von kirchlichem Geist und weltlicher Kultur. Die Gründung von Klöstern wird bis ins 13. Jh. anhalten.
888	Mit dem Tod Karls III. neigt sich das Frankenreich dem Ende zu. Adelsgeschlechter wie die Zähringer, Lenzburger und Kyburger, vor allem aber die aus dem Elsaß stammenden Habsburger entwickeln Macht und Selbständigkeit. Bis ins 13. Jh. werden diese Sippen um die Macht im schweizerischen Raum streiten, die verschiedenen Talschaften wechseln mehrfach die Hand.
934	Das Kloster Einsiedeln wird gegründet.

Der Weg zur Gründung der Eidgenossenschaft

11. Jh.	Unter den erstarkten Habsburgern gewinnen Schweizer Städte und Regionen immer größeren politischen Einfluß.
1120	Das Kloster Engelberg wird gegründet.
1178	Luzern erhält das Stadtrecht.
1218	Nach dem Tode des letzten Zähringers tritt in der Innerschweiz eine bedeutende Wende ein: Die Habsburger schicken sich an, ihre Macht auf das ganze Gebiet des ehemaligen Herzogtums Schwaben auszudehnen. Ihnen geht es dabei um die Herrschaft über das um 1220/1230

mit der ersten Brücke in der Schöllenenschlucht erschlossene Gotthardgebiet, dem als wichtiger Nord-Süd-Transitweg nun große strategische Bedeutung zukommt. In den gleichen Jahren bereiten sich die einzelnen Talschaften rund um den Vierwaldstätter See darauf vor, die fremde Obrigkeit abzuschütteln und Unabhängigkeit zu erlangen.

1231 Am zunehmenden internationalen Handelsverkehr über den Gotthard ist nun auch der deutsche Kaiser Friedrich II. interessiert. Die Urner bringen die Mittel auf, damit das Reich die Talschaft den Habsburgern abkaufen kann. Mit einem Freiheitsbrief verleiht der Kaiser Uri die Reichsunmittelbarkeit auf ewige Zeiten. 1240 erhält Schwyz seinen Freiheitsbrief, 1242 folgen die Nidwaldner.

1242 Die Grafen von Kyburg gründen die Stadt Zug.

Ab ca. Mitte 13. Jh. schließen die nach Unabhängigkeit strebenden Talschaften friedenssichernde Bündnisse untereinander ab.

1291 König Rudolf I. von Habsburg, deutscher König, ernennt Luzern zur österreichischen Landstadt, die Macht Habsburgs wird damit bedeutend gestärkt. Am 15. Juni stirbt der König. Damit verschlechtern sich die Beziehungen zwischen den Habsburgern einerseits und den Waldstätten Uri, Schwyz und Nidwalden, die um ihre Freiheit fürchten, andererseits. Am 1. August schließen Uri, Schwyz und Unterwalden auf der Rütli-Wiese am Vierwaldstätter See den »Ewigen Bund«, beschwören sich gegenseitige Hilfe beim Kampf gegen fremde Herren und begründen damit die schweizerische Eidgenossenschaft.

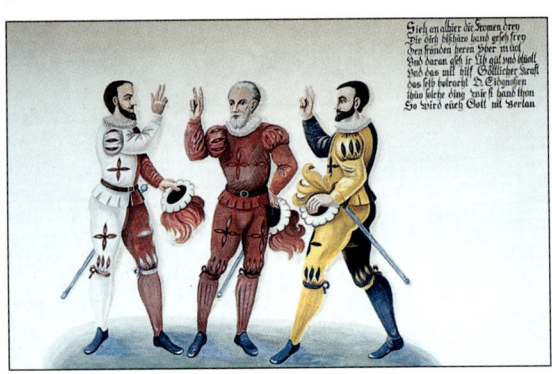

Rütli-Schwur,
Jost-Kapelle
in Galgenen

Erweiterung der Eidgenossenschaft

1315
Am 15. November treten die Habsburger bei Morgarten am Ägerisee gegen die Schwyzer und deren Verbündeten an, um die Aufständischen mit Waffengewalt zu unterwerfen. Sie werden aber durch eine List der Eidgenossen vernichtend geschlagen. Mit dem Morgartenbrief erneuern und verstärken die Eidgenossen am 9. Dezember ihren Bund.

1332
Nicht zuletzt als Folge des Siegs der Eidgenossen bei Morgarten tritt Luzern der Eidgenossenschaft bei, 1351 folgt Zürich, in den nächsten beiden Jahren schließen sich Glarus, Zug und Bern an.

1386
Die Spannung zwischen Österreich und den Eidgenossen erreicht einen neuen Höhepunkt. Die Eidgenossen überfallen und zerstören Besitztümer der Habsburger und sollen, diesmal von Herzog Leopold III. wiederum zur Räson gebracht werden. In Sempach treffen die Gegner aufeinander, die Eidgenossen gewinnen die bedeutende Schlacht und lösen sich nach und nach vom Reich.

1394
Österreich verzichtet auf die Oberhoheit über die Schweiz.

1403
Um das Tal der Leventina zu unterwerfen, ziehen die Urner über den Gotthard. In der Folge versuchen die Eidgenossen über längere Zeit, in kriegerischen Auseinandersetzungen italienische Territorien zu gewinnen. Ihrem Drang nach Expansion wird zunächst durch den friedlichen Gewinn der Gebiete Appenzell, Aargau, Thurgau, Wallis und

Bildnis in der
Schlacht-Kapelle
bei Sempach

Der »Weg der Schweiz« am Urner See

Das schönste Geschenk zu ihrem 700sten Geburtstag hat sich die Schweiz im Sommer 1991 selbst gemacht: Mit dem »Weg der Schweiz« wurde im Jubiläumsjahr rund um den Urner See und damit entlang der historischen Stätten, die um 1291 bei der Gründung der Eidgenossenschaft eine bedeutende Rolle gespielt haben, ein Wanderweg eröffnet. Die symbolische Route durch die Schweizer Geschichte wird seither jedes Jahr von rund 300 000 Personen begangen.

Der 35 km lange Wanderweg ist ein Gemeinschaftswerk sämtlicher 26 Schweizer Kantone. Unzählige Freiwillige haben innerhalb von drei Jahren mitgeholfen, die Route möglichst landschaftsschonend in bestehende Wege zu integrieren. Jeder Kanton hat nach seinen Vorstellungen ein Wegstück gestaltet, dessen Länge der Zahl seiner Einwohner entspricht. 35 km für rund 7 Mio. Einwohner – das macht etwa fünf Millimeter pro Schweizerin oder Schweizer. So hat der einwohnerstärkste Kanton Zürich rund 6 km Weg angelegt, während sich Appenzell Innerrhoden um ganze 71 m zu kümmern brauchte.

Der »Weg der Schweiz« beginnt auf der Rütliwiese, wo auch die Schweiz ihren Anfang genommen hat. Den Auftakt zur Wanderung macht das Teilstück des Kantons Uri. Nicht, weil Uri am Urner See »Gastgeber« ist, sondern weil der Kanton – zusammen mit Schwyz und Unterwalden – die Eidgenossenschaft begründet hatte. Rund um den Urner See folgen die Wegstrecken aller weiteren Kantone in der Reihenfolge, wie sie im Laufe der Jahrhunderte in die Eidgenossenschaft eingetreten sind. Wanderroute und Landschaft sind äußerst vielfältig. Mal zieht sich der Weg dicht am Ufer entlang, mal steigt er durch dichtes Laubgehölz und dunklen Tannenwald hinan und gibt auf Aussichtskan-

etlicher Orte zwischen Walen- und Bodensee als »Zugewandte Orte« stattgegeben.

1481

In der Eidgenossenschaft kommt es zu Auseinandersetzungen zwischen ländlichen und städtischen Gebieten. Als Vermittler gelingt es dem Obwaldner Einsiedler Niklaus von Flüe im »Stanser Vorkommnis«, einen Bürgerkrieg zu verhindern. Mit seiner Vermittlung leistet von Flüe einen wesentlichen Beitrag zum Bestand der Eidgenossenschaft

zeln prächtige Blicke auf Dörfer und Schlößchen, See, Berge und Gletscher frei. Zwischendurch senkt er sich wiederum ab, führt in Tunnels, Felsgalerien und über Serpentinen an steil aufragenden Felswänden vorüber, durchquert ein Naturschutzgebiet, ist sich aber auch für die Industriezone nicht zu schade.

Wer meint, mit der »Ankunft« im 1979 gegründeten Kanton Jura bald die ganze Schweiz erwandert zu haben, muß sich noch ein wenig gedulden. Das Ziel ist erst mit jener Stelle erreicht, welche die rund 470 000 im Ausland lebenden Schweizerinnen und Schweizer als Zeichen ihrer Verbundenheit mit dem Heimatland erworben haben: Auf dem »Platz der Auslandschweizer« am Seeufer in Brunnen heißen viele Bänke und ein schöner Park den Wanderer willkommen. Über den Urner See fällt der Blick aufs Rütli, wo die Fußreise durch die Schweiz in Angriff genommen worden ist. Auf dem Auslandsschweizerplatz wurden übrigens auch die »Grenzsteine« behauen, jene knapp eine Tonne schweren Marmorbrocken, die auf dem »Weg der Schweiz« die Kantonsübergänge markieren.

Der »Weg der Schweiz« ist bestens beschildert und ausgebaut, gegen Steinschlag schützen starke Netze. Streckenweise verläuft die Route über wenig befahrene Asphaltsträßchen, hie und da einige Meter an der Autobahn entlang, einige Abschnitte sind rollstuhlgängig. Unterwegs laden zahlreiche Picknick- und Grillplätze – sieben nebenamtliche Wegmeister sorgen unter anderem dafür, daß stets genug Holz vorhanden ist – sowie etliche Restaurants zur Rast ein. Ausdauernde Wanderer können die Route durchaus in einem Tag bewältigen. Genüßlicher ist es natürlich, sich drei bis vier Tage Zeit zu lassen oder – dank zahlreicher Schiffsstationen am Weg – nur einzelne Teilstrecken zu erwandern: Die steilen Auf- und Abstiege eignen sich vor allem für sportliche Läufer, ältere Personen und Familien mit kleinen Kindern benutzen besser die flachen Passagen. Ein Plan mit ausführlichen Erläuterungen ist in den lokalen Verkehrsbüros erhältlich.

	über die Jahrhunderte, indem er erfolgreich dafür einsteht, daß Stadt und Land, fortan und bis in die Gegenwart am gleichen Strick ziehen. Als Folge des Stanser Vorkommnis' treten Freiburg und Solothurn der Eidgenossenschaft bei.
1499	Mit dem »Frieden zu Basel« löst sich die Eidgenossenschaft endgültig vom Reich.
1501	Basel und Schaffhausen treten der Eidgenossenschaft bei, Appenzell (Inner- und Außerrhoden) folgen 1513.

1515   Die vernichtende Niederlage der Eidgenossen in der Schlacht bei Marignano gegen Mailand zwingt die Schweiz zum Verzicht auf eine mit Waffengewalt angestrebte Ausdehnung der Eidgenossenschaft. Von nun an vertritt die Schweiz eine Politik der Neutralität.

Reformationszeit und innere Auseinandersetzungen

1523–1528   Mit der Reformation teilt sich die Eidgenossenschaft in langandauernden Auseinandersetzungen in einen protestantischen und einen katholischen Teil. Die Zentralschweiz bleibt, nicht nur aus religiösen Gründen, katholisch: Der Reformator Zwingli verbot das Söldnerwesen, das maßgeblich zum Überleben der in kargem Land lebenden Bevölkerung beitrug. Dies konnte nicht hingenommen werden.

1531   Nach dem bewaffneten Kampf der Urkantone gegen das reformierte Zürich erhält jeder Kanton das Recht zur freien Glaubenswahl. Die innenpolitischen Auseinandersetzungen werden jedoch noch 250 Jahre anhalten.

1648   Im westfälischen Frieden wird die Selbständigkeit der Schweiz völkerrechtlich bestätigt.

1653   Ausgehend vom luzernischen Entlebuch erheben sich nahezu im ganzen Land die Bauern gegen ihre Obrigkeiten. Ihr Kampf gegen die Regierungstruppen um mehr Freiheit wird niedergeschlagen.

1762   Mangels einheitlicher Staatsgewalt sind immer noch politische, konfessionelle und soziale Spannungen zu verzeichnen; eine Blüte erfährt jedoch das Geistes- und Kulturleben. Im Sinne der Aufklärung wird die Helvetische Gesellschaft gegründet, diese kann ihren Willen zu vereinenden Reformen jedoch nicht durchsetzen.

Einbruch der Franzosen und Helvetische Republik

1798   Im Zug der französischen Revolution fallen die Franzosen in die Schweiz ein. In der Zentralschweiz setzen sich vor allem Nidwalden und Schwyz vergeblich zur Wehr. Napoleon macht aus der Eidgenossenschaft die »Helvetische Republik«, ein Einheitsstaat nach französischem Muster.

1799   Zum Beitritt werden auch die Innerschweizer gezwungen. Kurze Zeit ist Luzern Hauptstadt der Helvetischen Republik. Nach dem Niedergang der alten Eidgenossenschaft und der Besetzung durch die Franzosen treten in der Schweiz fremde Heere gegeneinander an. Im September überschreitet von Italien her der russische General Suworow mit seinen Truppen den Gotthard, um die Österreicher im Kampf gegen die Franzosen zu unterstützen. Nach der Überschreitung von vier Pässen empfindlich dezimiert, gelingt es dem russischen Heer zwar, im Muotatal die Franzosen zu schlagen; ansonsten muß Suworow aber unverrichteter Dinge wieder abziehen.

1803   Nach bürgerkriegsähnlichen Auseinandersetzungen zwingt Napoleon der Helvetischen Republik mit der sogenannten Mediationsverfassung eine politische Neuordnung auf. Zudem veranlaßt er den Beitritt der Kantone St. Gallen, Graubünden, Aargau, Thurgau, Tessin und Waadt zur Republik.

1815   Beim Wiener Kongreß gewähren die europäischen Mächte die »immerwährende Neutralität« der Schweiz. Mit dem Beitritt der Kantone Wallis, Neuenburg und Genf sind die endgültigen Landesgrenzen der Schweiz gegeben.

1845   Zur Verteidigung ihrer religiösen und individuellen Rechte lehnen sich die katholisch-konservativen Kantone Luzern, Uri, Schwyz, Unterwalden, Zug, Freiburg und Wallis in einem Sonderbund gegen die protestantisch-liberalen Kantone auf, unterliegen jedoch zwei Jahre später – nach »nur« 98 Toten und 493 Verwundeten.

Die Schweiz wird Bundesstaat

1848   Nach dem beendeten Sonderbundkrieg gibt sich das Volk in einer Abstimmung die heute noch gültige Bundesverfassung: Die Kantone geben ihre nationale Souveränität auf, die Schweiz wird zum Bundesstaat.

1882   Der Gotthard-Eisenbahntunnel wird eröffnet.

20. Jahrhundert

1909   Gotthardvertrag zwischen der Schweiz, Deutschland und Italien.

1914–1918	Mobilmachung und Grenzbesetzung während des 1. Weltkrieges.
1920	Eintritt in den Völkerbund.
1939–1945	Während des 2. Weltkrieges bewacht die Schweizer Armee unter General Henri Guisan die Landesgrenze. Nach der Kapitulation Frankreichs im Jahr 1940 fürchtet die Schweiz einen Angriff der Achsenmächte Italien und Deutschland. Im Juli richtet sich Guisan im legendären Rütlirapport auf der Rütliwiese am Vierwaldstätter See an die 500 höchsten Schweizer Offiziere, appelliert an den Widerstandswillen des Schweizer Volkes und ruft zur Landesverteidigung mit allen Kräften auf, sollte die Schweiz in den Krieg mit einbezogen werden.
1971	Die Frauen erhalten das Stimm- und Wahlrecht auf eidgenössischer Ebene.
1980	Eröffnung des Gotthard-Straßentunnels.
1986	Volksentscheid gegen den Beitritt zur UNO.
1992	Volksabstimmung gegen den Beitritt zum EWR (Europäischen Wirtschaftsraum).
1993	Die Kapellbrücke in Luzern brennt fast völlig ab, die meisten der wertvollen Giebelbilder fallen den Flammen zum Opfer. In wenigen Monaten wird das Wahrzeichen Luzerns wieder aufgebaut und neu eingeweiht.
1998	Die Schweiz feiert mit zahlreichen Veranstaltungen 150 Jahre Bundesverfassung und gedenkt gleichzeitig der Gründung der Republik vor 200 Jahren.

Kapellbrücke

Konservativ und aufgeschlossen – Der Innerschweizer

Die Innerschweizer gelten zwar als konservativer als die Bewohner der meisten anderen Schweizer Kantone und lieben das Bewährte, sind aber dem Neuen gegenüber durchaus aufgeschlossen – wenn man ihnen genug Zeit gibt, die Neuerungen gründlich zu überdenken. Schnelligkeit und spontane Entschlüsse sind nicht ihre Sache. Ausschließlich hinter dem Berg bzw. hinter dem Mond leben sie – wie ihnen oft nachgesagt wird – schon seit dem frühen 13. Jh. nicht mehr: Mit der Erschließung der Schöllenenschlucht im Gotthardmassiv und damit einer schon damals wichtigen Transitroute vom Norden in den Süden kam das Fremde zuerst ins Urner Reusstal, reisten Händler aus vielen Gebieten Europas durch, beteiligten sich vor allem die Urner selber wacker an Handel und Säumerwesen. Im Laufe der Jahrhunderte zogen fremde Heere, Könige und Pilger durch die größeren Täler. Vom 15. Jh. an waren es die Innerschweizer selber, die auszogen, als Söldner an europäischen Höfen dienten, sich von kulturellen Strömungen fern der Heimat inspirieren ließen und mit dem Geld, das sie heimbrachten, von ausländischen Stilen geprägte Häuser bauten. Mit dem regen Tourismus ist dann der Austausch zwischen Einheimischen und Fremden endgültig eingezogen.

Noch nicht Einzug gehalten hat allerdings die Vorstellung, auch die Innerschweiz sei Teil des neuen Europa. Von jenen Schweizern, die sich gegen einen Beitritt zur EU wehren, findet man, prozentual an der Bevölkerungszahl gemessen, die meisten in der Innerschweiz.

Den Innerschweizer gibt es übrigens nicht. Gemeinsam ist den meisten die Religion – rund 85 % sind katholisch – und die Freundlichkeit, mit der sie dem auswärtigen Gast begegnen. Der größte Unterschied ist in ihrem alltäglichen Umfeld zu finden; der Bergler in den Urkantonen hält die althergebrachten Traditionen deutlich höher als der durchaus weltoffene Städter in Luzern oder Zug. Präzis charakterisiert werden können auch der Urner, der Schwyzer, der Ob- und Nidwaldner, der Luzerner und der Zuger nicht. In fast jedem der lange Zeit nur schwer zugänglichen Bergtäler, aber auch in den größeren und kleineren Städten des Mittellandes haben sich sowohl typische Dialekte wie eigenständige Charaktere bewahrt.

Allerdings ist es heute nicht mehr so, daß die Bewohner der einzelnen Talschaften und Regionen mehrheitlich unter sich bleiben. Viele Landbewohner pendeln Tag für Tag zu ihrem Arbeitsplatz in der Stadt – meist nach Luzern – und am Markttag ist in den Kantonshauptorten manch typisches Berglergesicht anzutreffen. Ebenso bewegt man sich zum Feierabendvergnügen oder an Wochenenden durch den halben Kanton oder darüber hinaus. Eine Sonderstellung nimmt Zug ein, das sich wirtschaftlich und kulturell nach Zürich ausrichtet.

Feste und Brauchtum

Kirchliche und weltliche Traditionen sind dem Innerschweizer seit jeher wichtig, das Brauchtum ist bis heute entsprechend lebendig geblieben. Heidnische Relikte vermischen sich mit christlichem Kulturgut, die alltäglichen und festlichen Bräuche sind vor allem lokal verankert. Den Kämpfergeist der alten Eidgenossen dokumentieren die vielen Schlachtfeiern und Schützenfeste.

In Einsiedeln läuten am Dreikönigstag die Glocken die Fasnacht ein, auf dem Hauptplatz in Schwyz eröffnen die »Greifler«, Kuhglocken schwingende Bauern in weißen Hirtenhemden, das närrische Treiben. Begleitet werden sie dabei von Burschen, die lautstark ihre Peitschen knallen lassen. Fasnacht wird in der ganzen Innerschweiz mit großer Leidenschaft begangen: Bis Mitte März finden überall Maskenbälle und Kostümprämierungen statt. Zu Umzügen formiert, schreiten und hüpfen phantasievoll verkleidete Gestalten durch die Straßen, die »Guggenmusigen« lassen ohrenbetäubend ihre Instrumente klingen, und in den Beizen herrscht Hochbetrieb. Vor dem Aschermittwoch tanzen im Kanton Schwyz die »Nüssler« in eigenartigem Rhythmus und mit wilden Sprüngen einen altalemannischen

Kulttanz. Auf dem Klosterplatz von Einsiedeln lauern gehörnte Gestalten mit erhobenen Mistgabeln den Kirchgängern auf, werfen die schellenschwingenden »Mummerien« und »Joheen« kleine Brote ins Publikum. In der Stadt Zug droht Greth Schell, eine unheimliche Alte, mit der Rute, beschenkt die Menge aber auch mit Süßigkeiten. In Uri begeistert »Chatzämüsig« (Katzenmusik) und wirbelt der »Drapoling«, eine der italienischen Commedia dell'arte entliehene Figur, durch die Straßen.

Bis 1998 war am letzten Aprilsonntag ist in Ob- und Nidwalden Demokratie pur zu erleben: An der sogenannten Landsgemeinde wählte das Volk in Sarnen und Stans im »Ring« unter freiem Himmel öffentlich seine politischen Vertreter und stimmt über kantonale Sachfragen ab.

Am Auffahrtstag (Christi Himmelfahrt) schreiten im Luzernbiet die Männer das Gemeindegebiet ab. Am beeindruckendsten zeigt sich diese Zeremonie seit 1506 in Beromünster: Reiter in Uniform führen Stiftsherren und Hunderte von Bürgern über die Felder und anschließend ins Städtchen, wo die Prozession den Segen entgegennimmt. Vielerorts werden auch an Fronleichnam Prozessionen durchgeführt, und am 21. Juni leuchtet hier und dort noch ein Sonnwendfeuer auf.

Wenn in hohen Lagen der Schnee geschmolzen ist, zieht das Vieh, geschmückt und sauber gebürstet, auf die Alp. Mancherorts leitet der Pfarrer mit dem Alpsegen den Alpsommer ein, und viele Alpaufzüge sind Anlaß zu Volksfesten. Zu einer veritablen *Aelplerchilbi,* die meist im August stattfindet, gehören die bodenständigen Tänze der Trachtengruppe, Jodler, eine Volksmusik-Kapelle, Alphornbläser und Fahnenschwinger. Manche *Bergkilbi* wird mit einem Festgottesdienst unter freiem Himmel begangen. Wenn im Herbst die festlich mit Stoffbändern und Blumen herausgeputzten Kühe

von der Alp abgezogen werden, finden Aelpler- und Sennenfeste auch in den Dörfern im Tal statt.

Den ganzen Sommer über messen die starken Burschen beim Schweizer Nationalsport *Schwingen* ihre Kräfte im Sägemehlkreis, zu den Schwingfesten auf Rigi, Brünigpass und Stoos reist das Publikum aus dem ganzen Land her.

Einmalig ist die Stimmung am Vierwaldstätter See zum Schweizer Nationalfeiertag. Kaum ist am 1. August die Nacht hereingebrochen, gehen auf den Anhöhen die ersten, während der Vortage von den Ge-

Schwingetfest am Brünigpass

Drei tolle Tage in Luzern

Die Leuchtenstadt im Fasnachtsrausch

Zwar wird die bekannteste Schweizer Fasnacht in Basel gefeiert, die wildeste gehört hingegen den Luzernern. Während am Rhein den Aktiven ein passives Publikum gegenübersteht, gilt bloßes Zuschauen am Vierwaldstätter See nicht: Die tollen Tage beherrschen die ganze Stadt. Ob groß oder klein, für einen waschechten Luzerner – und im Februar gibt es offenbar nur solche – ist es Ehrensache, sich selber mit größter Begeisterung und bis zur Erschöpfung ins überbordende Treiben zu stürzen.

Eigentlich beginnt die Luzerner Fasnacht bereits am Dreikönigstag; beim traditionellen *Bärteliessen* geht es allerdings noch recht sittsam zu; anschließend herrscht einige Wochen lang Ruhe. Richtig los geht es dann eine Woche vor Aschermittwoch am Schmutzigen Donnerstag mit der Familie Fritschi. Seit Jahrhunderten fahren der alte Fritschi – eine schon im 15. Jh. bekannte Fasnachtsfigur – die Fritschene, seine Frau, und das Fritschikind auf einem Wagen in der Stadt ein. Begleitet werden die Fritschis von einem langen Umzug phantasievoll verkleideter und Orangen werfender Fasnächtler und den kostümierten, geschminkten oder maskierten Mitgliedern zahlreicher »Guggenmusigen«, deren ohrenbetäubendes und mit Vorliebe falsches Spiel auf Blechblas- und Schlaginstrumenten eher Lärm als Musik zu nennen ist. Die »Guggenmusigen« beherrschen die ganze Fasnachtszeit, ziehen durch die Gassen und Beizen, führen, wenn sie mal nicht spielen, theaterähnliche Szenen auf und provozieren das Publikum. Zu frechem Schabernack sind auch die zahlreichen Einzelmasken und kleinen Gruppen aufgelegt, die, mit oder ohne »Guggenmusig«-Begleitung, euphorisch tanzend, hüpfend und rennend die Straßen und Plätze mit Beschlag belegen. Abends finden in den großen Lokalen Maskenbälle und -prämierungen statt. Bis in den Morgen hinein tobt die Straßenfasnacht, durch die Gassen schränzen die »Guggenmusigen«, hinter den Hausecken schießen zahllose maskierte Gestalten hervor, die Innenstadt bebt.

Am *Güdismontag*, dem Montag vor Aschermittwoch, wälzt sich, sozusagen als Konkurrenz zum Fritschi-Umzug, der Wey-Umzug durch die Stadt, und am folgenden Tag gipfelt die Luzerner Fasnacht im *Monsterkonzert* der »Guggenmusigen«. Ist schließlich der tosende Spuk vorbei, schlafen die Luzerner erst einmal lange aus – um sich anschließend ein ganzes Jahr lang der nächsten Fasnacht entgegenzusehnen.

meindebewohnern zusammengetragenen Holzstöße in hohe Flammen auf, ein Signal, das über die Täler hinweg Minute für Minute weitere Feuer auflodern läßt. Die Kinder formieren sich im Fackelzug, und der Gemeindepräsident oder eine andere bekannte Persönlichkeit hält die 1.-August-Rede, beschwört dabei die Werte des Vaterlandes, läßt aber sanfte bis harsche Kritik nicht beiseite. Von der örtlichen Blaskapelle begleitet, singt die Bevölkerung die Nationalhymne, knallen Feuerwerkskörper in den Himmel, und über dem See läßt die Stadt Luzern ein farbenprächtiges Feuerwerk steigen.

Zu den lokalen Bräuchen im zweiten Halbjahr gehört die Engelsweihe in Einsiedeln. Am Morgen des 14. September nehmen in der Klosterkirche Tausende von Pilgern am Engelsamt teil, am Abend werden überall die Lichter gelöscht, und von den Fenstersimsen rund um den Klosterplatz leuchten zahllose Kerzen in die Nacht. Aus der Kirche tönt Orgelmusik, Abt und Mönche, Männer und Frauen und weißgekleidete Kinder formieren sich zu einer Lichterprozession. Am 11. November, Martinstag, findet in Sursee im Rahmen eines Volksfestes die *Gansabhauet* statt. Höhepunkt der ausgelassenen Umzüge und Festlichkeiten ist der Moment, da einer aufgehängten toten Gans mit einem Säbelhieb der Hals abgehauen wird. Mit verbundenen Augen unter einer Sonnenmaske tritt ein Bewerber nach dem anderen an, die meisten treffen daneben, wer die Gans

Typisches Innerschweizer Haus

schließlich köpft, wird als Held gefeiert.

Weit verbreitet sind die Nikolausbräuche. Am schönsten wird der 6. Dezember in Arth und Küssnacht begangen. In Küssnacht treten bereits am Vorabend die »Iffelträger« gegen die Dunkelheit des Winters an. Die zahlreichen Nikoläuse mit überdimensionierten, von innen beleuchteten Bischöfshüten werden von Blaskapellen, knallenden Peitschen und laut schwingenden Kuhglocken begleitet. Hinter den »Arther Chläusen« in reich geschmückten weiten Röcken und unheimlichen Masken ziehen Sternsinger, Fackelträger, Peitschenklopfer und andere Symbolgestalten durch die Straßen.

Kunst und Kultur

Architektur

Seit die Menschen aus Nord und Süd, manchmal auch aus West und Ost den Gotthardpass überschreiten und zu diesem Zweck den Weg durch die Zentralschweiz wählen – also seit bald 800 Jahren, die Römerzeit nicht mitgezählt –, herrscht rund um den Vierwaldstätter See reger Kulturaustausch. Einflüsse aus der Fremde wirkten jahrhundertelang an der Architektur mit und sind noch heute zu erkennen. Namhafte Baumeister und -künstler aus Süddeutschland, Italien und Österreich errichteten vor allem großartige Sakralbauten, die Einheimischen ihrerseits – vor allem jene, die als Söld-

ner an europäischen Höfen gedient hatten – haben in fremden Landen den Architekten auf die Finger und in die Pläne geschaut.

Manche Kleinstadt – Zug, Schwyz, Sempach, Sursee oder Willisau – zeigt noch deutlich die mittelalterliche Anlage. Dies gilt in eingeschränktem Maße auch für Luzern, das zudem norditalienische Elemente aufweist.

Im Stil der Gotik präsentieren sich vor allem Landkirchen, aber auch Beinhäuser, etwa in den Kantonshauptorten Altdorf, Stans und Schwyz. Ein schönes Beispiel der italienischen Renaissance ist die Hofkirche in Luzern. Wie im ganzen Land blüht zu dieser Epoche auch in der Innerschweiz das Kunsthandwerk. Vor allem Innenräume werden großartig ausgestattet, so datieren manch kunstvoll geschmiedetes Chorgitter und aufwendig geschnitztes Chorgestühl aus dieser Zeit. Bedeutende architektonische Beispiele finden sich auch bei den Profanbauten. Zu den außen reich dekorierten und innen mit kunstvollen Holzarbeiten und Täfelungen ausgestalteten Ratshäusern gehören jene von Luzern und Zug. Gleichzeitig entstanden prächtige Bürger- und Herrenhäuser. Wolfenschiessen ist stolz auf sein »Höchhus«, den schönsten Renaissance-Holzbau der Schweiz. An der prunkvollen Innenausstattung des Ital-Reding-Hauses in Schwyz wirkten Kunsthandwerker aus etlichen Ländern Europas mit.

Von barocker Üppigkeit sind die meisten Kirchen aus dem 18. Jh.

Während einige italienischen Einfluß aufweisen, tragen die anderen die Handschrift der Vorarlberger Schule und damit der großen Architekten Beer, Moosbrugger, Thumb. Bedeutende Beispiele sind die Klosterkirche von Einsiedeln (die schönste in der ganzen Schweiz), die Kirchen St. Urban und Beromünster, die Pfarrkirchen von Küssnacht und Arth, die Jesuitenkirche von Luzern oder die Kapelle in Sachseln.

Nicht fehlen darf an dieser Stelle ein Hinweis auf das Bauernhaus. In jeder Gegend der Schweiz, manchmal gar in einzelnen Tälern hat sich im Lauf der Jahrhunderte ein eigenständiger Typ entwickelt. So erkennt der interessierte Beobachter auch in der Innerschweiz: Das Obwaldner Haus sieht anders aus als jenes im Luzerner Mittelland, das sogenannte Gotthard-Haus in Uri setzt sich vom Schwyzer Bauernhaus ab. Dennoch gibt es einen Bau, den man als Innerschweizer Bauernhaus bezeichnet, er ist vorwiegend rund um den Vierwaldstätter und Zuger See anzutreffen. Über dem steinernen Erdgeschoß aus Holz errichtet, präsentiert das Haus zwischen den einzelnen Stockwerken die regionstypischen Klebedächer: Kleine, von der Fassade abstehende und oft schindelbesetzte Dächlein, dazu dienend, das Wasser von der Fassade abzuleiten.

Prachtvolles Deckengewölbe der Wallfahrtskapelle in Hergiswald

Malerei

Bereits in der zweiten Hälfte des 12. Jh. entstanden in der Maler- und Schreiberschule des Benediktinerklosters Engelberg großartige Gemälde und Handschriften, die ihresgleichen suchen. Sie sind heute in der Klosterbibliothek zu besichtigen – leider werden dort jedoch nur Männer eingelassen. Beeindruckende Handschriften aus alter Zeit beherbergt auch die Bibliothek des

Klosters Einsiedeln. Das 19. Jh. war die hohe Zeit der Landschaftsmalerei. Als bedeutendster Interpret der Luzerner Landschaft jener Zeit galt Robert Zünd; Reproduktionen seines in Öl gemalten, wolkenumhängten Pilatus sind in der Innerschweiz überall anzutreffen.

Über ungebrochene Schaffenskraft verfügt der 1909 geborene Kunstmaler Hans Erni. Den Stil seiner zahlreichen Werke machen die auf farbigem Hintergrund in weni-

gen Linien gefaßten Gesichter, Körper, Tiere, Bäume aus. Hat sich Erni – dessen Werke in seinem selbstgeschaffenen Hans-Erni-Haus im Verkehrshaus Luzern zu besichtigen sind – früher mit Plakaten und Illustrationen zu gesellschaftskritischen Themen hervorgetan, wurde sein Stil in den letzten Jahren thematisch deutlich gemäßigt – manche nennen ihn heute gar langweilig.

In der breiten Öffentlichkeit weniger bekannt als Erni ist der Grafi-

ker und Illustrator Niklaus Troxler; macht doch der 1947 geborene Willisauer kein großes Aufheben um seine Person. Zu seinen prägnantesten Werken gehören die Plakate in kräftigen, reinen Farben, die er alljährlich für das Jazzfestival Willisau kreiert. Seine Plakatkunst hängt unter anderem, auch das wissen hierzulande nicht viele, im Museum of Modern Art in New York.

Musik

Im Zusammenhang mit der klassischen Musik in der Zentralschweiz fallen sofort die Namen berühmter »Auswärtiger«: Richard Wagner, Sergej Rachmaninoff oder Arturo Toscanini haben über kürzere oder längere Zeit am Vierwaldstätter See gelebt, Wagner hat hier den »Siegfried« aus dem »Ring der Nibelungen« und »Die Meistersinger von Nürnberg« vollendet.

Große Namen fallen in Luzern anläßlich des musikalischen Höhepunktes von Weltruf, der Jahr für Jahr die Klassikliebhaber anzieht: Ende August und in den ersten Septembertagen treten an den Internationalen Musikfestwochen – mitbegründet von Herbert von Karajan – die berühmtesten Dirigenten, Orchester und Solisten auf.

Mehr Gewicht als in den meisten anderen Regionen des Landes hat in der Zentralschweiz die Volksmusik. Zur typischen Ländlermusik gehört das »Schwyzerörgeli«, eine kleine Ziehharmonika, die Klarinette und der Kontrabaß, manchmal gesellen sich noch weitere Instrumente, etwa das Klavier, dazu. Die zahlreichen Männer-, Frauen- und gemischten Chöre pflegen mit viel Herzblut das Volkslied – die ältesten Melodien und Texte dieses Genres sind bis ins Mittelalter zurückzuverfolgen. Die Jodelchöre interpretieren sowohl Volkslieder mit »Jodel-Refrain« wie Naturjodler ohne Text.

Die modernsten Kompositionen kann man sich ausgerechnet im Hinterland zu Gemüte führen: Bei dem weltbekannten, internationalen Jazzfestival in Willisau sind die verschiedensten Stilrichtungen vertreten, die Interpreten reisen sowohl aus Amerika wie Asien an.

Literatur

Im 15. und 16. Jh. schufen zwei Zentralschweizer literarische Werke, die noch heute von Bedeutung sind. Das Gedankengut des Niklaus von Flüe (1417–87), weiser Staatsmann und inzwischen heiliggesprochener Eremit aus Obwalden, beeindruckte seinerzeit politische Oberhäupter aus halb Europa und wird, vor allem im Zusammenhang mit der schweizerischen Neutralität, im Inland noch heute zitiert. Zeitkritisch und wissenschaftlich waren die Themen, denen sich der Frühhumanist und Arzt Theoprast von Hohenheim, 1473 unweit von Einsiedeln geboren und besser bekannt unter dem Namen Paracelsus (1493–1541) angenommen hat.

Zu den Werken des Obwaldner Dichters Heinrich Federer, 1865 geboren, in ärmlichen Verhältnissen aufgewachsen und 1929 gestorben, zählen Titel wie »Vater und Sohn im Examen«, »Berge und Menschen«, »Pilatus« und »Papst und Kaiser im Dorf«. Was auf den ersten Blick altbacken anmutet, sind spannende Geschichten mit psychologischem Hintergrund, deren Lektüre sich noch heute lohnt.

Meinrad Inglin (1893–1971) aus Schwyz wollte schon als 14jähriger Schriftsteller werden. In seinem bedeutendsten Werk »Schweizerspiegel« stellt er detailliert und umfassend die Schweiz während des Ersten Weltkriegs dar.

Theater

Theaterstücke werden in der Innerschweiz seit dem 10. oder 11. Jh. aufgeführt. Über Jahrhunderte waren es vor allem geistliche Themen, die auf den ›Brettern, die das Dorf bedeuteten‹, dargeboten wurden. Im Spätmittelalter gab es in keinem anderen Gebiet der heutigen Schweiz so viele Weihnachts-, Fasnachts-, Passions- und Herbstspiele wie in Luzern. Das erste Urner Tellenspiel datiert übrigens bereits von 1512, abgelöst wurde es schließlich von Schillers Drama »Wilhelm Tell«, das regelmäßig in Altdorf aufgeführt wird. Weit über die Landesgrenzen reicht der Ruf des »Großen Welttheaters« von Calderon de la Barca, es wird alle fünf Jahre auf dem Klosterplatz von Einsiedeln inszeniert.

Gegen Ende des 19. Jh. brach die Begeisterung fürs Volkstheater aus, die bis heute anhält; nirgendwo im Land proben mehr Dorfvereine ihre Stücke als in der Innerschweiz. Aufgeführt werden die Schwänke und Dramen meist während der kalten Jahreszeit, ein Theaterabend im Saal des Dorfgasthauses ist ein Kulturgenuß der besonders urtümlichen Art.

Küche

Ausgesprochene Feinschmecker waren die Innerschweizer nie. Die Landbevölkerung lebte lange fast ausschließlich von dem, was der eigene Boden hergab. Dazu kam das Fleisch der eigenen Tiere, vor allem aber die Milch. Wie in allen Schweizer Berggebieten, wurde auch auf den Alpen rund um den Vierwaldstätter See mit Vorliebe Käse daraus gemacht. Dieser ist Bestandteil eines der einfachsten und gleichzeitig populärsten Innerschweizer Gerichte, der *Aelplermagronen*. Daß diese nahrhafte Köstlichkeit sowohl Teigwaren wie Kartoffeln enthält – was auf den ersten Blick nicht zusammenpaßt – hat einen einfachen Grund: In der Alphütte war das *Chessi* (Kessel) über der Feuerstelle das einzige Kochgefäß, daher konnte nur ein einziges Gericht zubereitet und mußten alle Zutaten gleichzeitig weich werden. Man nahm also Makkaroni und in Stücke ge-

45

Alles Käse!

schnittene Kartoffeln, mischte groß-zügig Käse darunter, ließ das Ganze aufkochen, und fertig war der *Znacht* (Abendessen). Heute werden die Aelplermagronen mit gerösteten Zwiebelringen bestreut, manchmal werden Schinken- oder Speckwürfelchen beigegeben, als Beilage wird Apfelmus serviert. Einst die Speise einfacher Leute, gehören die Aelplermagronen heute zu den beliebtesten Innerschweizer Spezialitäten.

Herzhafter Käse wird in der Innerschweizer Küche auf alle möglichen Arten eingesetzt. Längst werden im Restaurant das *Fondue,* die Käse-creme, in die man Brotstückchen tunkt und *Raclette,* geschmolzener Käse mit Pellkartoffeln, Gurken und

Silberzwiebeln als Beilage, angeboten. Beide Gerichte stammen ursprünglich aus dem Wallis und der Westschweiz. Den *Sbrinz,* ein würziger Hartkäse aus vollfetter Rohmilch, streut man gerieben über die Teigwaren oder genießt ihn fein gehobelt zu dunklem Brot und einem Glas Weißwein. In Gersau probiert man den Gersauer Käsekuchen, in Uri und Schwyz kommt Käsesuppe mit Zwetschgenkompott und Salzkartoffeln auf den Tisch.

Zu den kräftigen bäuerlichen Gerichten, die im Restaurant leider nur selten angeboten werden, gehören viele Eintopfgerichte mit seltsam anmutenden Namen, etwa das Obwaldner *Cholermues,* zerteilte Omeletten mit Apfelschnitzen. In Nidwalden dominiert die Kartoffel, man ißt *Ofetori* – gratinierter Kartoffelstock mit Magerspeck-Stückchen – oder *Stunggis,* einen Eintopf aus

Schweinefleisch, Gemüse und Kartoffeln. Aus dem schwyzerischen Muotatal kommt der *Fänz,* eine Suppe aus Butter, Mehl und Milch, dazu gehören Brot und Milchkaffee. In Uri kommt *Rys und Pohr* (Reis mit Lauch) und *Häfelichabis* (Kohl mit Schaffleisch) auf den Tisch. *Urnerdijrs,* schmackhaftes Urner Trockenfleisch, wird glücklicherweise fast überall aufgetragen. Fast in jedem Restaurant kann man auch die typische Schweizer *Röschti,* geraffelte und in der Pfanne beidseitig knusprig geröstete Kartoffeln, bestellen. Die Sennenröschti wird mit Käse angereichert, die Aelplerrösti mit Speck, die Winzerrösti mit Schinken und einem Spiegelei.

In der Stadt Luzern wird seit jeher etwas feiner, das heißt städtischer gekocht als in den übrigen Kantonen. Als Festessen gilt die *Chügelipastete,* ursprünglich eine Delikatesse der Fasnachtszünfte. Die große runde Pastete aus Blätterteig enthält Kalb-, manchmal auch Schweinefleisch, Kalbsbrät und Kalbbrieskügelchen, Champignons und Weinbeeren und wird an einer mit Koriander, Majoran und Muskatnuß gewürzten Sauce angerichtet. Zu den einheimischen Spezialitäten gehören auch die Luzerner Bauern-Schweinsbratwurst und Fisch, frisch aus dem Vierwaldstätter See, in zahlreichen Variationen. Dazu trinkt man einen leichten Landwein aus dem Luzerner Seetal.

Fisch ist ebenfalls eine Zuger Spezialität, und die Restaurants rund um den Zuger See vermögen höchsten Gourmet-Ansprüchen zu genügen. Aus dem Zuger See werden Kleinfelchen, Hecht, Barsch und Forellen gefischt. Ein besonderer Leckerbissen ist der Zuger Rötel, ein Seesaibling, der nur im Winter gefangen und, oft an einer Weißweinsauce, aufgetragen wird.

Wen nach einem guten Essen nach etwas Süßem gelüstet, kommt in der Zentralschweiz ganz sicher auf seine Kosten. Bekannt ist Gebäck aller Art, wobei jeder Kanton stolz auf eigene Spezialitäten ist. Allem voran ist die exquisite, über die Landesgrenzen hinaus bekannte Zuger Kirschtorte zu nennen. Zwischen knusprigem Mandelteig und feinem Biskuit wird eine Buttercreme eingezogen und das ganze großzügig mit Kirschwasser durchtränkt. Beliebt sind auch die *Birewegge,* eine mit Birnen, Rosinen und Zimt gefüllte Teigtasche, und der Luzerner Lebkuchen, zubereitet mit Bienenhonig und mit geschlagenem Rahm oder Butter bestrichen. Ursprünglich nur zur Fasnachtszeit verzehrt, sind die Obwaldner Zigerkrapfen, Blätterteig mit süßem Quark gefüllt und die *Chilbichüechli,* hauchdünne Fladen mit Puderzucker bestreut, heute vielerorts das ganze Jahr über zu haben.

Zum Kaffee darf ein Gläschen Hochprozentiges nicht fehlen. Innerschweizer Spitzenreiter ist der Kirsch, gerühmt werden die Destillate aus Zug und Schwyz. In Luzern wird der *Kafi Luz* aufgetragen: Dünner Kaffee mit Zucker und reichlich *Träsch* (Kernobstbranntwein).

UNTERWEGS
IN DER ZENTRALSCHWEIZ

Vom Vierwaldstätter
See bis zum
Gotthardpass

Mythos und
Geschichte: Rütli
und Hohle Gasse

Wallfahrtsorte:
Flüeli-Ranft und
Kloster Einsiedeln

Die Bergwelt:
Rigi, Pilatus, Titlis

Rund um den Vierwaldstätter See

An der Uferpromenade von Weggis

Eine berühmte Seepromenade, historische Sehenswürdigkeiten, viel Kultur und idyllische Gassen in Luzern, die schmucken Seeorte Weggis, Vitznau und Brunnen und geschichtsträchtige Stätten wie Küssnacht, die Tellsplatte und das Rütli erwarten die Gäste am Vierwaldstätter See. Großartige Ausblicke, Entdeckungsreisen auf umliegende Gipfel und Höhen, ein attraktives Sport- und Freizeitangebot und gute Restaurants runden das Erlebnis Vierwaldstätter See ab.

Die Route rund um den Vierwaldstätter See kann zum größten Teil mit dem Auto zurückgelegt werden, über gewisse Strecken verkehren zudem Zug oder Bus. Als Verkehrsmittel besonders zu empfehlen ist jedoch das Schiff. Auf drei verschiedenen Hauptstrecken steuern große Dampfer wie kleinere Passagierschiffe die einzelnen Ortschaften nicht, wie im folgenden als Straßenvariante beschrieben, am Ufer entlang an, sondern kreuzen den weitverzweigten See zum großen Teil im Zickzack. Die vielfältige Naturschönheit der einzelnen Buchten, Uferlandschaften und landschaftlichen Kulissen hinterläßt vom Wasser aus einen besonders nachhaltigen Eindruck. Gleich vier Seebecken öffnen sich, wenn das Schiff den sogenannten Kreuztrichter durchquert. Und wo, etwa bei Vitznau oder Stansstad, der See zu enden scheint, öffnet sich nach der Durchfahrt einer engen Stelle eine weitere Bucht. Eindrucksvoll ist der Blick auf die nahen Höhen und berühmten Gipfel wie Pilatus, Rigi und Bürgenstock und zu etlichen weiteren Ausflugsbergen am See. An manchen Stellen tauchen am Horizont gar schneebedeckte Viertausender des Berner Oberlandes auf.

Luzern

Luzern sei »ein kleines, schlecht gebautes, menschenleeres Städtchen«, meinte Arthur Schopenhauer 1804. Leo Tolstoi und Friedrich Nietzsche, Victor Hugo und Mark Twain, Richard Wagner und Franz Liszt, Napoleon II., Wilhelm II., Ludwig II. von Bayern und Sisi, Königin Victoria von England und Winston Churchill jedoch teilten seine Meinung nicht – im Gegenteil. Sie und viele Berühmtheiten mehr äußerten sich begeistert über die Leuchtenstadt.

Mit 60 000 Einwohnern ist die kulturelle, politische und wirtschaftliche Drehscheibe der Zentralschweiz zwar die kleinste unter den »großen« Schweizer Städten, als Zentrum des Schweizer Fremdenverkehrs aber seit über 100 Jahren weltbekannt. Wer Luzern sagt, meint jedoch nicht nur die Stadt, sondern vor allem auch deren einmalige Lage am Ausfluß des Vierwaldstätter Sees: eingebettet in eine liebliche Hügellandschaft und bewacht vom stolzen Hausberg Pilatus und den Gipfeln der Rigi.

Stattliche Zunft- und Bürgerhäuser, enge Gassen, schöne Kirchen, die alte, zinnengekrönte und turmbewehrte Stadtmauer und hölzerne Brücken prägen den mittelalterlichen Stadtkern. Lombardische Händler haben ihre architektonischen Spuren hinterlassen, eine unverkennbar südliche Atmosphäre liegt in der Luft, an manchen Sommertagen greifbar nah. Von Verschlafenheit kann jedoch keine Rede sein. Luzern verbindet die Idylle mit der Moderne, präsentiert sich geschäftstüchtig, offen und lebendig. In der Hochsaison bummeln die Gäste aus nah und fern in Scharen durch die Gassen und über die Plätze der Altstadt, entdecken an Weinmarkt, Weggisgasse, Hertensteinstraße und vielerorts mehr die zahlreichen Boutiquen, Schmuck- und Antiquitätenläden; Einheimische wie Auswärtige bevölkern die Boulevardcafés an der Reuss. Am Seeufer herrscht ein Kommen und Gehen, laufen Raddampfer und andere Ausflugsschiffe aus, legen Ruder- und Segelboote an. Luzern ist Weltstadt *en miniature,* in mancher Hinsicht aber Dorf geblieben: Die ländliche Beschaulichkeit der Umgebung zieht sich bis in die Stadt hinein, die Einheimischen haben sich ihren eigenständigen freundlichen und geselligen Charakter von den vielen Fremden nicht nehmen lassen.

Stadtgeschichte

Die geschichtlichen Anfänge der Stadt Luzern liegen weitgehend im dunkeln. Verbrieft ist, daß um die Mitte des 8. Jh. am Abfluß der Reuss aus dem Vierwaldstätter See ein kleines Kloster – ein Ableger der Benediktinerabtei von Murbach im Elsaß – bestand, von dessen Namen Lucaria sowohl die Bezeichnungen Luzern wie »Leuchtenstadt« herstammen. Der Legende nach soll eine von überirdischem Licht (Lucerna = die Leuchte) beleuchtete Stelle, an der man daraufhin eine Kapelle errichtete, der Ursprung der Abtei gewesen sein. In der näheren Umgebung lebten zunächst ausschließlich Jäger und Fischer, später siedelten sich auch Handwerker an. Was sich in den folgenden Jahrhunderten in Lucaria tat, entzieht sich der Kenntnis der Historiker, bis 1178 der Abt von Murbach dem mittlerweile zu einem Marktflecken angewachsenen Ort die Stadtrechte verlieh. Luzerns große Stunde schlug, als im 13. Jh. der Handelsweg über den Gotthard eröffnet und damit Süddeutschland mit Mailand verbunden war. Die unüberwindlichen, steilen Ufer erlaubten noch keine

Luzerner Altstadt

Fahrwege, das Schiff war das einzige Verkehrs- und damit Transportmittel am Vierwaldstätter See. Das kleine Städtchen mit seinem Hafen gedieh daher rasch zu einem bedeutenden Warenumschlagplatz, trug maßgeblich zum gewaltig ansteigenden Transithandel mit Italien bei und hatte damit in der Innerschweiz eine Vorrangstellung inne. Die wirtschaftliche und damit auch politische Bedeutung Luzerns blieb auch den Österreichern, welche bereits weite Gebiete nördlich des Gotthardpasses beherrschten, nicht verborgen. Fatalerweise litt zur selben Zeit das Kloster Murbach unter finanziellen Problemen; für König Rudolf von Habsburg die ideale Voraussetzung, im Jahr 1291 den Murbachern das mächtige und reiche Luzern abkaufen zu können. Das Patronat der Habsburger währte jedoch nur einige Jahrzehnte: Die Bürgerschaft von Luzern, unter den Klosterherren im fernen Elsaß gut gefahren, fürchtete die Auswirkungen der neuen, zentralistischen Macht und insbesondere die Einbuße aller bisherigen Rechte und Freiheiten. Also schloß sich die Stadt 1332 dem Waldstätterbund von Uri, Schwyz und Unterwalden an. Dieses Bündnis wurde im Jahr

1291 zur Auflehnung gegen fremde Herrschaft, so auch die der Habsburger, gegründet. Mit dem Abschluß des »Ewigen Bundes« zwischen den vier Kantonen erweiterte Luzern die Eidgenossenschaft nicht nur geographisch, sondern bot mit der Verbindung der Stadt mit den bisher ausschließlich ländlichen Gebieten der Eidgenossenschaft, dem Zusammenstehen von Bauern und Bürgern die Grundlage für die Entwicklung der ganzen Schweiz.

Zwar versuchten in den folgenden Jahren österreichisch Gesinnte, die Herrschaft über die Innerschweiz und damit auch über Luzern wiederzuerlangen; 1386 versuchte dies Herzog Leopold III. in Sempach im Luzerner Hinterland mit Gewalt. Die vereint angetretenen Truppen des Ewigen Bundes schlugen sein Heer jedoch vernichtend und schüttelten das Joch fremder Herren ein für allemal ab. Die Luzerner profitierten vom Ausgang der Schlacht gleich doppelt: Mit der endgültigen Vertreibung der verhaßten Habsburger gewannen sie als Untertanenland bedeutende Gebiete aus deren ehemaligem Besitz und damit den größten Anteil des heutigen Kantons.

Während der Reformation hielt Luzern, wie auch die übrige Innerschweiz, dem alten Glauben die Stange – nicht nur aus religiösen Gefühlen, sondern auch aus handfesten wirtschaftlichen Überlegungen: Beabsichtigte doch der Zürcher Reformator Zwingli, mit der religiösen Erneuerung der Innerschweiz dem in Luzern florierenden Söldnerwesen Einheit zu gebieten. Die Luzerner mochten auf den Reichtum, der den Einheimischen aus den Kriegsdiensten im Ausland erwuchs, sowie auf die einträglichen Handelsbeziehungen mit Italien nicht verzichten. Luzern führte die Gegenreformation in der Schweiz an, der päpstliche Nuntius reiste her, die Kapuziner zogen ein, die Jesuiten errichteten Schulen und förderten das Kulturschaffen. Die wirtschaftliche Macht Luzerns nahm allerdings nicht mehr zu.

Im 17. und 18. Jh. übten, wie überall in Europa, auch in Luzern aristokratische Regierungen Druck auf die Volksherrschaft aus. Mit der französischen Revolution von 1789 und dem Einmarsch napoleonischer Truppen in der Schweiz hatten die Adligen zu weichen, vorbei war es von nun an in Luzern jedoch auch mit den fremden Kriegsdiensten und damit mit den gerngesehenen Beziehungen zu den europäischen Großmächten.

Im Zuge der Romantik entdeckten Ausländer aus nah und fern die Schweiz. Abenteuerlustige Europäer schickten sich an, die Alpen zu erobern, und Luzern bot sich, wie Jahrhunderte vorher für den Handel, auch dem Fremdenverkehr als Drehscheibe an. Zwischen 1850 und 1900 nahm die Zahl der Luzerner Hotelbetten um das Zehnfache zu, die Stadt gedieh innerhalb kürzester Zeit zum Ausgangsort für den internationalen Fremdenverkehr und später schließlich zum aufstrebenden Industriestandort.

Stadtrundgang

(siehe Stadtplan hintere Umschlaginnenklappe)

Idealer Einstieg für die Besichtigung der Stadt Luzern ist der Europaplatz zwischen Bahnhof und Vierwaldstätter See. Hier zieht ein moderner, architektonisch und städtebaulich markanter Komplex mit mächtiger, weit auskragender Dachkonstruktion die Aufmerksamkeit auf sich: Das neue **Kultur- und Kongreßzentrum,** errichtet nach Plänen des französischen Stararchitekten Jean Nouvel, soll im Januar 2000 nach sechsjähriger Bauzeit seinen Vollbetrieb aufnehmen. Unter einem Dach des Millionenprojekts, dem die Bevölkerung der Stadt Luzern 1981 zugestimmt hatte, dienen Säle, Foyers, offene Terrassen auf dem Dach wie zu ebener Erde, ein Restaurant sowie eine Seebar aus Glas als Treffpunkt für musikalische, kulturelle und gesellschaftliche Veranstaltungen verschiedenster Art. Bereits 1998 fanden im repräsentativen, akustisch großartig ausgestatteten **Konzertsaal** – einem der besten der Welt – die ersten Konzerte statt. Auch die jährlich im September/Oktober stattfindenden und weltweit beachteten »Internationalen Musikfestwochen« von Luzern werden künftig hier durchgeführt. Das **Kunstmuseum** (Di und Do–So 10–12 und 14–17, Mi zusätzlich 19.30–21.30 Uhr), das sich schon vor dem Bau des Komplexes hier befunden hatte, ist ebenfalls schon geöffnet. Es zeigt bedeutende Werke aus der Schweizer Malerei und Bildhauerei vom 16. bis 20. Jh.

Vom Bahnhofplatz zum Schwanenplatz und damit in Luzerns Altstadt, die »Großstadt«, führend, überquert die **Seebrücke** die Reuss an jener Stelle, wo diese den Vierwaldstätter See verläßt. An klaren Tagen bietet der verkehrsreiche Übergang wunderbare Ausblicke auf die Rigi (1798 m) im Osten und das gezackte Pilatus-Massiv (2129 m) im Südwesten. Wenige Schritte vom nördlichen Brückenkopf führt die weltweit bekannte **Kapellbrücke** mit ihrem wuchtigen achteckigen **Wasserturm** aus dem frühen 14. Jh. über den noch breiten Fluß.

Am linken Reussufer wenige Schritte flußabwärts steht das **Luzerner Theater,** vis-à-vis, und schon von weitem erkennbar ragen die beiden Türme der **Jesuitenkirche** empor. Von 1666 bis 1677 errichtet, wurde sie dem Heiligen Franz Xaver, Schutzpatron von Luzern, geweiht und gilt heute als ältester unter den großen Barockbauten in der Schweiz. Das schlichte Äußere birgt einen einzigen großen Innenraum mit reicher, einheitlicher und fein ausgearbeiteter Rokokoausstattung aus dem Jahr 1750. Das ehemalige Jesuitenkollegium neben der Kirche dient heute als **Gebäude der Kantonsregierung.** Der bereits 1557–64 errichtete Bau gehörte dem Stadtoberhaupt Lukas Ritter, daher auch die Bezeichnung »Ritterscher Palast«. In fremden Kriegsdiensten reich geworden, hatte sich der Lu-

Spreuerbrücke

zerner Schultheiss seine Residenz im Stil der florentinischen Frührenaissance errichten lassen. Neben der Rustikafassade fallen vor allem der Arkadenhof nach toskanischem Vorbild und das Original des Weinmarktbrunnens aus dem Jahr 1481 auf. Im klassizistischen Großratssaal aus dem Jahr 1843 an der Rückfront des Baus tritt das Luzerner Kantonsparlament zusammen.

Die **Franziskaner-** oder **Barfüßerkirche** aus dem 13. Jh., die bis ins 17. Jh. mehrmals erneuert und 1989 vollständig renoviert wurde, wirkt von außen eher schlicht. Das Innere ist dagegen eindrucksvoll ausgestaltet: Die geschnitzte Kanzel ist aus dem Jahr 1628, das Chorgestühl von

1647–51, und die Wände sind mit Fahnen und Banner bemalt.

Einige Schritte weiter sorgt am Reusssteg und an der Richtung Südwesten anschließenden Burgerstraße an den Samstagen von Mai bis Oktober der Flohmarkt für buntes Treiben.

Etwas weiter flußabwärts liegen am Kasernenplatz zwei sehenswerte Museen: Das im alten Zeughaus aus dem 16. Jh. untergebrachte **Historische Museum** (Di–Fr 10–12 und 14–17, Sa/So 10–17 Uhr) dokumentiert die Geschichte von Stadt und Kanton Luzern, das **Naturmuseum** (Di–Sa 10–12 und 14–17, So 10–17 Uhr) birgt eine bedeutende und spannend aufgemachte Ökologie- und Zoologieausstellung, lebende Tiere und Mineralien. Unmittelbar beim Naturmuseum führt die **Spreuerbrücke,** der zweite über-

Die Kapellbrücke

Wahrzeichen und Werbeträger

Groß war das Entsetzen, als in der Nacht vom 17. auf den 18. August 1993 die Kapellbrücke in Flammen aufging. Brandstiftung? Eine weggeworfene glimmende Zigarette? Die Ursache der Brandkatastrophe konnte nie geklärt werden. Fassungslos und tieftraurig standen die Luzerner am folgenden Morgen vor dem noch rauchenden, verkohlten Brückengerippe und konnten das Unglück nicht fassen.

Immerhin galt das berühmte Wahrzeichen als die älteste überdachte Holzbrücke Europas und war weltweit bekanntes Symbol für die touristische Attraktivität der Leuchtenstadt. Anno 1333 errichtet, diente die Kapellbrücke bereits früh als wichtiger Verbindungsweg über die Reuss und war Teil der ehemaligen Stadtbefestigung. Der ebenfalls aus dem 14. Jh. stammende achteckige Wasserturm am Ende der Brücke war in frühen Zeiten ein finsteres Verlies, später diente der untersetzte Steinbau als Hüter von Dokumenten und reicher Beute aus gewonnenen Schlachten. Von großem historischen Wert war vor allem der Bilderschmuck in den Giebeldreiecken unterm Brückendach. Sozusagen als gegenreformatorisches Manifest entwarf der Stadtschreiber und Universalgelehrte Renward Cysat 1599 im Auftrag des Stadtrates einen Bilderzyklus mit

Szenen zur Stadtgeschichte. Ab 1611 setzte der Zürcher Künstler Hans Heinrich Wägmann die Vorgaben des Chronisten künstlerisch um. Unter dem Titel »Von der Statt und des Vatterlands Geschichten« bemalte er im Stil der Renaissance insgesamt 111 Holztafeln: Da treten ein baumschwingender Riese und die Stadtheiligen Leodegar und Mauritius auf, stolze Bannerträger der Stadt und aus den Orten der Landschaft Luzern, Freiheitshelden, verhaßte Vögte und der berühmte Niklaus von Flüe, der mit seinem klugen Rat den Zusammenhalt der Eidgenossen sicherte. Da präsentieren sich eine von überirdischem Licht erleuchtete Kapelle, die der Ursprung der Stadt und ihres Namens gewesen sein soll (*Lucerna* = die Leuchte), Hofintrigen, Kämpfe und Morde zur Zeit der Merowinger, die Geschichte der alten Eidgenossen, gewonnene und verlorene Schlachten, Greuel-, Frevel- und Wundertaten und die vom Papst Julius II. gegründete Schweizergarde. Der heilige Beatus und St. Meinrad, der Eremit von Einsiedeln, stellen die Klöster und Gotteshäuser der Luzerner Landschaft vor und Karl der Große entlöhnt die Luzerner für ihre Hilfe in seinen italienischen Feldzügen – eine Geschichte, die allerdings kaum der Wahrheit entsprechen dürfte.

Zurück zur Brandkatastrophe: Das unmittelbare Fazit war niederschmetternd. Zwar war der Wasserturm vom Brand verschont geblieben, der gesamte Oberbau der Brücke war jedoch zerstört und damit 86 der 111 wertvollen Giebelbilder unwiederbringlich verloren. Auf den Schock der Luzerner folgte sofort der Beschluß, das Wahrzeichen der Stadt wiederaufzubauen. Dies geschah innerhalb der folgenden acht Monate und in nahezu originalgetreuem Stil. Die 25 geretteten und für eine Summe von 1,5 Mio. Schweizer Franken restaurierten Giebelbilder hängen wieder, gesichert hinter Glas und bewacht von Video- und Brandmeldegeräten, an ihrem angestammten Platz unter dem neuen Brückendach.

Aus der Not eine Tugend gemacht, schrieben die Tourismus-Verantwortlichen zu der traurigen Geschichte schließlich ein dickes Happy-End: Nachdem es im Sommer 1993 von den Frontseiten zahlreicher Zeitungen in aller Welt gebrannt hatte, berichteten im Februar 1994 die aus aller Herren Länder zur Wiedereröffnung der Kapellbrücke eingeflogenen Journalisten über die Auferstehung des Luzerner Wahrzeichens. Seine tragische jüngste Geschichte beschied dem beliebten Fotomotiv so viel Aufmerksamkeit wie vielleicht nie zuvor. Tatsächlich entpuppten sich Brand und Wiedereröffnung der Luzerner Kapellbrücke als größte Werbekampagne in der Geschichte des Schweizer Tourismus – mit entsprechend positiven Resultaten, sprich Anstieg der Touristenzahlen, für die Stadt Luzern.

dachte Flußübergang der Stadt, ans nördliche Ufer der Reuss. Im Jahr 1408 als Verbindung der zwei unteren Stadtteile errichtet, präsentiert sie in den Giebeldreiecken einen Totentanz-Zyklus. Die 46 Bildtafeln wurden 1626–35, zur Zeit des Dreißigjährigen Krieges, von Kaspar Meglinger geschaffen. Die Brücke, deren Bezeichnung auf das Spreu hinweist, das früher von hier aus im Fluß entsorgt wurde, bietet eine herrliche Sicht auf die von der Museggmauer beherrschte Altstadt. Vor dem Zeughaus neben der Brücke steht auf einem Brunnensockel die Innerschweizer Sagengestalt »Wilder Mann«.

Am rechten Reussufer, zwischen dem Mühleplatz am nördlichen Kopf der Spreuerbrücke und dem Schwanenplatz, gibt es malerische Altstadtgassen und etliche brunnengeschmückte Plätze zu entdecken. Stattliche historische Bürger- und Patrizierhäuser, die Fassaden meist mit Fresken geschmückt, prägen den **Weinmarkt,** einen langgestreckten und dennoch geschlossenen Platz. Hier, im Zentrum der »Großstadt«, wo jeweils am ersten Samstag des Monats am Handwerksmarkt buntes Treiben herrscht, schloß sich im Jahr 1332 Luzern dem bereits bestehenden Bund der Urkantone Uri, Schwyz und Unterwalden an.

Am Kornmarkt beeindruckt das alte, unter Denkmalschutz stehende **Rathaus.** Das Haupthaus wurde 1602–04 im Stil der oberitalienischen Renaissance erbaut. Der anschließende wuchtige mittelalterliche Viereckturm stammt aus dem 14. Jh., und das Walmdach ist ein traditionelles einheimisches Bauelement – eine gelungene architektonische Komposition. Im Inneren beeindrucken prunkvolle, typisch schweizerisch holzvertäfelte Ratssäle. Neben dem Rathaus birgt die Picasso-Sammlung im **Am-Rhyn-Haus** bedeutende Werke des großen Malers aus den Jahren 1953–69. (Eingang Furrengasse, April bis Okt. täglich 10–18 Uhr, Nov. bis März 11–13 und 14–16 Uhr.)

Als unbestritten schönster Platz Luzerns gilt der **Rathausquai.** Hier herrscht Lebensfreude, trifft sich die Jugend und tummeln sich die Touristen, hier sieht man und wird gesehen, genehmigt sich in den Straßencafés mit Blick auf die Reuss seinen morgendlichen Espresso, lauscht dem glucksenden Wasser in den Löchern der Ufermauern, beobachtet die Schwäne, ruht sich vom Einkauf aus, hört den Straßenmusikanten zu, genießt das Feierabendbier und die mediterrane Atmosphäre und bricht zu abendlichen Unternehmungen auf. Die Säulengänge an der Reuss zeugen von historisch bedingtem italienischen Einfluß, bergen lauschige Ecken, und wenn jeweils Dienstag- und Samstagvormittag Marktfrauen, Gärtner und Fischer hier ihre Waren anbieten, präsentiert sich der Quai noch bunter und lebendiger.

Luzerner Rathaus

Von der Brüggligasse westlich der Spreuerbrücke zieht sich Richtung Nordosten über 870 m der äußere Ring der 1350–1408 errichteten **Museggmauer** hin. Vollständig erhalten geblieben, schließt dieser Teil der ehemaligen mittelalterlichen Stadtbefestigung die leicht ansteigende Altstadt ab. Überragt wird die Museggmauer, eine der besterhaltenen Wehranlagen der Schweiz, von neun verschiedenartigen Türmen. Von Westen nach Osten begegnen wir dem Nölliturm (mit Zunftstube und kleinem Museum), dem Männli-, Luegisland-, Heu- und Wachtturm, dem Zytturm (mit der ältesten Uhr der Stadt aus dem Jahr 1525), dem Schirmer-, Pulver-, Allenwinden- und schließlich dem Dächliturm.

Östlich vom **Schwanenplatz,** der verkehrsreichen und von Fußgängern belebten Geschäftszone mit Banken und Schmuckläden, prägen Luxushotels mit teilweise eigenem Badestrand, noble Geschäfte, eine gepflegte Parkanlage, hohe schattenspendende Bäume in Reih und Glied und ein herrliches Alpenpanorama die prächtige **Seepromenade.** Diese besteht aus Schweizerhof-, National- und Spittelerquai. Bürgenstock und Rigi-Massiv, rechts davon Stanserhorn und Pilatus zeigen sich von ihrer schönsten Seite, in der Ferne grüßen Engelberger und Glarner Alpen. An sehr klaren Tagen geben sich gar einige Schneeriesen der Berner Alpen die Ehre.

Auf einem Hügel nördlich des Nationalquais steht die **Hof- oder Stiftskirche** aus dem Jahr 1634, eines der wenigen Gotteshäuser, die nördlich der Alpen im Stil der Spätrenaissance errichtet wurden. Die von weitem sichtbaren Türme stammen von einem gotischen Vorgängerbau aus dem Jahr 1525. Außerordentlich reich ist die Ausstattung der Pfeilerbasilika. Sie zeigt Kanzel und Chorgestühl mit Schnitzereien von 1639, eine großartige spätgotische Figurengruppe aus dem frühen 16. Jh., weitere Skulpturen und beeindruckende Kunstschmiedearbeiten, darunter das älteste Chorgitter seiner Art in der Schweiz von 1643. Die berühmte Orgel stammt aus dem Jahr 1650. Im Sommer finden hier Orgelkonzerte statt. Nach Voranmeldung kann der wertvolle Stiftsschatz besichtigt werden. Nach dem Vorbild eines italienischen Friedhofes gestaltet, umgibt ein Arkadenhof mit den Gräbern alter, einflußreicher Luzerner Familien den Bau.

Am Löwenplatz nordwestlich der Hofkirche erwartet uns neben einem künstlichen kleinen See das berühmte **Löwendenkmal.** 1821 in eine 20 m hohe Felswand eingemeißelt, erinnert das sterbende Tier mit dem auseinandergebrochenen Schild unter seinen Pranken an die rund 750 Luzerner Offiziere und Soldaten, die 1792 beim Sturm auf die Tuilerien unter dem französischen König Ludwig XVI. den Tod fanden.

Gleich nebenan stellt ein Gemälde im Rundbau des **Panorama** die geschlagene französische Ostarmee oder Bourbaki-Armee dar, die 1871 ausgehungert und erschöpft die

Schweiz betritt. Das rund 1100 m² große Werk wurde 1889 unter der Leitung des Genfer Schlachtenmalers Edouard Castres und mit Hilfe mehrerer Schweizer Künstler, darunter dem berühmten Ferdinand Hodler, ausgeführt. Das Panorama ist leider bis zum Februar 2000 geschlossen. Ebenfalls am Löwenplatz zeigt das **Alpineum** große Panoramabilder der Alpen, z. T. plastisch gestaltet, aus der Jahrhundertwende (April bis Okt. täglich 9–12 und 13–18 Uhr).

Oberhalb vom Löwendenkmal präsentiert sich der **Gletschergarten** (April bis Okt. 9–18, übrige Zeit 10–17 Uhr), ein höchst eindrucksvoller, 1872–75 freigelegter Rest aus der Eiszeit. Er zeigt den erdgeschichtlichen Verlauf im Wandel von subtropischer Vegetation bis zur Eiszeit mit Gletscherschliffen, 32 teilweise mehrere Meter tiefe Gletschermühlen und erratische Blöcke. Im dazugehörigen Museum lassen sich prähistorische Funde, Reliefs, Alpentiere, im alten Stil eingerichtete Zimmer, ein historisches Modell der Stadt Luzern und ein faszinierendes Spiegellabyrinth bewundern.

ℹ️ Information: Tourist Information, Frankenstr. 1 (Nähe Bahnhof), 6002 Luzern, ☎ 410 71 71, Fax 410 74 34. Schiffahrtsgesellschaft Vierwaldstättersee, Werftstr. 5, ☎ 367 67 67.

🛏 Hotels: Wilder Mann ($$$$–$$$$$), ☎ 210 16 66, Fax 210 16 29: »Bilderbuch-Hotel« mit viel Charme und Eleganz. **Château Gütsch** ($$$$–$$$$$), ☎ 249 41 00, Fax 249 41 91: »Märchenschloß« über der Stadt, sehr nobel, Seilbahn ab Baselstr. (nördlich Kasernenplatz). **Des Balances** ($$$$–$$$$$), ☎ 410 30 10, Fax 410 64 51: Wunderschönes, ehemaliges Zunfthaus, herrliche Terrasse auf die Reuss. **Flora** ($$$$), ☎ 229 79 79, Fax 229 77 77: 2 Min. von Bahnhof und Altstadt, ruhig, Restaurant, Bars, Disco, Tiefgarage. **Seeburg** ($$$$), ☎ 375 55 55, Fax 375 55 50: Hotel und Chalets in schönem Park am See, mehrere Restaurants, Bars, Live-Musik, Folkloreabende. **Kurhaus Sonnmatt** ($$$$), ☎ 375 32 32, Fax 370 39 19: Im Grünen über der Stadt, für Gesundheit, Erholung und moderne Therapien. **Krone** ($$$–$$$$), ☎ 419 44 00, Fax 419 44 90: Hübsches Altstadt-Haus, Zimmer im Design-Stil, Vollwertküche, Terrasse, alkoholfrei. **Diana** ($$–$$$$), ☎ 210 26 23, Fax 210 02 05: Gemütliches, ruhiges Familienhotel, kleine Bar. **Anker** ($$–$$$), ☎ 210 30 76, Fax 210 24 55: Auch Zimmer mit 3 und 4 Betten, gute Küche. **Villa Maria** ($$), ☎/Fax 370 21 19: Klein, familiär und schön gelegen, Nähe Verkehrshaus und See, im Winter geschlossen. **Hofgarten** ($–$$), ☎ 410 88 88, Fax 410 83 33: Hotel garni in historischem Stiftshaus, wechselnde Kunstausstellungen. **Mr. Pickwick** ($–$$), ☎ 410 59 27, Fax 410 51 08: Kleine, aber nette Zimmer, ohne Frühstück.

🏠 Jugendherberge: Sedelstr. 12, ☎ 420 88 00, Fax 420 56 16. Am Rotsee im Norden der Stadt, Bus ab Bahnhof.

🔺 Camping: Campingplatz Lido, ☎ 310 21 46, am See, Schlafsaal, Nov. bis Mitte März geschlossen.

✗ Restaurants: Arte ($$–$$$), ☎ 410 70 20: Mediterrane Küche mit z. T. asiatischem Einschlag, Schaküche, stilvoll modern, auch vegetarisch. **La Ratatouille** ($$), ☏ 410 71 56: Provenzialisch, große Käseauswahl, Dessertbuffet. **Chang-Cheng** ($$), ☏ 240 28 87: Über 100 vorwiegend kantonesische Gerichte, fernöstliches Interieur, Terrasse an der Reuss. **Old Swiss House** ($$), ☏ 410 61 71: Folkloristisch und gediegen, guter Wein und einheimische Küche, exzellenter Fisch. **Rebstock** ($$), ☏ 410 35 81: Schönes Bistro mit schattigem Innenhof. **Fritschi** ($$), ☏ 410 16 15: Schöne alte Inneneinrichtung, sechs Sorten Käsefondue. **Galliker** ($–$$$), ☏ 420 10 02: Stadtbekannt seit 1681, urige Atmosphäre, herzhafte Schweizer Kost. **Bistro du theatre** ($–$$$), ☏ 210 12 74: Französisches Bi-

stro, Treffpunkt von Schauspielern, Politikern, Studenten. **Padrino** ($–$$$), ☎ 410 41 50: Klassisch-italienisch und gemütlich, wunderschöne Seeterrasse. **Hofgarten** ($$), ☎ 410 88 88: Nostalgisches Restaurant mit Schauküche, idyllischem Garten. **Wilder Mann** ($–$$), ☎ 210 16 66: Klassische und Schweizer Küche, gedeckte Terrasse. **Zur Laterne** ($–$$),

☎ 240 25 43: Gute Stimmung, einheimische Kost – v. a. Rösti in allen Variationen, kleine Terrasse am Reussufer. **Zum Widder** ($), ☎ 410 43 73: Alternativ, biologische Produkte, viel junges Publikum.

Nachtleben: Kursaal-Casino, ☎ 418 56 56: Direkt am See, zahlreiche Spielautomaten, Boule-Game, Folklore-Show, Bar, Cabaret/Night-Club. **Stadtkeller**, ☎ 410 47 33: Im Erdgeschoß Alphornblasen, Fahnenschwingen, Jodeln; im Untergeschoß Rock, Blues, Jazz und Funk. **Flora**, ☎ 229 79 79: Nähe Bahnhof, Piano-Bar, Cocktail-Bar, Brasserie (Essen bis 2 Uhr), Dancing. **Penthouse Bar**, ☎ 210 22 44, im Hotel Astoria: Elegant und gemütlich, großartiger Blick auf die Stadt.

Kultur: Luzerner Theater, Theaterstr. 2, ☎ 210 66 18: Breites Angebot an Schauspiel, Musiktheater, Ballett. **Kleintheater**, Bundesplatz 4, ☎ 210 33 50: Fast täglich Kabarett, Konzerte, Tanz, Pantomime, Theater oder Lesungen. **Boa-Kulturzentrum**, Geissensteinring 41, ☎ 360 45 88: Theater, Tanztheater, Konzerte von Jazz bis Techno. **Konzertzentrum Schüür**, Tribschenstr. 1, ☎ 368 10 30: Einheimische und internationale Bands sämtlicher Musikrichtungen, Discoveranstaltungen.

Veranstaltungen: Einige Highlights: Luzerner Fasnacht (Februar oder März), Osterfestspiele (klassische Musik, über Ostern), Altstadtfest (4. Juni-Samstag), Seenachtsfest mit Feuerwerk in der Luzerner Bucht (Aug.), Internationale Musikfestwochen (September), in der Sommersaison tägl. Stadtrundgänge. Nähere Auskunft bei der Tourist Information.

Rund um den Vierwaldstätter See

Ausflüge von Luzern aus

Am östlichen Stadtrand zeigt an der Lidostraße 5 das **Verkehrshaus der Schweiz** (April bis Okt. täglich 9–18, Nov. bis März 10–17 Uhr; ☎ 370 44 44), das größte Verkehrsmuseum Europas, die Entwicklung und Bedeutung verschiedenster Verkehrsmittel. Zum Teil dürfen die Automobile, Lokomotiven, Schiffe und Flugzeuge bestiegen und deren Motoren ausprobiert werden. Die Geschichte der einzelnen Fahrzeuge wird zudem mit Fotos, Diaschauen, Filmen und viel spannender Information beschrieben. Im Kosmorama

präsentiert eine Multivision die Entwicklung der Raumfahrt, im Planetarium projizieren modernste Geräte den Sternenhimmel und einzelne Planeten auf die Leinwand.

Am nördlichen Stadtrand zieht sich der kleine, Ruderfreunden aus aller Welt bekannte **Rotsee** in die Länge. Jedes Jahr am ersten Juli-Wochenende findet hier die internationale Rotsee-Ruderregatta statt.

Bus und Schiff oder eine kleine Fußwanderung (40 Min.) führen am Westufer des Vierwaldstätter Sees zur kleinen Halbinsel **Tribschen.** Heute **Richard Wagner-Museum** (Mitte März bis Ende Nov. Di–So 10–12 und 14–17 Uhr) war das von hohen Pappeln umgebene Landhaus von 1866–72 vorübergehend Heimat des Komponisten. Subtropische Vegetation prägt den Land-

Verkehrshaus der Schweiz

strich am Seeufer weiter Richtung Süden.

Die kleinen, idyllischen Siedlungen **St. Niklausen** und **Kastanienbaum** sind auch per Bus und Schiff zu erreichen und weisen je ein beliebtes Hotel mit Restaurant auf.

🛏 **Hotels: Seehotel Kastanienbaum** ($$$$–$$$$$), ✆ 340 03 40, Fax 340 10 15: Mit Strandbad, Bootssteg, Seeterrasse und Beautyfarm. **Seehotel St. Niklausen** ($$–$$$), ✆ 340 11 30, Fax 340 11 26: In einem großen Park direkt am See.

Rund um den Küssnachter See

Als Ausläufer des Meggerbergs (496 m) stößt rund 4 km südöstlich von Luzern halbinselähnlich das bewaldete **Meggenhorn** in den Luzerner See vor. Der Blick schweift über den Küssnachter See – die nördlichste Bucht des weitverzweigten und verzipfelten Vierwaldstätter Sees schließt sich hier dem Luzerner See an –, auf die Rigi im Osten, den Bürgenstock im Süden und den Pilatus im Westen. Auf dem Felsvorsprung einer der kleinen vorgelagerten Inseln erteilt in einer klitzekleinen Kapelle überlebensgroß der Heilige Nikolaus von Myra, Patron der Seefahrer, seinen Segen über das Wasser. Das Schloß Meggenhorn wurde 1870 nach dem Vorbild der Loire-Schlösser gebaut, die Schloßkapelle aus dem Jahr 1888 gilt als Kleinod

der neugotischen Architektur. Der große, herrliche Park ist öffentlich zugänglich, das Schloß nur anläßlich von Konzerten.

Am attraktiven Südhang des Meggerberges, ein äußerst fruchtbarer, mit Obstbäumen übersäter Landstrich, hat sich die Gemeinde Meggen, zu Beginn des 20. Jh. noch ein bäuerliches Dorf, zu einer wohlhabenden und beliebten Wohnregion entwickelt und ist heute mit der Stadt Luzern fast zusammengewachsen. Die Ruine der um 1240 errichteten Burg in **Vordermeggen** erinnert nur noch entfernt an ihren ehemals mächtigen Herrn, Rudolf I., Graf von Habsburg und später erster Kaiser seiner Dynastie. Erhalten geblieben ist allein der Turm, der in die 1868–71 im Burgenstil errichtete, neugotische Schloßvilla Neuhabsburg einbezogen wurde.

In und um den lieblich und windgeschützt gelegenen Ort **Meggen** wurde seit dem 19. Jh. ein herrschaftlicher Landsitz nach dem anderen erbaut. Der Dorfkern weist etliche stattliche Bürgerhäuser und zahlreiche historische Bauten auf. In der Nähe der Villa St. Charles Hall, in der neben anderen öffentlichen Veranstaltungen Konzerte im Rahmen der Internationalen Musikfestwochen Luzern durchgeführt werden, liegt das Fischerdörfli **Benzeholz** mit einem Ortsbild von »nationaler Bedeutung«.

ℹ **Information:** Verkehrsbüro, Dropa-Drogerie Küttel, 6045 Meggen, ✆ 377 26 05, Fax 377 46 05.

Ein Spielchen in Ehren ...

🛏 **Hotel: Schlössli** ($$), ✆ 377 13 29, Fax 377 13 72: Gemütlicher Familienbetrieb, ruhige Zimmer zum Garten.

🍴 **Restaurant: Rustica** ($$), ✆ 377 12 87: Im Grünen nördlich von Meggen, Grillspezialitäten, überdachter Garten. **Schlössli** ($$), ✆ 377 13 29: Gutbürgerlich, Fleisch- und Fischspezialitäten, schöne Terrasse, gutes Preis-Leistungs-Verhältnis.

Das kleine »Geraniendorf« **Merlischachen** besticht durch sein guterhaltenes Ortsbild. Die alten, reichgeschmückten Bauernhäuser sind im Stil des Innerschweizer Blockhauses über gemauertem Sockel erbaut und weisen schöne Giebel und teilweise sogar regionstypische Klebdächer über den Fenstern auf.

ℹ **Information:** Verkehrsbüro, Luzernerstr. 215, 6402 Merlischachen, ✆ 850 08 50, Fax 850 02 52.

🛏 **Hotel: Schloss-Hotel** ($$$–$$$$), ✆ 850 02 50, Fax 850 02 52: Ruhige Lage am See, rustikale Zimmer, Badeplatz, Wellness.

🍴 **Restaurant: Swiss Chalet** ($$–$$$), ✆ 850 02 50: Restauriertes Bauernhaus aus dem 17. Jh. beim Schloss-Hotel, französische Spezialitäten, hausgemachte Desserts, schöne Terrasse.

Küssnacht

Zwischen dem nördlichsten Zipfel des Vierwaldstätter Sees und der

Nordflanke des Rigi-Massivs liegt der historisch bedeutsame Ort **Küssnacht**. Ausgrabungen bezeugen, daß Dorf und Umgebung schon in der Steinzeit und später von den Römern besiedelt waren. Jahrhundertelang, vor allem im 14. und 15. Jh., war der stattliche Ort ein bedeutender Umschlagplatz für den Nord-Süd-Güterverkehr: Die Axenstrasse bestand noch nicht, die Gotthardroute verlief hier über den See nach Flüelen am südlichsten Ufer des Vierwaldstätter Sees. Heute zählt Küssnacht zu den beliebtesten Fremdenverkehrsorten am Vierwaldstätter See. Das Dorf weist zwar einen regen Durchgangsverkehr auf, der Ortskern jedoch ist von diesem nicht betroffen.

Am westlichen Ortseingang kostete im August 1935 ein Autounfall der 29jährigen belgischen Königin Astrid das Leben. Ihr zu Ehren steht an dieser Stelle heute die **Königin Astrid-Kapelle** in flandrischem Stil. Der **Marktplatz** von Küssnacht wird von den bemalten Fassaden zahlreicher ehrwürdiger Häuser, darunter einigen stolzen und traditionsreichen Gasthöfen, geprägt. Küssnacht rühmt sich prominenter Persönlichkeiten, die einst am Marktplatz abgestiegen waren, so etwa Goethe oder König Ludwig von Bayern.

Beim ehemaligen Warenumschlag- und Stapelplatz am Seeufer beeindrucken etliche Bürger- und Fachwerkhäuser, das 1728 begonnene und Ende des 18. Jh. vollendete Rathaus und unweit davon die 1710 erbaute barocke Pfarrkirche St. Peter und Paul mit einer hölzer-

nen Kreuzigungsgruppe von ca. 1500. Beim Kirchturm zeigt das **Heimatmuseum** (Pfingsten bis Mitte Sept. So 10–17 Uhr) eine Sammlung über Urgeschichte, Kirchliche Kunst, Brauchtum und dokumentiert die Hohle Gasse, Tellskapelle und Gesslerburg.

Unheimlich wirken die bewachsenen Reste einer ehemaligen Burg zwischen den Bäumen des kleinen Waldes oberhalb des Dorfes. Die Ruine unweit der Straße zur Seebodenalp zeugt von einer der mächtigsten mittelalterlichen Burganlagen der Urschweiz, die wahrscheinlich im 13. Jh. als Stammburg der Ritter von Küssnacht errichtet worden war. Heute wird sie als **Gesslerburg** bezeichnet, hat jedoch keinen wirklichen Bezug zum ungeliebten Landvogt gleichen Namens. Es war Goethe, der nach dem Besuch dieser Stätte seinen Freund Schiller dazu angeregt hatte, in sein Drama »Wilhelm Tell« den ehemals trutzigen Bau als Gefängnis für den von den Habsburgern eingesetzten und von den Eidgenossen bezwungenen Landvogt Gessler einzubeziehen.

Friedlich sonnt sich am lieblichen Südufer der Küssnachter Bucht mit Blick auf den Pilatus das kleine malerische Dorf **Greppen**. Vor Unbill des Wetters geschützt, rühmt es sich eines besonders milden Frühlings- und Herbstklimas, das intakte Ortsbild ist von »nationaler Bedeutung«.

Information: Verkehrsbüro, Unterdorfstr. 1, 6403 Küssnacht am Rigi, ☎ 850 33 30, Fax 850 34 30.

Hotels: Du Lac Seehof ($$$–$$$$), ☎ 850 10 12, Fax 850 10 22: Stilvoll, an See und Bootsanlegestelle. **Hörnli** ($$–$$$), ☎ 850 73 50, Fax 850 48 35: Ruhig, familiär, großartiger Ausblick, schöne Terrassen, Bar, Dancing. **Gasthof Engel** ($$–$$$), ☎ 850 10 57: Im prächtigen Fachwerkbau stieg schon Goethe ab, sehenswerter Ratssaal. **Drei Eidgenossen** ($–$$), in Greppen, ☎ und Fax: 390 34 39: Garni, gemütlich, liebevoll mit viel Holz eingerichtet.

Camping: Campingplatz Lido Seeburg, ☎ 850 63 30.

Restaurants: Provençale ($$–$$$), ☎ 850 33 10: Provenzalische Küche, künstlerisch ausgestattetes Interieur. **Adler** ($$–$$$), ☎ 850 10 25: Familiäre Beiz am Dorfplatz, eleganter Speisesaal, originale Küche. **Hörnli** ($$–$$$), ☎ 850 73 50: Internationale und Fleisch-Hausspezialitäten. **Zur Säge** ($–$$$), ☎ 854 08 50: Landgasthof im Dorfteil Haltikon, traditionelle regionale wie neuzeitliche, leichte Spezialitäten, Forellen aus dem Hausweiher. **Rigi** ($$), in Greppen, ☎ 390 31 91: Im gleichen Haus wie Hotel Drei Eidgenossen, gute Saisonküche in rustikalem Interieur. **Du Lac Seehof** ($–$$), ☎ 850 10 12: Mit schönem Garten und Blick auf die Küssnachter Bucht, exzellente Fischküche.

Wanderungen: Zahlreiche, guterhaltene Spazierwege am Seeufer und Richtung Zuger See. Eine schmale, kurvenreiche Straße sowie eine Luftseilbahn führen auf Rigi-Seebodenalp (1030 m), Ausgangspunkt für Wanderungen im Rigi-Gebiet.

Veranstaltungen: 5. Dezember: »Klausjagen«, Umzug mit archaischer Musik, Peitschenknallen und riesigen, beleuchteten Hüten.

Am Nordufer von Weggiser und Gersauer See

Keck schiebt sich am Fuße der Rigi zwischen Küssnachter und Weggiser Becken die Landzunge **Hertenstein** in den See hinaus. Wo einst der russische Pianist Sergei Rachmaninow wohnte und Kaiser Karl von Österreich Exil fand, lockt ein von einem Wasserarm durchzogener Seepark mit exotischen Bäumen. Eine Gedenktafel erinnert an die englische Königin Victoria, die Hertenstein im September 1868 besucht hatte.

In eine kleine Bucht schmiegt sich das berühmte »Rosendorf« **Weggis**. Vom Nordwind geschützt, bringt die Gegend Eßkastanien, Nußbäume, Palmen und weitere mediterrane Pflanzen hervor, die ersten Weinreben wurden bereits im 11. Jh. angepflanzt. Die sonnenverwöhnte Lage, das tiefgrüne Weggiser Becken des Vierwaldstätter Sees, die schöne Aussicht auf den gegenüberliegenden, dunklen Bürgenstock und zahlreiche Ausflugsmöglichkeiten haben bereits Fremde angezogen, bevor 1830 Dampfschiffe den See zu kreuzen begannen. Postkutschen führten die Feriengäste zu prächtigen Hotels an der »Riviera der Zentralschweiz«.

Als Vogtei eines Benediktinerklosters begründet, ging das Dorf im 13. Jh. an die Habsburger, später an verschiedene Lehensherren über und trat 1332 der Eidgenossenschaft bei. Nach der Reformation trafen sich hier immer wieder die Vertreter

Mark Twain-Denkmal in Weggis

der sechs katholischen Orte der Eidgenossenschaft.

Im Innern der Pfarrkirche St. Maria aus dem Jahr 1888 mit romanischem und gotischem Glockenstockwerk sticht eine Fahne mit Hakenkreuz ins Auge. Sie diente in einer Schlacht gegen die Soldaten Napoleons als Standarte, mit der nationalsozialistischen Vergangenheit hat sie nichts zu tun. Im Unterdorf lohnt sich ein Blick in die schlichte Kapelle Allerheiligen. 1623 erbaut, weist sie beachtenswerte Wandmalereien im Stil der Spätrenaissance auf.

Information: Tourismusinformation, Seestr. 5, 6353 Weggis, ✆ 390 11 55, Fax 390 00 91.

Hotels: Albana ($$$–$$$$), ✆ 390 21 41, Fax 390 29 59: Komfortabel, herrliche Aussicht, Jugendstil-Speisesaal, Park, Dachterrasse, Wellness, Jazz-Bar. **Friedheim** ($$–$$$$), ✆ 390 11 81, Fax 390 27 40: Im Grünen über dem Dorf, familiär und ruhig, Panoramasicht, Garten, Ping-Pong, Fahrräder. Seehof **Hotel du Lac** ($$–$$$$), ✆ 390 11 51, Fax 390 11 19: An Schiffsstation, familiär, klein und gemütlich, Bade- und Liegewiese, Seeterrasse. **Viktoria** ($$), ✆ 390 11 09, Fax 390 01 90: Einfaches Hotel Garni, Bad/Dusche auf dem Gang.

Restaurants: Bühlegg ($–$$$), ✆ 390 21 23: Neuzeitliche Küche, Biedermeier-Ambiente, Seeterrasse. **Friedheim** ($$), ✆ 390 11 81: Klassisch gutbürgerlich wie neuzeitlich leicht, Rohprodukte aus der Region, auch Schonkost. **Gotthard am See** ($–$$), ✆ 390 21 14: Pizza und Fisch, Gartenrestaurant.

Wanderungen: Ausgedehntes, markiertes Wanderwegnetz, z. B. in die Nachbardörfer und in die Rigi hinauf. Geführte Pflanzenschutz- und andere Wanderungen, Anmeldung bei der Tourismusinformation.

Veranstaltungen: Einziges Kurorchester der Seeorte. Im Sommer Bootsausflüge und abendliche Schiffrundfahrten mit Volksmusik, nostalgische Dampfschiff-Fahrten zu historischen Stätten, Kutschenfahrten – Anmeldung in der Tourismusinformation. Juni: Rosenfest.

Wo sich der See zwischen der »oberen Nase« (felsiger Ausläufer des Vitznauer Stocks) und der »unteren Nase« (Ausläufer des Bürgenstocks) durchzuzwängen scheint, kommt bald **Vitznau,** einer der bekanntesten Ferienorte am Vierwaldstätter See, in Sicht. Sein Wahrzeichen, das altehrwürdige Park-Hotel im Jugendstil, ist das imposanteste und berühmteste von mehreren Palasthotels aus der Jahrhundertwende, die dem Ort in der Geländenische zu Füßen der drohenden, dunkel bewaldeten Westflanke der Rigi sein Gepräge geben. Unterhalb der Felswand des Rigi Dossen gefundene Werkzeuge aus der Steinzeit weisen darauf hin, daß Vitznau schon sehr früh besiedelt war. Im Lauf der Jahrhunderte wurde der Ort öfter von Feuersbrünsten, entfacht vom Föhn, heimgesucht. Lange Zeit konnte Vitznau nur auf dem Seeweg oder über einen unwegsamen Saumpfad von Weggis her erreicht werden. Die große Stunde für das verträumte Bauern- und Fischerdorf schlug am 21. Mai 1871: Als die erste Zahnradbahn Europas, die kühne und heute legendäre Vitznau-Rigi-Bahn eingeweiht wurde, war Vitznau mit einem Schlag weltbekannt und entwickelte sich in der Folge zu einem bedeutenden Ferien- und Kurort. An der schönen Seepromenade läßt sich wunderbar flanieren, malerische, südländisch wirkende Ecken laden zum Verweilen ein.

Kinderfreundlich: Die Rigi-Bahn

Fax 397 21 55: Kleiner Familienbetrieb, ruhige Zimmer, Bootsvermietung. Floralpina ($$–$$$), ☏ 397 13 86, Fax 397 10 54: 2 km südlich von Vitznau am See, Familienzimmer und Kinderspielplatz, Wellness, Park mit Aussicht. Gruebisbalm ($$), ☏ 397 16 81, Fax 397 21 70: Umweltbewußt geführtes Familienhotel 10 Min. von der Gruebisbalmhöhle, Bad/Dusche im Gang, Vollwert- und vegetarische Kost.

Information: Tourist Information, Seestr., 6354 Vitznau, ☏ 398 00 35, Fax 398 00 33.

Hotels: Rigi ($$–$$$), ☏ 397 21 21, Fax 397 18 25: Gemütliches Familienhotel, Garten- und Liegeterrasse. **Terrasse am See** ($$–$$$), ☏ 397 10 33,

Camping: Camping Vitznau, ☏ 397 12 80.

Restaurant: Rigi ($$), ☏ 397 21 21: Breites Angebot und Terrasse mit Seesicht.

Wanderungen: Mehrere lohnende Wanderwege führen auf die Rigi,

z. B. zur Gruebisbalmhöhle und über First und Staffel auf Rigi-Kulm oder über den See- und Felsenweg nach Hinterbergen.

 Veranstaltungen: Im Sommer nostalgische Dampfbahnfahrten nach Rigi-Kulm sowie drei Musikfeste (Bluegrass, Ländler, Stimmungsorchester) in der Gruebisbalm-Höhle oberhalb vom Vitznau. Termine bei der Tourist Information.

Auf 1798 m liegt die weltberühmte und seit über 100 Jahren besuchte **Rigi,** ein weitläufiges Ausflugsgebiet mit zahlreichen Gipfeln und großartigen Ausblicken auf die Schweizer Hochalpen, ins Mittelland und über die Jurahöhen bis in den Schwarzwald hinein.

Information: Rigi Tourismus, 6356 Rigi Kaltbad, ☏ 397 11 28, Fax 397 19 82.

Hotels: Bergsonne ($$$), ☏ 399 80 11, Fax 399 80 20: Wenige Schritte über Rigi Kaltbad am Südhang, traditionelle innerschweizerische Ausstattung. **Alpina** ($$), ☏ 397 11 52, Fax 397 14 50: Kleines, gemütliches Familienhotel in Rigi-Kaltbad, rustikale Zimmer, schöner, aussichtsreicher Aufenthaltsraum. **Rigi-Seebodenalp** ($$), ☏ 850 10 02, Fax 850 47 41: Mitten im Wandergebiet und ruhig gelegener, traditionsreicher Familienbetrieb. **Rigi Kulm** ($$), ☏ 855 03 03, Fax 855 00 55: Modernes Berghaus mit großartiger Aussicht. **Des Alpes** ($), ☏ 855 01 08, Fax 855 01 09: Einfaches Haus in Rigi-Klösterli, u. a. Mehrbettzimmer.

Restaurant: Alpina ($), ☏ 397 11 52: Hausmannskost, Aussichtsterrasse.

 Wanderungen: Bestunterhaltenes Wanderwegnetz, über 100 km.

 Veranstaltungen: Juli: Schwingfest und Alpaufzug.

In einer windgeschützten Bucht ruht zu Füßen von Vitznauer Stock und Rigi das dörflich anmutende **Gersau,** ältester Klimakurort am Vierwaldstätter See. Alle Gemeinden am Rigi werden vom warmen Föhnwind vor Kälte geschützt, Gersau jedoch rühmt sich des allermildesten Klimas in der Region: Feigen und Edelkastanien, Lorbeer, Palmen und Trauben wachsen hier, und die Mandelbäume blühen schon im Februar.

Die Gersauer sind seit alters her ein eigenwilliges Völklein: 1390 kauften sie ihre Gemeinde den Habsburgern ab und organisierten sich fortan als eigenständige, weltweit kleinste Republik. Erst in napoleonischer Zeit wurde die »altfrye Republik Gersau« aufgelöst. Von der selbständigen Republik erzählen noch die Fassadenmalereien am 1745 errichteten Rathaus und die Inschrift am Brunnen davor: »Gersau bleibt Gersau – ein freies Volk, ein freies Land«. Im Innern des Baus zeigt das **Ortsmuseum** (April bis Okt. Di und Sa 15–17 und So 10.30–11.30 Uhr) eine heimatkundliche Sammlung und Stradivari-Instrumente.

Im alten Dorfkern sind etliche stattliche Herrenhäuser, zum Teil mit Balkon und Freitreppe, aus der Zeit vom 16. bis 18. Jh. zu entdekken, etwa das prächtige Holzhaus

»Regina Montis«

Als »Königin der Berge« gepriesen, ist die 1353 erstmals erwähnte Rigi mit Bergbahnen von allen Seiten zu erreichen. Dem war jedoch nicht immer so: Nachdem bereits im Mittelalter Alphirten ihr Vieh auf der Rigi gehütet hatten, erklommen im 16. Jh. die ersten Gäste das ausgedehnte Massiv, natürlich noch zu Fuß. Es waren Pilger, welche die Quelle, die Alphirten bei einer Kapelle auf der Bergterrasse von Rigi-Kaltbad (1434 m) entdeckt hatten, aufsuchten und sich Linderung oder Heilung von Kolik, Gliedersucht, Wechselfieber und Unfruchtbarkeit erhofften. 1685 wurde im windgeschützten Geländekessel von Rigi Klösterli die Bergkapelle Maria zum Schnee gebaut. Rasch wurde das kleine Gotteshaus zu einem berühmten Wallfahrtsort: Sagte doch Papst Pius VI. jedem, der auf die Rigi pilgerte, den Ablaß zu! Derweil hielt in Kaltbad das Heilbaden – man tauchte bekleidet ins kalte Naß! – an, und 1756 beschloß die Luzerner Regierung, hier eine erste Wirtschaft errichten zu lassen.

Ungefähr zur gleichen Zeit trafen die ersten Gutbetuchten auf der Rigi ein. Aus ganz Europa angereist, ließ sich die neue Kundschaft auf dem Maulesel- oder Pferderücken oder in einer Sänfte, von drei bis sechs starken Berglern getragen, in die Höhe bringen. Unter den Anbietern herrschte große Konkurrenz. Nicht selten trugen sich am Hafen von Weggis, wo die per Schiff eingetroffenen Fremden abgeholt wurden, unrühmliche Szenen zu und oft stritt man sich dermaßen unzimperlich um die Reisenden, daß eine offizielle Verordnung von 1839 schließlich all jenen Trägern strenge Strafen androhte, »welche sich ungebührlich gegen Fremde oder unverträglich unter sich benehmen oder sich betrinken, daß sie den Dienst nicht mehr versehen können«.

Es waren so bekannte Reisende wie Alexandre Dumas, Victor Hugo, Johann Wolfgang von Goethe, die den Berg bestiegen, darüber schrieben und den Weltruhm der Rigi begründeten. Die wohl berühmteste unter den alten Rigi-Beschreibungen stammt von Mark Twain. In seinem Werk »Bummel durch Europa« beschrieb er höchst ergötzlich, wie er zusammen mit seinem streitbaren Begleiter Harris nach drei abenteuerlichen Tagen den Kulm erreichte. Den Sonnenaufgang, auf den er sich besonders freute, verschlief er jedoch … Was ein unbedingtes Muß während einer Schweizer Reise war, wußten auch gekrönte und ungekrönte Häupter wie König Ludwig II. von Bayern und Königin Victoria von England, die französische Kaiserin Louise und Zar Alexander von Rußland, Otto von Bismarck und Winston Churchill. Sie alle und viele andere Berühmtheiten besuchten die Rigi und nächtigten, standesgemäß, in einem der Hotel-paläste, die heute moderneren Bauten Platz gemacht haben.

Als 1871 mit der Vitznau-Rigi-Zahnradbahn die erste Bergbahn Euro-pas eröffnet wurde, zählte die Rigi bereits über 30 000 Besucher im Jahr und der legendäre Rigidienst hatte ein Ende gefunden. Allein in Staffel warteten noch die Pferde auf die Reisenden, um sie nach Kulm zu brin-gen, weil der Kanton Schwyz, auf dessen Boden Rigi-Kulm liegt, dem Bergbahnunternehmen aus dem Nachbarkanton Luzern die Weiterfahrt verweigert hatte. Zwei Jahre später durfte Luzern schließlich bis auf den höchsten Punkt der Rigi fahren – und Schwyz ließ sich für sein Entgegen-kommen höchst ansehnlich entschädigen. Die Bahn zahlte sich in der Tat aus: 1900 ließen sich ab Vitznau annähernd 130 000 Passagiere auf die Rigi hieven. In der Zwischenzeit, nämlich 1875, wurde die Arth-Rigi-Bahn eröffnet. Sie erschloß das Klösterli und zog den Bau mehrerer Hotels im Klösterli, im Kaltbad und im Staffel nach sich. Seit 1968 ver-kehrt schließlich die Luftseilbahn von Weggis nach Kaltbad.

Ein besonderes Augenmerk verdient die Geologie: So weist das 14 km lange und 6,5 km breite Massiv mit einer Kammlinie von rund 50 km Länge verschiedenfarbige Gesteinsschichten auf. Mitten durchs Massiv verläuft eine geographische Grenze: Kulm und Scheidegg mit ihren lang-gezogenen, bänderartigen Nagelfluhschichten – ein verfestigtes Gemisch aus Geröll, Kies und Lehm – gehören noch zum Mittelland, die Kalk-wände und -gipfel im Gebiet der Hochfluh zählen bereits zu den Alpen.

Das Bergmassiv der Rigi ist allerdings auch geschichtlich und politisch von Bedeutung. Seit jeher begab sich auf die Rigi, wer fortschrittlich dachte. Auf dem Kulm tauschte man sich darüber aus, was in der Welt, zumindest in Europa, politisch und gesellschaftlich gerade vor sich ging. Was für Mark Twain der Sonnenaufgang, war für die Deutschen die zukunftsgerichtete Freiheit, als deren Symbol die Rigi stand. Der erstre-benswerte Fortschritt, wie ihn die Schweiz bereits kannte, das Land, das der gesellschaftlichen und politischen Modernisierung Europas eine Nasenlänge voraus war, damals … Auf den Spuren Goethes Richtung Ita-lien reisend, fanden sich beispielsweise während der Strömung des Vor-märz jene Engagierten und Unzufriedenen auf der Rigi ein, die sich durch die Zustände ihres Landes ins Exil zu gehen gezwungen sahen. War dieser Gipfel doch einer der wenigen Orte in Europa, wo man sich fern der Hei-mat die neuesten revolutionären und zukunftsgerichteten Ideen weiterge-ben, sich die Vorstellungen anderer Landsleute anhören und sich auf dem laufenden halten konnte. Und wichtig: Als Informationsdrehscheibe für jene, die sich verpaßt hatten, diente ein – heute legendäres – Gästebuch.

Blick vom Fronalpstock auf Urner See

»Zur Gerbe« aus dem Jahr 1577 mit regionstypischen Klebdächern und Lauben.

15 Fußminuten östlich des Dorfes soll der Sage nach ein außer sich geratener Vater sein hungriges Kind an einem Felsen zerschmettert haben. Als Sühne für die Tat wurde 1708 auf einem Felsvorsprung über dem steilen Ufer die **Kindlimordkapelle** errichtet. Malerisch gelegen, besitzt das kleine Kirchlein einen Hochaltar mit einer Rosenkranzmadonna aus dem 18. Jh. und einem Altarbild von 1710. Weiter Richtung Osten bietet sich von der Straße schon bald ein großartiger Blick auf die beiden Mythen und den am Ende des Gersauer Sees gegen Süden abzweigenden Urner See.

Information: Verkehrsbüro, Poststr. 1, 6442 Gersau, ☎ 828 12 20, Fax 828 22 30.

Hotels: Seehof du Lac ($$–$$$), ☎ 829 83 00, Fax 829 83 84: Baumbestandenes Areal am See, komfortable Zimmer, phantastische Sicht auf den See. **Rotschuo** ($$–$$$), ☎ 8 28 22 66, Fax 8 28 22 70: »The first Herbalife Hotel of Switzerland«, in schönem exotischem Park am See Richtung Vitznau, See- und Hallenbad. **Tübli** ($$), ☎ 828 12 34, Fax 828 22 58: 1767 erbautes (Bauern-)haus beim alten Rathaus, familiär, herzlich, rustikale Zimmer, Familiensuite, Kinder bis 6 Jahre gratis. **Krone** ($), ☎ 828 15 35, Fax 828 12 37: Gemütliches Familienhotel, einfache, aber freundliche Zimmer.

Jugendherberge: Jugendherberge Rotschuo, ☎ und Fax 828 12 77. 4 km vom Ort idyllisch am Ufer gelegen, mit Bus zu erreichen.

Restaurants: Im Seegarten ($–$$), ☎ 828 12 27: Fleisch vom Grill und große Auswahl an Salaten, auf einer Terrasse direkt am See. **Tübli** ($–$$), ☎ 828 12 34: Gemütliches Restaurant mit Innerschweizer und exotischen Spezialitäten.

Verkehrsverbindungen: Autofähre Gersau-Beckenried, Anfang April bis Ende Okt.

Wo das Gersauer Becken und der Urner See ein Knie bilden, liegt in prächtiger Lage am Fuß des imponierenden Fronalpstocks der historisch bedeutsame Ort **Brunnen.** Früher ein abgeschiedenes Fischerdorf, rühmt sich Brunnen heute sowohl als traditionsreicher wie moderner Ferien- und Kurort mit zahlreichen Hotels und schön gelegenen Restaurants mit Sicht auf den See.

Beim Flanieren am Ufer bieten sich phantastische Ausblicke auf die umliegenden Berge: Ganz nah erhebt sich im Nordwesten das Massiv der Rigi, im Nordosten stehen frei über der weiten Talebene der Muota die beiden charaktervollen Mythen, im Südosten grüßt hinter dem nahen, als Aussichtspunkt berühmten Axenstein der Fronalpstock. Am gegenüberliegenden Ufer ragt der kleine, aber markante »Schillerstein« in den See heraus, unweit davon zeigt sich am Ufer des Urner Sees die Rütliwiese und noch weiter im Süden der imposante, fast 3000 m hohe Urirotstock. Im Westen fällt der Blick auf den Bürgenstock, hinter dem Gersauer Becken rundet stolz der Pilatus das Panorama ab.

In unmittelbarer Nähe lockt jedoch zuallererst der **Urner See.** An einen Fjord erinnernd, liegt das südlichste und wohl attraktivste Becken des Vierwaldstätter Sees tiefgründig und dunkel in seinem von steilen Felswänden begrenzten engen Bett. Faszinierend und erschreckend zugleich, wenn der »älteste Urner«, d. h. der Föhnwind losbricht und den See aufwühlt. Wild, manchmal gar gewalttätig begehren die Wasser auf, Gischt schießt über die Ufer, die Berge scheinen zum Greifen nah. Wer den Urner See – und übrigens auch den Zuger See und das Mittelland – aus der Höhe erleben will, läßt sich mit der Kabinenbahn auf die Alpweiden des Urmibergs (1090 m, Restaurant mit Sonnenterrasse) emportragen.

Bereits im 11. Jh. war Brunnen ein wichtiger Warenumschlagplatz für den Gotthardverkehr, mit der Eröffnung der weltberühmten Axenstrasse im Jahr 1865 nahm seine Bedeutung als Etappenort an der Route nach Süden noch zu. Anno 1315, als die Eidgenossen in der Schlacht bei Morgarten die Habsburger besiegt hatten, wurde in Brunnen ihr Bündnis erneuert; an dieses historische Ereignis erinnert die Heinrichoder Bundeskapelle aus dem Jahr 1635 mit einem schönen Bild des Rubensschülers Justus van Egmont an ihrem Hochaltar.

ℹ️ **Information:** Tourismus-Büro Schwyzerland, Bahnhofstr. 32, 6440 Brunnen, ☎ 825 00 41, Fax 825 00 49.

🛏️ **Hotels: Seehotel Waldstätterhof** ($$$$–$$$$$), ☎ 825 06 06, Fax 825 06 00: Traditionsreich, in großem Park am See, Restaurant mit exquisiter Küche. **Bellevue au Lac** ($$$–$$$$), ☎ 820 13 18, Fax 820 38 89: Am See, gediegener Jahrhundertwende-Stil, Panoramasicht. **Weisses Rössli** ($$$), ☎ 820 10 22, Fax 820 11 22: Historisches Haus im Stil Ludwig II., gemütliche Zimmer. **Elite am See** ($$–$$$), ☎ 820 18 13, Fax 820 55 93: Traditionsreich, gepflegt, familiär und ruhig, Aufenthaltsräume und Garten. **Brunnerhof** ($–$$), ☎ 820 17 57, Fax 8 20 48 81: Am Dorfplatz, Dachterrasse, Bar.

⛺ **Camping:** Campingplatz Hopfreben, ☎ 820 18 73.

🍴 **Restaurants: Mexcalito** ($$–$$$), ☎ 820 10 39: Mexikanische Küche. **Weisses Rössli** ($$), ☎ 820 10 22: Historisches, gemütliches Restaurant mit gutbürgerlichen und klassischen Spezialitäten, Fisch. **Bacco** ($–$$), ☎ 820 16 16: Gemütliches Lokal, italienische Küche, v. a. Pizza und feines Risotto.

🚶 **Wanderungen:** »Weg der Schweiz« von Brunnen rund um den Urner See zum Rütli. »Waldstätterweg« von

Die Axenstrasse

Wer früher von Brunnen nach Flüelen – oder umgekehrt – gelangen und nicht einen großen Umweg in Kauf nehmen wollte, war lange Zeit auf das Schiff angewiesen. Keine Straße führte durch dieses steile Gelände am Ostufer des Urner Sees vom Kanton Schwyz in den Kanton Uri bzw. von Mittel- nach Südeuropa. Hartes, zerklüftetes Gestein vereitelte die durchgehende Fahrt über die Gotthardroute. Bereits in den 30er Jahren des 19. Jh. beschloß die Urner Regierung, diese kleine, aber äußerst störende Lücke eines bedeutenden Verkehrsweges zu schließen. Daß entsprechende Pläne lange Jahre auf ihre Verwirklichung warten ließen, lag vor allem an mannigfaltigen technischen Schwierigkeiten. 1865 hatte sich das lange Warten schließlich gelohnt: Die Axenstrasse wurde eingeweiht. Fertiggestellt nach dreijährigen, äußerst kräfteraubenden Bauarbeiten – manche Teilstücke mußten in den Felsen gesprengt werden – galt sie als eine der kühnsten Straßen jener Zeit überhaupt.

Als technisches Meisterwerk und eine der eindrucksvollsten Straßenverbindungen der Alpen ist das großartige Bauwerk noch heute weltberühmt. Über rund 10 km führt die Axenstrasse erst über, dann in zahlreichen in den Fels gehauenen Tunnels und Galerien auch durch den Berg. Sie zu passieren lohnt sich vor allem wegen der Aussicht: Hübsch ist sie bereits auf jenen Abschnitten, die dicht am Wasser durch die Uferorte führen. Spektakulär wird sie in schwindelerregender Höhe: Linker Hand ragen senkrechte Felsen in den Himmel, rechts blinkt in der Tiefe der blaue See, über dem gegenüberliegenden Ufer grüßen die umliegenden Berggipfel. Ständige Begleiterin der Axenstrasse ist oberhalb, neben oder unterhalb der Trasse die Gotthardbahn, die auf dieser Strecke ebenfalls durch zahlreiche Tunnels führt.

In neuerer Zeit wurde die Axenstrasse asphaltiert, mit einem Gehsteig und anderen Modernisierungen versehen. Das kühne Bauwerk ist vielleicht nicht mehr so schön anzuschauen, dafür allerdings auch weniger gefährlich. Nicht mehr in Betrieb ist ein altes Teilstück, das sich als Wanderstrecke mit herrlichen Ausblicken von Brunnen nach Flüelen anbietet.

Brunnen um den nördlichen Teil des Vierwaldstätter Sees an der Rigi entlang via Küssnacht, Luzern, Felsenweg am Bürgenstock, Buochs und Beckenried nach Seelisberg.

 Nachtleben: Bar-Diskothek Castello, ☎ 820 33 67.

 Veranstaltungen: 6. Januar: Nikolaustag mit Greiflet. Im Sommer:

Fahrt in der historischen Reisepost, in einer fünfspännigen Kutsche, über den Gotthardpass nach Süden, Buchung beim Tourismus-Büro.

Wenige Kilometer südlich von Brunnen liegt auf einem Plateau neben dem höchsten Punkt des Axensteins der idyllisch gelegene Höhenkurort und Aussichtspunkt **Morschach** (645 m, Postauto) mit herrlicher Aussicht auf See und Berge. Von Morschach führt eine Seilbahn auf den Stoos (1300 m), ein Wander- und Wintersportgebiet.

Information: Morschach Tourismus, Postfach, 6443 Morschach, ☎ 820 11 58, Fax 820 42 25.

Hotel: Swiss Holiday Park ($$$–$$$$), ☎ 825 50 50, Fax 825 50 60: Der Freizeitanlage Swiss Holiday Park angegliedert, mit Kongresszentrum, Restaurants, Appartementhäuser und günstige Gemeinschaftsunterkünfte für Vereine und Familien.

Aktivitäten/Sport: Swiss Holiday Park, ☎ 825 50 50: Größte Indoor-Sport-, Bade- und Freizeitanlage der Schweiz mit mehr als 40 Sport- und Vergnügungsmöglichkeiten im Wasser und an Land.

Rund um den Urner See

3 km südlich von Sisikon befindet sich die legendäre **Tellsplatte**: Der Legende nach soll hier der schweizerische Nationalheld Wilhelm Tell, während eines Föhnsturms auf einem Boot als Gefangener des Landvogts Gessler über den See gebracht, seinen Gegnern mit einem gewaltigen Sprung an Land entkommen sein. Ein Fußweg führt in wenigen Minuten ans Ufer hinab zur Tellskapelle. Um 1500 errichtet, wurde sie 1881 erneuert; an der Innenwand stellen vier großformatige Bilder Szenen aus der Tellsgeschichte dar. In der Nähe der Kapelle liegt eine Schiffsanlegestelle, die Luftseilbahn auf den Axen (825 m) erschließt eine herrliche Aussicht auf See und Berge.

Hotel/Restaurant: Tellsplatte ($$$), ☎ 874 18 74, Fax 874 18 75: Park mit überwältigender Südsicht über den Urner See und auf den mächtigen Uriotstock, Ausflugsrestaurant.

Wildromantisch am Mündungsdelta der am Südende des Urner Sees kanalisierten Reuss gelegen, befindet sich der ruhige Ferienort **Flüelen.** Bis zum Bau der Axenstrasse und insbesondere der Eröffnung der Gotthardbahn war der Hafen bedeutendster Warenumschlagplatz an der Gotthardroute. Von Luzern und Küssnacht kommend, löschten in Flüelen jahrhundertelang Transportschiffe ihre Fracht. Im Mittelalter hatten die Warenhändler hier den Reichszoll zu bezahlen, anschließend wurden die Güter auf Saumtiere und Wagen geladen und durchs Reusstal in unwegsame Höhen, durch die Schöllenenschlucht und

Tellskapelle bei Sisikon

über den Gotthardpass nach Süden begleitet. Flüelen war im Mittelalter nicht nur wirtschaftliches, sondern auch strategisches Tor zum Kanton Uri. Ein mächtiger quadratischer Turm aus dem 14. Jh. bewachte den Ort. 1815 setzte man auf die mittelalterlichen Fundamente einen bürgerlichen Wohntrakt im Empire-Stil und versah das Dach mit einem schönen Kreuzgiebel. Davor steht nahe beim Bahnhof die ehemalige Pfarrkirche St. Georg und Nikolaus aus dem Jahr 1666 mit barocken Deckenmalereien und Rokokostukkaturen. Heute steht der Bau kulturellen Veranstaltungen zur Verfügung.

Am See steht die eigenwillige Eisenplastik »Schwurhände«. Den Rütlischwur symbolisierend, wurde sie 1964 für die Landesausstellung in Lausanne geschaffen.

Information: Verkehrsbüro, c/o Zigarren-Indergand, Axenstr. 18, 6454 Flüelen, ✆ 870 42 23, Fax 870 43 35.

Hotels: Hostellerie Sternen ($$$–$$$$), ✆ 875 03 03, Fax 875 03 05: Zentral und komfortabel. **Tourist** ($$–$$$), ✆ 874 00 50, Fax 874 00 60: Gemütlich und familienfreundlich im Chaletstil, Ausblick auf See und Berge, nahe Badestrand und Surfparadies. **Flüelerhof** ($$$), ✆ 871 14 71, Fax 870 00 14: Modern und urig zugleich, großartige See- und Bergsicht. **Weisses Kreuz** ($$), ✆ 870 17 17, Fax 870 17 75: Sympathisches Haus vis-à-vis Schiff- und Bahnstation.

81

Die Rütliwiese

Wiege der schweizerischen Eidgenossenschaft

Fünf Hektar Wiese, von etwas Wald umsäumt, drei kleine Quellen und einige Meter Seeufer – klein und in ihrer Idylle doch ganz groß ist die Wiege, in der am 1. August anno 1291 die Schweiz ihren ersten Schrei tat: »Wir wollen frei sein, wie es die Väter waren!« – so oder ähnlich soll dessen Wortlaut gewesen sein. Denn ob sich der Rütlischwur genauso abgespielt hatte, wie Friedrich Schiller – der selber nie am Vierwaldstätter See war – die überlieferten Ereignisse in seinem Drama »Wilhelm Tell« wiedergegeben hat, ist historisch nicht bewiesen. Keineswegs sicher ist auch, ob der böse Landvogt Gessler existiert hat, ob auf dessen Geheiß Wilhelm Tell seinem Sohn Walterli einen Apfel vom Kopf geschossen hat, ob sich der gefangene Tell nach einer Schiffspassage im Föhnsturm mit einem Sprung auf die Tellsplatte retten konnte und anschließend in der Hohlen Gasse bei Küssnacht den verhaßten Gessler mit einem Pfeil getötet hat – ja, ob der legendäre Freiheitsheld Wilhelm Tell überhaupt gelebt hat.

Verbrieft ist nur, daß die Urkantone Uri, Schwyz und Unterwalden 1291 den »Ewigen Bund« ausgerufen und damit beschlossen hatten, die fremden Herren – zu jener Zeit waren es die habsburgischen Landvögte – für alle Zeit abzuschütteln. Ob sich diese historische Handlung auf der Rütliwiese am Vierwaldstätter See abgespielt hat, steht jedoch nirgends geschrieben. Je nach Chronist könnte der berühmte Rütlischwur der drei Eidgenossen Werner Stauffacher aus Schwyz, Walter Fürst aus Uri und Arnold von Melchthal aus Unterwalden erst 1307 und als Bestätigung des »Ewigen Bundes von 1291« stattgefunden haben.

Wie auch genau die Wahrheit lautet – als Schweizer Nationalstätte ist das Rütli unumstritten. Der Vorgängerbau des heutigen Restaurants Rütlihaus, ein typisches Urner Bauernhaus und hochgeachtetes Symbol der Schweizer Freiheit, wie sie auf dem Rütli beschworen sein soll, war bis Mitte des 19. Jh. in Privatbesitz. Als der Bau einem Hotel weichen sollte, lehnte sich eine Gruppe Patrioten, Mitglieder der Gemeinnützigen Gesellschaft der Schweiz, gegen dieses Ansinnen auf und appellierte ans Volk, insbesondere die Schulkinder, die Rütliwiese zu kaufen. Innerhalb kurzer Zeit hatte die Schweizer Ju

»Schwurhände« in Flüelen

gend bei der Bevölkerung das notwendige Geld gesammelt, das Rütli offiziell erworben und es 1859 der Eidgenossenschaft geschenkt.

Im Juli 1940 nutzte Henri Guisan, zur Zeit des Zweiten Weltkriegs Schweizer General, den Rütli-Mythos zur geistigen Landesverteidigung. Im legendären »Rütlirapport« erläuterte er auf der Wiese am See allen hohen Offizieren sein Abwehrkonzept gegen die Achsenmächte und appellierte an den seit Jahrhunderten bewiesenen Freiheits- und Durchhaltewillen der Nation.

Heute zieht die Wiege der Schweiz Jahr für Jahr Zehntausende von Besuchern, darunter viele Schweizer Schulklassen an. Seit 1860 finden sich alljährlich auch die Freunde der Schießkunst hier ein. Am Mittwoch vor Martini sammeln sich Sportschützen aus allen Teilen der Schweiz zum »Rütlischießen«. Nach erfolgtem Wettkampf wird der Schützenkönig erkoren, anschließend genießen die Mannen die kulinarischen Spezialitäten, die jede Mannschaft aus dem Heimatkanton mitgebracht hat: Die Tessiner bieten Marroni (gebratene Kastanien) und die Berner geräucherten Schinken an, die Bergkantone spendieren den Käse, und die Westschweizer kredenzen den Wein dazu.

Camping: Camping am See, ☏ 870 92 22.

Restaurants: Hostellerie Sternen ($$), ☏ 875 03 03: Mit Gartenterrasse, bekannt für fangfrischen Fisch. **Weisses Kreuz** ($$), ☏ 870 17 17: Gemütliche Beiz mit elegantem Speisesaal, gutbürgerliche und internationale Küche, romantischer Garten. **Grill Rustico** ($$), ☏ 871 14 71: Spezialitäten aus dem Holzofen, Boulevard-Terrasse. **Urnerhof-Chuchichessi** ($–$$), ☏ 874 30 20: Rustikales Lokal, herzhafte einheimische und klassische Speisen, Terrasse, Bar.

Wanderungen: Eine Luftseilbahn führt auf die aussichtsreichen Eggberge (1447 m, zwei Berggasthäuser), Ausgangspunkt zu mehreren Wanderungen und Bergtouren.

Am Westufer des Urner Sees liegt genau gegenüber der Tellskapelle das erst seit 1956 mit Fahrzeugen erreichbare Dörfchen **Bauen.** Die kleinste Gemeinde des Kantons Uri fasziniert mit ihrem intakten Ortsbild von »nationaler Bedeutung«. Das schönste der vielen stattlichen, oft mit Malereien oder Schnitzereien verzierten Bürgerhäuser ist der Obere Baumgarten, 1678 als Residenz für einen Ratsherrn errichtet. Die klassizistische Pfarrkirche St. Idda stammt aus dem Jahr 1812 und birgt sehenswerte Altarbilder und Deckengemälde.

Restaurant: Zwyssighaus ($$–$$$), ☏ 878 11 77: Historisches Haus, familienfreundlich und malerisch am See gelegen, Saison- und Fischspezialitäten, schöne Gartenterrasse.

Wanderungen: Von Bauen führt ein Saumweg, gleichzeitig eine Etappe des »Wegs der Schweiz«, über dem Ufer bergan durch Weiden und Wald und anschließend hoch über dem See Richtung Norden zum attraktiven Schlößchen Beroldingen aus dem Jahr 1540 und auf einer Geländeterrasse zum schmucken, aussichtsreichen und ruhigen Ferienort Seelisberg. Für Richard Wagner war Seelisberg die »reizvollste Entdeckung« in der Schweiz.

Idyllisch und von Wald umsäumt liegt wenige Schritte über dem tiefblauen Urner See die berühmte und vielbesuchte **Rütliwiese.** Ein Gedenkstein erinnert an den Dichter und an den Komponisten des Rütliliedes. Das Rütli ist nur mit dem Schiff oder zu Fuß, von Treib oder Seelisberg über einen gut ausgebauten Wanderweg durch dichten Bergwald mit wildwachsenden Zyklamen zu erreichen.

Am Südufer des Gersauer Sees

An der früher befestigten Schiffsanlegestelle **Treib,** bereits wieder am Gersauer Becken gelegen, treffen sich die drei Kantone Uri, Schwyz und Nidwalden. Unwillkürlich bleibt das Auge am wohl meistfotografierten Gebäude am Vierwaldstätter See hängen: Das berühmte »Haus an der Treib«, 1482 erstmals erwähnt und seither mehrmals restauriert und erneuert, war im Mittelalter wichtige

Haus Treib

Freistätte und Schutz- und Trutzhaus. Im stattlichen Blockbau kamen vom Föhn überraschte Schiffer und verfolgte Straffällige unter. Zudem ist das Gebäude von großer historischer Bedeutung, diente es doch den alten Eidgenossen als Tagsatzungsort für angekündigte und geheime Zusammenkünfte. Heute beliebtes Gasthaus, demonstriert es noch immer seine treue Zugehörigkeit zum Kanton Uri: An den dunklen Holzfassaden prangen bunte Wappen, die großen Fensterläden tragen leuchtende Sonnenflammen in schwarz auf gelb, den Farben Uris.

In östlicher Richtung steht unweit vom Hafen der **Schillerstein.** Der Felsobelisk ehrt Friedrich Schiller, den Verfasser des Dramas über den Schweizer Nationalhelden Wilhelm Tell und die Gründung der Eidgenossenschaft.

Wanderungen: Von Treib über Volligen, Buechi, Seelisberg und zurück nach Treib dokumentiert der 7 km lange ›Erlebnispfad Raumplanung‹ anschaulich und attraktiv Maßnahmen zum Landschaftsschutz – und gegen Bausünden. Nähere Auskunft und Broschüre bei: Bund Schweizer Planer, Bern, 0 31/ 332 65 12.

Wie früher alle Häfen des Kantons Nidwalden, die an den Vierwaldstätter See stoßen, war auch jener von **Beckenried** gegen Eindringlinge befestigt. Heute genießt der langgestreckte kleine Sommerferienort friedlich und ungestört seine malerische Lage am See, wo die Promenade zum Flanieren einlädt und den Blick auf die gegenüberliegenden Uferorte freigibt.

Beckenried weist einige schöne alte Häuser auf, darunter das Haus Isenringen oder Ritter-Stalder-Haus aus dem 14. Jh. Der stattliche, stilgerecht restaurierte Bau war Sitz einer Bauernfamilie, die zur Aristokratie aufgestiegen war und diente den Eidgenossen für politische Versammlungen.

Etwas außerhalb des Dorfes grüßt auf einer Anhöhe die von weither sichtbare Kapelle Maria im Ridli. Das 1701 erbaute weiße Barockkirchlein war Wallfahrtsort und Richtzeichen für die Schiffer auf dem Vierwaldstätter See und zieht noch heute zahlreiche Besucher aus nah und fern an. Das Innere ist von überwältigender Pracht, besonders sehenswert sind die Bildmedaillons mit Szenen aus dem Leben Marias.

Eine Luftseilbahn führt in wenigen Minuten auf die autofreie **Klewenalp** (1600 m). Die beliebte Wander- und Wintersportregion bietet prächtige Ausblicke zum Rigi, den Mythen und Glarner Alpen bis ins seenreiche Tiefland. Sie ist außerdem ein Eldorado für Mountain-Bike und Downhill-Bike-Fahrer (bis hinab nach Beckenried), die Kinder erfreuen sich dagegen an Murmeltierpark und Streichelzoo.

Information: Verkehrsverein Beckenried-Klewenalp, 6375 Beckenried, ✆ 620 31 70, Fax 620 32 05.

Hotels: Sternen am See ($$$–$$$$), ✆ 620 61 61, Fax 620 69 25: Komfortabel, herrlicher Garten, Seeblick, Bootsanlegeplätze. **Nidwaldnerhof** ($$–$$$), ✆ 620 52 52, Fax 620 53 64: Gepflegt und ruhig, Seeterrasse, Bootsanlegeplatz. **Mond** ($$), ✆ 620 12 04, Fax 620 46 18: Bei der Schiffanlegestelle, mit See-Appartements und Gartenrestaurant. **Edelweiss** ($$), ✆ 620 12 52, Fax 620 12 80: Freundlicher Familienbetrieb am See.

Restaurants: Sternen am See ($$), ✆ 620 61 61: Mit hauseigener Fischerei, Seeterrasse, Bar im Palmengarten. **Panorama-Restaurant** auf Klewenalp ($–$$), ✆ 620 29 20: Mit großer Sonnenterrasse. **Alpstubli** auf Klewenalp ($–$$), ✆ 620 31 44: Gemütliches Alprestaurant. **Edelweiss** ($–$$), ✆ 620 12 52: Nidwaldner Spezialitäten und hausgemachtes Eis, Gartenterrasse mit See- und Bergsicht.

Veranstaltungen: Aelplerchilbi in Beckenried am zweiten Sonntag im November.

Zwischen Bürgenstock und Buochserhorn liegt an der Mündung der Engelberger Aa in den Vierwaldstätter See an einer weiten Bucht die Gemeinde **Buochs.** Der gepflegte Seepark mit langer Promenade und der malerische, mit schönen Häusern umgebene Seeplatz ziehen vor allem diejenigen an, die Ruhe suchen.

1798 überfielen die Soldaten Napoleons den Ort und brannten ihn ab – ganze drei Häuser wurden verschont. Die meisten alten Gebäude stammen daher aus dem 19. Jh.

Einer der attraktivsten Bürgerbauten ist das rundum mit farbigen Malereien geschmückte Blauhaus, mit sowohl ländlichen wie bürgerlichen Architekturelementen ein typischer Sitz der wohlhabenden Unterwaldner aus jener Zeit.

Auf einer Anhöhe steht die Pfarrkirche St. Martin. 1157 erstmals erwähnt, mußte auch sie nach dem Franzoseneinfall wiederaufgebaut werden. Das Gotteshaus steht unter Denkmalschutz. In seinem Innern befinden sich eine Kanzel in Stuckmarmor, spätbarocke und klassizistische Altäre und eine seltene, sogenannte Bossard-Orgel. Fast alle der sehenswerten Barockkapellen der Gemeinde sind wesentlich älter als die übrigen Bauten. Die Obgasskapelle Sieben Schmerzen Mariä, ein ländlicher Barockbau aus dem Jahr 1662, zeigt in ihrem Innern schöne Votivtafeln. Die Sebastiankapelle wurde ebenfalls in der zweiten Hälfte des 17. Jh. errichtet. Südöstlich des Dorfes steht auf dem Ennerberg die 1713 gestiftete Loretokapelle mit einem Schlachtenbild und einer Nachbildung der Casa Santa von Loreto über dem Portal. In der ganzen Gegend sind überall Wegkreuze und Bildstöcke anzutreffen.

Information: Tourismusbüro, Bekkenriederstraße 7, 6374 Buochs, ☎ 622 00 55, Fax 620 58 56.

Hotels: Rigiblick am See ($$$$), ☎ 620 48 64, Fax 620 68 74: Elegant und gediegen im Jugendstil, komfortable Zimmer. **Mototel Postillon** ($$$$), ☎ 620 54 54, Fax 620 23 34: Transitstation an der N 2, herrliche Aussicht auf See und Berge.

 Restaurant: Rigiblick am See ($$–$$$), ☎ 620 48 64: Herzhafte sowie vegetarische Küche, Fischspezialitäten, mit Seeblick.

Camping: Campingplatz im Seefeld, ☎ 643 46 74.

 Veranstaltungen: Juli/August: Käsereibesichtigungen (Auskunft beim Tourismusbüro).

Nicht gerade zimperlich ging es anno 1315 in der Bucht von **Ennetbürgen** zu: Während die Männer in der bedeutenden Schlacht bei Morgarten im Kanton Schwyz gegen das Gros der Österreicher kämpften – und gewannen – griffen Truppen des gleichen Gegners ihr Dorf an. Die daheimgebliebenen Frauen machten nicht lange Federlesens und schlugen die Eindringlinge erfolgreich zurück.

Vor dem Zweiten Weltkrieg waren es nur rund 25 Wohnhäuser mit einer imposanten Kirche in der Mitte, die das beschauliche Bauerndorf ausmachten. Danach trug die Eröffnung eines Militärflugplatzes zu einer rasanten Bauentwicklung bei. Noch allerdings weist der Ort Richtung Untere Nas, wo der See seine engste Stelle bildet, ein offenes und unverbautes Seeufer auf.

Einsam steht am Hang des Bürgenberges an einer Stelle, wo im 14. Jh. Eremiten hausten, die Wallfahrtskapelle St. Jost. 1346 erstmals erwähnt, wurde das weiße Kirchlein am Waldrand im Lauf der Jahrhunderte mehrmals umgestaltet. In seinem Inneren sind spätbarocke Stuckaltäre, schöne Maßwerkfenster aus dem 14. Jh. und im besonderen eine riesige Grabplatte mit einer liegenden Eremitenfigur zu besichtigen.

Restaurant: Schlüssel ($–$$), ✆ 620 15 13: Gemütliches, gediegenes Lokal am See, ausgezeichneter heimischer Fisch, Seeterrasse mit Panoramasicht, Bootsanlegestelle, Kinderspielplatz, gutes Preis-Leistungs-Verhältnis.

Wanderungen: Großes Wanderwegnetz in der Umgebung, insbesondere an Buochserhorn und Bürgenstock.

Bürgenstock und Alpnacher See

Im Süden von steilem Bergwald und im Norden vom See begrenzt, liegt am Nordfuß des Bürgenstocks **Kehrsiten,** kleiner Sommerferienort und Talstation der Drahtseilbahn auf den berühmten Hotelberg Bürgenstock. Seine Bezeichnung leitet sich nicht etwa von Kehrseite, sondern von Kirsiten ab. Der frühere Name des Dorfes weist auf die Kirschbäume hin, die hier überaus zahlreich wuchsen. Heute prägen Pappeln und Linden das Bild, und ein Hain mit Feigenbäumen zeugt vom milden Klima.

Wo über einer Gruppe von Lindenbäumen Maria zwei Fischern erschienen sein soll, wurde 1616 die Kapelle Maria in Linden errichtet. Ein Zweig jener Linden wurde oberhalb der Kapelle eingepflanzt, aus ihm gingen die heutigen, herrlichen Bäume hervor. 1798 fielen auch in Kehrsiten die Franzosen ein, das Kirchlein wurde eingeäschert, anschließend jedoch im barocken Stil wiederaufgebaut. Die Gebäudegruppe rund um die Kaplanei gilt als Ortsbild von »nationaler Bedeutung«.

Hotel/Restaurant: Seehotel Baumgarten ($$$), ✆ 610 77 88, Fax 610 76 21: Schön gelegenes Haus, Restaurant ($$) bekannt für Fischspezialitäten.

Wanderungen: Schöner Spaziergang von der Schiffstation am Seeufer und an beliebten Ausflugslokalen entlang nach Stansstad (6 km).

Schroffer Berg und herrschaftliche Hotelkolonie zugleich – das ist der **Bürgenstock** (874 m). Hoch über seiner bewaldeten, fast senkrecht in den Weggiser See abfallenden Felsflanke baute 1872 ein ehemaliger Ziegenhirte aus dem Kanton Obwalden auf einem abgeschrägten Gipfelplateau das erste Hotel, zehn Jahre später wurde die Bahn ab Kehrsiten eröffnet (die erste elektrische Standseilbahn der Schweiz) und damit der Grundstein für einen weltberühmten Nobelkurort gelegt. Rasch zog der Bürgenstock Gäste aus ganz Europa an und fast ebenso rasch wurden auf einem Grundstück von 600 000 m^2 mit unvergleichlicher Aussicht Herbergen der Luxus-

Traumhafte Aussicht vom Bürgenstock

klasse (Park-Hotel, Grand-Hotel und Palace-Hotel) errichtet. Hier stieg Indiens Premier Nehru ab, logierte Audrey Hepburn und ließen sich Sophia Loren und Carlo Ponti trauen. Die Prominenz war und ist auch heute noch gut vertreten, die Stars bleiben jedoch unter sich. Noch immer gehört der Bürgenstock zu den exklusivsten Hotelresorts der Schweiz. Die Infrastruktur läßt keine Wünsche offen: Der vornehme Ferienort verfügt über gediegene Restaurants mit Parkplätzen, bestausgestattete Kuranlagen und beheiztes Schwimmbad, gepflegte Gartenanlagen und Spazierwege, Tennisplätze und einen großartig gelegenen Golfplatz. Ein Springbrunnen und

Shopping-Kioske runden das Angebot ab. Fehlen noch die schönen Künste. Aber auch die gibt es hier: Neben dem Palace-Hotel birgt eine neugotische Kapelle aus dem Jahr 1897 einen spätgotischen Schnitzaltar; die ebenfalls spätgotische, geschnitzte Holzdecke ist allerdings eine Imitation. Und das Grand-Hotel verfügt über eine beachtliche, wertvolle Gemäldesammlung. Teile des Hotelareals sowie die Restaurants sind auch Tagestouristen zugänglich. Wo der Hotelpark endet, beginnt die nahezu unberührte Berglandschaft.

Hotels: Bürgenstock Hotels & Resort ($$$$–$$$$$), ✆ 610 14 15, Fax 611 14 15: Grand Hotel, Palace Hotel und Park Hotel unter der gleichen Administration, April–Okt. Fünf Restaurants, Country & Leisure Club. **Waldheim** ($$$–$$$$), ✆ 611 03 83, Fax 610 64 66: Ru-

Bergidylle am Bürgenstock

higes Familien- und Ferienhotel, Wellness, Golf Corner, Restaurant mit Sonnenterrasse.

Restaurant: Taverne ($–$$$), ✆ 610 33 71: Ausgezeichnete Küche, v. a. Schweizer, französische und italienische Spezialitäten, Terrasse mit Alpensicht.

Wanderungen: Zahlreiche lohnende Spazier- und Wanderwege, z. B. Rundweg (ca. 2 Std.) auf gut markiertem und sicherem Felsenweg zur steilabfallenden Felswand der Hammetschwand und mit dem Hammetschwand-Lift – dem schnellsten europäischen Außenlift – auf den Gipfel der Hammetschwand, höchster Punkt des Bürgenstocks (1132 m) mit Berggasthaus und grandioser Panoramasicht über Vier-

waldstätter, Sempacher, Baldegger, Lauerzer und Ägerisee, Urner und Berner Alpen.

Wo ein schmaler Wasserarm den Vierwaldstätter See mit dem Alpnacher See verbindet, liegt an der Westseite des Bürgenstocks **Stansstad.** Am Eingang zum Kanton Nidwalden gelegen, war der Ort früher bedeutender Warenumschlagplatz, noch heute betreibt er – vor allem für Ferienreisende – den Hafen für den Kantonshauptort Stans.

Im Mittelalter riegelten mächtige Steinbefestigungen und Holzpalisaden den See ab. Als Überrest der ehemals imposanten Verteidigungsanlage steht noch der auffällige zinnenbekränzte »Schnitzturm« aus dem 13. Jh. Wie manch anderer Nidwaldner Seeort wurde auch Stansstad 1798 von den Franzosen heimgesucht. Hier allerdings verlo-

ren die sich verteidigenden Bergbauern, das Dorf wurde fast vollständig zerstört. Von alten Zeiten
erzählt das **Museum zur Wehrge-
schichte** (täglich 14–17, So auch
10–12 Uhr) an der Kehrsitenstraße.

Heute zieht der Ort mit seinem
schmucken Yachthafen, schönen
Badeanlagen und gemütlichen Ter-
rassenrestaurants viele Sommergäste
an.

Information: Verkehrsbüro, am
Dorfplatz, 6362 Stansstad,
✆ 610 13 77, Fax 610 95 77.

Hotels/Restaurants: Fürigen
($$$$), ✆ 610 00 60, Fax
610 27 24: Luxushotel in traumhafter Lage am Bürgenstock, Blick auf See und
Berge, fünf Spezialitätenrestaurants
($$-$$$) – Schweizer, italienische, fran-
zösische und griechische Küche –, täglich *Dîner dansant;* mit Drahtseilbahn zu
erreichen. **Acheregg** ($$$), ✆ 610 36 26,
Fax 610 40 64: Gemütliches Haus am
See, drei Spezialitätenlokale ($$-$$$),
Terrassenrestaurant, Wasserskischule.
Rössli ($$-$$$), ✆ 619 15 15, Fax
619 15 16: Klein und persönlich, ge-
schmackvolle Zimmer, Restaurant ($-$$)
mit breitem Angebot und lebhafter Ambi-
ance.

Wanderungen: Ein Wanderweg
Richtung Obbürgen auf dem Bürgenstock führt an der hübschen, um
1800 nach einem verheerenden Sturm
wiederaufgerichteten Balmkapelle vorbei.

Am Ostfuß des Pilatus ruht in einer
zerklüfteten Bucht der kleine Ferienort **Hergiswil**. Der Stolz der Hergiswiler ist ihre Glashütte: 1818 von einer bekannten Glasmacher-Familie

gegründet, ist sie der älteste Betrieb
dieser Art der Schweiz. Noch heute
wird hier das Glas von Mund gebla-
sen, es weist eine enorme Formen-
vielfalt auf und ist von großer Qualität und Beliebtheit. Die »Glasi« am
See sowie Ausstellungen zur Hüt-
tengeschichte seit 1817 und zur
Glaskunst können besichtigt werden
(Auskunft: ✆ 630 12 23).

Von Brunni, etwas oberhalb des
Dorfes gelegen, führt eine Luftseil-
bahn auf die Alp Gschwänd am
Nordhang des Pilatus, Umsteigesta-
tion der Luftseilbahn nach Pilatus-
Kulm.

Information: Verkehrsbüro, Seestr.
24, 6052 Hergiswil, ✆ und Fax
630 12 58.

Hotels: Seehotel Pilatus
($$$-$$$$), ✆ 630 15 55, Fax
630 38 94: Imposante Aussicht, Seebad,
Liegewiese, Bootsanlegestelle, Well-
ness. **Belvedere am See** ($$-$$$),
✆ 632 33 33, Fax 632 33 34: Am See ge-
legen, Bootsanlegestelle. **Du Lac**
($$-$$$), ✆ 630 42 42: In schönem
Park, Zimmer mit Balkon und Seesicht.
Roggerli ($$), ✆ 630 11 33: Klein, ruhig,
aussichtsreich. Schlüssel ($-$$), ✆
630 11 37, Fax 630 37 26: Kinderfreundlich, einfache Zimmer.

Restaurants: Friedheim ($-$$$),
✆ 630 42 42: Elegantes Ambiente,
feiner Süß- und Meerwasserfisch, Gar-
tenterrasse. **Rôtisserie »Chupferpfanne«**
($$), ✆ 630 01 01: Fisch und Fleisch
vom Grill, Terrasse und Wintergarten.
Adler Glasirestaurant ($-$$), ✆
630 11 45: Saisonspezialitäten, serviert
auf Hergswiler Glas, Terrasse mit See-
blick. **Schlüssel** ($-$$), ✆ 630 11 37:

Gutbürgerliche und vegetarische Küche, preisgünstiger guter Wein.

 Einkaufen: Hergiswiler-Glas – auch zweite Wahl, mit kleinen Fehlern – in der Glashütte.

 Wanderungen: Etliche Wanderwege am und auf den Pilatus.

Auf dem idyllischen, bei Wassersportlern sehr beliebten Alpnacher See lohnt sich eine Schiffahrt. Mächtig überragt der Pilatus das von Hügelflanken, Wald und grünen Matten gesäumte Ufer. Ursprünglich war das kleine Gewässer ein Seitenarm des Vierwaldstätter Sees, heute erlaubt der schroffe Lopperfelsen, ein bewaldeter Ausläufer des Pilatus, nur noch eine schmale Durchfahrtsstelle. An der Südspitze des Sees liegt der kleine Sommerferienort **Alpnachstad.** Bis 1889, als die Bahn über den Brünigpass in den Kanton Bern eröffnet wurde, diente der Hafen als wichtiger Umschlagplatz.

ⓘ Information: Tourismusverein Alpnach, Bahnhofplatz 6, 6053 Alpnachstad, ✆ und Fax 670 12 44.

Hotel/Restaurant: Rössli ($$), ✆ 672 90 70, Fax 672 90 72: Angenehmes Haus mit Schwimmbad und Bar, Restaurant ($$) mit Terrasse.

 Camping: Campingplatz, ✆ 670 19 79.

Die Zahnradbahn auf den **Pilatus** hievte bis heute Hunderttausende von Ausflüglern und Touristen aus aller Welt über hohe Felsen und durch Tunnels auf den Hausberg der Stadt Luzern und – neben der Rigi – markantesten Gipfel am Vierwaldstätter See. Das Ehrfurcht gebietende, mit mehreren Zacken bestückte und sagenumwobene Bergmassiv umfaßt als höchsten Gipfel das Tomlishorn (2132 m), zum Vierwaldstät-

Gegen den Wind auf dem Alpnacher See

ter See hin den Pilatus-Kulm (2121 m), im Westen das Widderfeld (2075 m) und im Norden, etwas vorgelagert, Klimsen (1906 m) und Windegg (1673 m). Ein Lehrpfad orientiert über die geologische Geschichte des Berges und der Umgebung. Mit Gondel- und – nach einer Umsteigestation – mit Kabinenbahn ist der Pilatus ebenfalls ab Kriens, auf der anderen Seite des Berges, zu erreichen.

 **Hotel/Restaurant: Bellevue** ($$$–$$$$), ✆ 670 26 35, Fax 670 25 35. Berühmtes, kreisrundes modernes Hotel auf dem Gipfel, Ausflugsrestaurant. **Pilatus Kulm** ($$–$$$), ✆ 670 26 35, Fax 670 25 35: Älteste Herberge auf dem Pilatus, bereits 1890 erbaut, Mineraliensammlung, Ausflugsrestaurant.

Wanderungen: Vorzügliches Wandergebiet mit ausgedehntem Wegnetz.

Von Luzern ins Luzernbiet

Burgen und Schlösser am
Baldegger und Hallwiler See

Historische Landstädtchen am
Sempacher See

Am Fuß des Napfberglandes

Im lieblichen Entlebuch

Wallfahrtsorte im Luzerner
Hinterland

Willisau

Auf der Route durch den Kanton Luzern fallen neben Burgen und Schlössern zahlreiche bedeutende Kirchen, Klöster und Kapellen auf. Die historischen Landstädtchen Sursee, Sempach und Willisau laden zum Flanieren ein, Baldegger, Hallwiler und Sempacher See bieten Wassersport und Uferspaziergänge. Im wildromantischen Napfbergland und im Sommer- und Wintersportort Sörenberg kommen vor allem gut Trainierte auf ihre Kosten.

Mit Ausnahme des Hauptortes Luzern und der Uferorte am Vierwaldstätter See ist der Kanton Luzern über die Landesgrenzen hinaus kaum bekannt. Noch heute zu einem großen Teil eine bäuerlich geprägte Voralpenregion, weist das Luzernerland kaum landschaftliche und städtische Attraktionen auf, wie sie der Durchschnittstourist sucht. Trotzdem – oder gerade deswegen – eignet es sich als Ferienziel für all jene, die eine ursprüngliche Landschaft voller verhaltener Reize mögen, architektonische Zeugen alter Zeiten wie Landkirchen, Schlößchen und Burgruinen besuchen wollen, rauschende Bäche, kleine Seen und viel Wald, Ruhe und Beschaulichkeit schätzen – kurz: das Ländliche lieben.

Das von Gletschern geformte Kantonsgebiet weist erstaunliche landschaftliche Kontraste auf. Hinter Moränen stauen sich im fruchtbaren Seetal der Baldegger und der Hallwiler See. Im Nordwesten schließen sich die grünen Hügel des Surentals mit Sempacher See und den beiden malerischen Landstädtchen Sursee und Sempach an. Je westlicher die Reise führt, desto bewaldeter und steiler wird das Land. An den Hängen des zerklüfteten Voralpenmassivs Napf haben kleine Flüsse tiefe Gräben und Schluchten in den steinigen Untergrund geschnitten, zahlreiche verstreute, teilweise prächtige alte Bauernhöfe und einsame Moorlandschaften sind vielerorts zu entdecken. Im weitgehend ursprünglich gebliebenen Entlebuch am südlichen Fuße des Napf prägt Landwirtschaft mit Viehhaltung den Alltag und die Landschaft. Aber auch Handwerk, Gewerbe und ein verhaltener Tourismus haben hier und in einigen der Seitentäler Einzug gehalten. Das Tal der kleinen Emme ist Kulturgrenze zwischen Innerschweiz und Kanton Bern und gilt als bewahrenswerte Biosphärenlandschaft.

Das Luzernbiet

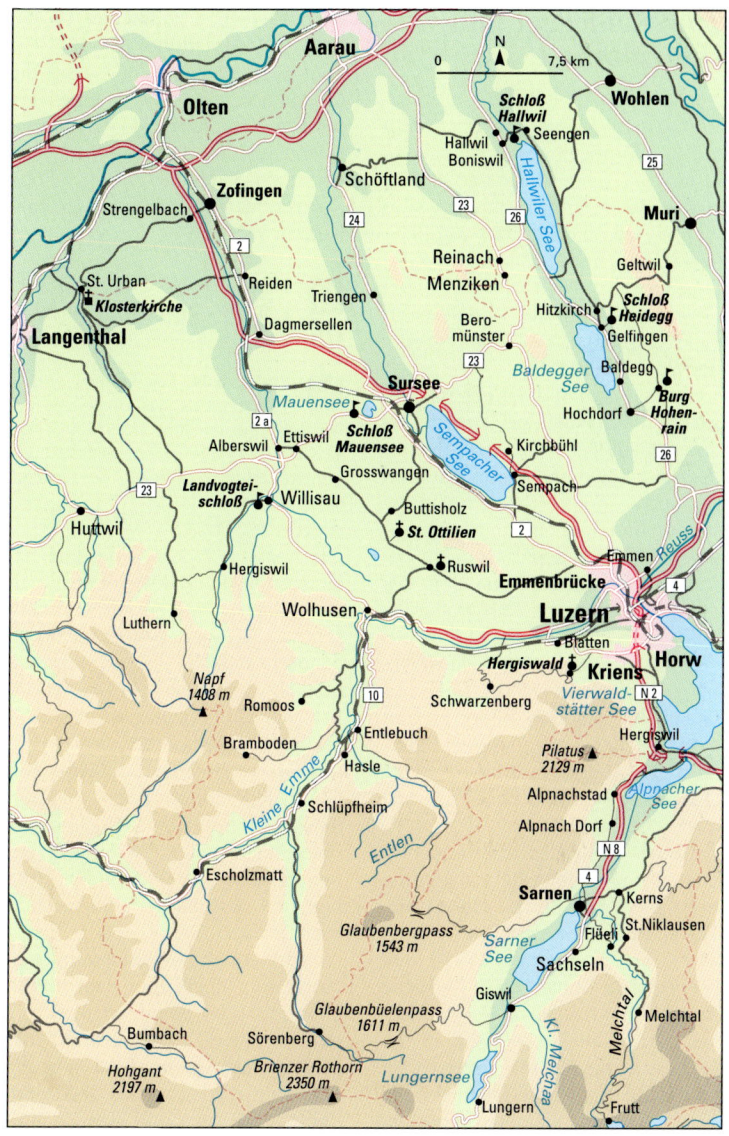

Zum Baldegger und Hallwiler See

Anmutig eingebettet zwischen dem terrassenförmigen Lindenberg im Osten und einem ebenso sanften Höhenzug im Westen öffnet sich im Norden von Luzern das liebliche **Seetal,** die Kornkammer des Kantons. In der weiten und hügeligen Region existieren auch heute noch viele ursprüngliche Dörfer, Weiler und Bauernbetriebe.

Unweit vom Südufer des Baldegger Sees liegt **Hochdorf,** eine der ältesten Siedlungen des Luzernerlandes und heute stattlicher Hauptort des Seetals mit vielfältigem Gewerbe. Archäologische Funde bezeugen, daß die Gegend schon in der Steinzeit und später von den Römern bewohnt war. Die großartige barocke Pfarrkirche St. Martin aus dem Jahr 1758 mit dem Turm des Vorgängerbaus weist wertvolle Altargemälde auf und bildet zusammen mit dem spätgotischen Pfarrhaus (1534) und der Marienkapelle (1576) eine beeindruckende, harmonische Baugruppe.

Östlich des Ortes grüßt mitten in Gärten und kleinen Rebhängen die mittelalterliche **Burg Hohenrain.** Die baumbestandene Terrasse hinter einem Rosengarten und einem idyllischen Hof bietet eine herrliche Aussicht auf das Seetal, auf Baldegger und Hallwiler See und in die Ferne auf die Zentralschweizer Alpen. Zu den ältesten Teilen der um 1180 von den Johannitern errichteten Ordensburg gehört der Wohnturm aus dem frühen 14. Jh. Aus dem Mittelalter stammt zudem die Ringmauer mit einem massiven, runden Ritterturm. Die barocke Kirche aus dem Jahr 1694 mit dem gotischen Kirchturm weist schöne Rokokoaltäre und reichhaltige Stukkaturen auf.

ⓘ Information: Verkehrsverein, Bahnhofplatz 2, 6280 Hochdorf, ✆ 910 12 61.

✕ Restaurants: Los Latinos ($–$$), ✆ 910 64 24: Spanische und italienische Spezialitäten. **Hirschen** ($–$$), ✆ 910 12 75: Eines der beliebtesten und preiswertesten »Fressbeizli« der Gegend, gute Weine.

Der liebliche Eindruck des kleinen, langgestreckten **Baldegger Sees** – als ehemaliger Gletschersee ein typisches Gewässer des Alpenvorlandes – täuscht stark: Seit Jahren wird dem qualitativ schlechten Wasser künstlich Sauerstoff zugeführt. Die zahlreichen Wassersportler sind davon nicht betroffen, der Baldegger See gilt als Eldorado für Segler und Surfer. Ein Teil des Ufers steht allerdings unter Naturschutz. Wer rund um den Baldegger See wandert, trifft hier und dort auf gemütliche, idyllisch gelegene Restaurants.

Auf einem rebenbestandenen Hügel ruht hoch über dem nördlichen Ende des Baldegger Sees mitten in einem Kastanienwald das **Schloß Heidegg.** Der Blick schweift über den Baldegger See gegen Süden zum Pilatus und den Zentral-

Schloß Heidegg

alpen. Im 11. oder 12. Jh. errichtet, wurde die Burg 1618 in einen Landsitz im barocken Stil umgestaltet. Ein **Heimatmuseum** im Schloß (April bis Okt., Di–So 9–11.30 und 13.30–17 Uhr) zeigt traditionell eingerichtete Wohnräume, der Festsaal ein von Tessiner Künstlern geschaffenes Interieur.

Das Dorf **Hitzkirch** über der Nordspitze des Baldegger Sees weist zwei bedeutende Sehenswürdigkeiten auf: Die 1236 von den Deutschrittern errichtete Ordensburg wurde 1744 zu einem Barockschloß umgestaltet, die mittelalterliche Klosterarchitektur wirkt im heutigen Lehrerseminar jedoch noch deutlich nach. Der schöne Südflügel mit mächtigem Portal, die eindrücklichen Wappen auf dem Giebelfeld und die großartigen Régencestukkaturen im Festsaal stammen von Giovanni Gaspare Bagnato, dem berühmten Baumeister der Stiftskirche St. Gallen. An einem lauschigen Platz mit alten Häusern erhebt sich die monumentale frühbarocke Pfarrkirche St. Pankratius aus dem Jahr 1680, ursprünglich ebenfalls eine Gründung des Deutschritterordens. Ihr sehr beeindruckendes Inneres zeigt unter anderem schöne Heiligenstatuen, darunter die zwölf Apostel, sowie einen reichgeschmückten Hochaltar mit einer Kreuzigungsszene aus dem Jahr 1814.

Die Bahnstation Hitzkirch ist Ausgangspunkt des »Sonnenwegs Zentralschweiz«. Über 32 km führt er zu mit Sonnenenergie betriebenen Objekten verschiedenster Art und endet bei Richensee. (Auskunft und Broschüre: Zentralschweizer Vereinigung für Solarenergie, ✆ 0 41/ 917 37 30).

»... Ihn erfüllt kein stürmisch Tosen, keine farbenwilde Glut. Doch die schönsten weißen Rosen tauchen träumend aus der Flut ...«, begeisterte sich Josef Viktor von Scheffel für die Seerosenpracht am **Hallwiler See.** Eine Ebene von nur wenigen Kilometern Länge trennt das Gewässer vom halb so großen Baldegger See. Zum Kanton Luzern gehört nur sein südlicher Zipfel, der nördliche Teil liegt im angrenzenden Kanton Aargau. An schönen Sonn- und Feiertagen verkehren Rundfahrtschiffe auf dem See.

Zwischen Boniswil und dem schmucken Dorf Seengen steht auf zwei Inseln am Abfluß des Hallwiler Sees das **Schloß Hallwil.** Im 12. Jh. als Sitz der Herren von Hallwil errichtet, gilt der baulich überaus reiche Komplex als eine der besterhaltenen und imposantesten Wasserburgen der Schweiz. Eine Zugbrücke verbindet die beiden Inseln, die von hohen, zinnenbewehrten Mauern beschützt werden; erreichbar ist die Anlage über eine Steinbrücke vom Festland her. Der untere Teil des mächtigen Bergfrieds sowie der Palas stammen aus dem 12. Jh., Torhaus, Kornhaus und Rundtürme wurden im Spätmittelalter gebaut, das stattliche Wohnhaus und die übrigen Wohnbauten im spätgotischen Stil errichtet. Bis 1874 be-

wohnt, beherbergt Schloß Hallwil heute ein **Museum** (April bis Okt. Di–So 9–11.30 und 13.30–17.30 Uhr), eine archäologische Sammlung mit Zeugen aus der Zeit der Pfahlbauer und eine alte Steinwerkstätte.

Am Sempacher See

Der historische Marktflecken **Beromünster** liegt zwischen Baldegger und Sempacher See leicht erhöht über dem parallel zum Seetal verlaufenden Wynental. Von einer über tausendjährigen Geschichte geprägt, weist das Städtchen ein reiches Kulturerbe auf. Die erste Erwähnung des über dem Dorf dominierenden Chorherrenstifts St. Michael datiert aus dem Jahr 1036. Die heutige Anlage umfaßt eine Basilika, 35 Chorherrenhäuser, einen Kreuzgang und weist architektonische und kunsthandwerkliche Meisterwerke auf. In der ursprünglich romanischen und später barockisierten Basilika zeigt das prachtvolle Chorgestühl in 26 geschnitzten Reliefs Szenen aus dem Leben Jesu, das Chorpodest besitzt geschnitzte Priestersitze. In der Krypta steht ein 1107 geweihter Tischaltar, der Kirchenschatz des Klosters ist äußerst wertvoll und gilt als eine der bedeutendsten Sammlungen sakraler Objekte in der Schweiz.

Die großzügige Hauptstraße diente von Beginn des 17. Jh. an als

Zaungäste zur Christi Auffahrts-Prozession

Marktplatz, hier und dort sind alte Brunnen, einer davon mit einer neuzeitlichen Bronzeskulptur, zu entdecken. Ein Bummel im Städtchen führt an zahlreichen historischen Gebäuden vorbei. Am Staldenrain beherbergt in einem Wohnturm aus dem 14. Jh. das sogenannte Heimathus ein **Schloßmuseum** (Mai bis Okt., So 15–17 Uhr) mit bedeutendem Kulturgut. Wertvollstes Stück ist die älteste Druckerpresse der Schweiz, welche schon 1470 das erste Buch des Landes, ein theologisches Wörterbuch, produzierte.

 Information: Verkehrsbüro Beromünster, Postfach, 6215 Beromünster, ✆ 930 13 01, Fax 930 37 67.

 Hotel/Restaurant: Hirschen ($$), ✆ 930 33 71, Fax 930 39 44: Historisches Haus (über 450 Jahre alt) mit Charme, romantische Terrasse, stilvolle Zimmer, heimeliges Restaurant ($$–$$$) mit frischer Saisonküche.

 Aktivitäten: Rundflüge ab Flugplatz Beromünster, ✆ 930 18 66.

Veranstaltungen: Himmelfahrt: Auffahrtsumritt (seit 1506), Große Prozession, u. a. mit Pferden und Reitern.

Im weiten, offenen Tal der Suhre lädt an der Nordbucht des weich gebetteten, fischreichen **Sempacher Sees** das im 13. Jh. von den Kyburgern gegründete mittelalterliche Landstädtchen **Sursee** zu romantischen Streifzügen ein. Von etlichen Bränden stark in Mitleidenschaft gezogen, wurde Sursee 1734 zu

weiten Teilen wiederaufgebaut, der historische Kern blieb jedoch erhalten. Mit seinem intakten Stadtbild, den idyllischen Gassen, teilweise prächtigen Herrenhäusern und dem geschlossenen Marktplatz gilt der Ort als eine der schönsten Siedlungsanlagen der Schweiz. Noch bestehen Teile der Stadtbefestigung, darunter das Untertor und als südliche Eckbefestigung der Hexen- oder Diebsturm, beide aus dem 17. Jh. An der Hauptstraße stehen prächtig geschmiedete Wirtshausschilder des 18. Jh., die entsprechenden Häuser dienen nur noch teilweise als Gasthof. Das monumentale spätgotische Rathaus, 1539–45 errichtet, zählt zu den wichtigsten Profanbauten der Schweiz und weist einen der wenigen mittelalterlichen Pranger auf, die in der Schweiz noch zu finden sind: Noch im 18. Jh. hat er Sünder zur Schau gestellt.

Der Spätrenaissance-Stil der 1641 errichteten Pfarrkirche St. Georg ist bei Schweizer Sakralbauten nur selten anzutreffen. Der wertvolle Kirchenschatz bezeugt, daß Sursee im 17. und 18. Jh. als eine Hochburg der Goldschmiedekunst galt. Die Beinhauskapelle St. Martin aus dem Jahr 1497 weist einen Barockaltar von 1675 und im oberen Stockwerk eine gotische Holzdecke auf.

Im barocken Kapuzinerkloster aus dem Jahr 1608 am nordöstlichen Stadtrand ist ein sehenswerter Freskenzyklus anzutreffen. Ein Museum stellt die Geschichte der Kapuziner in der Schweiz dar.

Von Schilf und blühenden Wasserpflanzen umgeben, steht 3 km westlich von Sursee auf einer baumbestandenen Insel in einem kleinen See das märchenhaft anmutende **Schloß Mauensee,** durch eine eiserne Brücke mit dem Festland verbunden. Bereits 1277 erwähnt, wurde die Burg in prächtiger Lage 1388 zerstört und 1608 für das Stadtoberhaupt von Sursee neu errichtet; sie gilt als typischer Luzerner Patriziersitz des 17. Jh.

Information: Verkehrsbüro: Postfach, 6210 Sursee, ☎ 921 19 77.

Hotels: Sursee ($$$), ☎ 291 50 51, Fax 291 00 50: Angenehm und komfortabel. **Hirschen** ($$), ☎ 921 10 48, Fax 291 27 09: Freundlicher Landgasthof.

Camping: Camping Mauensee, ☎ 921 11 61.

Restaurants: Wy-Hof ($–$$), ☎ 921 12 70: Einfaches Bistro mit Boulevard-Café, preisgünstige Weine, ausgezeichnete Käsesorten, Ausstellung regionaler Künstler. **Rössli** in Mauensee ($$), ☎ 921 13 42: Ruhige Terrasse, Sicht auf See.

 Wanderungen: Alter Römerweg am westlichen Seeufer.

 Veranstaltungen: 11. Nov. »Gansabhauet« am Martinstag: Junge Männer mit verbundenen Augen versuchen, einer (bereits toten!) Gans mit einem Schlag den Hals durchzuschneiden.

St. Michael, Beromünster

»Sorgt für meine Frau und Kinder!«

Die Schlacht von Sempach

Verblutet lag Herzog Leopold III. von Österreich auf den Feldern vor der Stadt Sempach. Und er war nicht der einzige: Rund um ihn lagen in der Sommerhitze seine Ritter, und dies, nachdem es für das österreichische Heer am Anfang so vielversprechend ausgesehen hatte.

Die legendäre Begegnung zwischen den Habsburgern und den Eidgenossen fand im Jahr 1386 statt. Zur Vorgeschichte gehört, daß die Eidgenossen in den vorhergehenden Jahren ihr Territorium ausgeweitet hatten. Am Weihnachtstag 1385 hatten die Luzerner in ihrem Hinterland Rothenburg und die Schwyzer Rapperswil am Zürichsee angegriffen, zwei Städtchen, die bislang den Habsburgern untertan gewesen waren. Im Januar gingen die Luzerner noch weiter und eroberten die Vogteistadt Sempach. Da riß den Österreichern der Geduldsfaden, und sie planten, um das Reich und das Territorium der Habsburger zu erhalten, einen Gegenschlag. Im Juli war es soweit: Bestausgerüstet rückten die Truppen Herzog Leopolds Richtung Sempach vor. Bereits vor den Toren der Stadt wurden sie von den Eidgenossen überrascht. Diese, den Österreichern zahlenmäßig deutlich unterlegen, rannten vorerst stundenlang vergeblich gegen die gepanzerte Phalanx der Gegner an. Es sah ganz so aus, als ob sie den kürzeren ziehen würden. Was dann passiert sein soll, könnte

Das 1220 von den Habsburgern gegründete Städtchen **Sempach** lag bis 1806, als der See künstlich abgesenkt wurde, direkt am Ufer. Durch die Stadttore führte früher die verkehrsreiche Gotthardstraße, heute genießt man hier statt dessen die Ruhe und den Charme eines abgeschiedenen historischen Landstädtchens. Als Teile des ehemaligen Befestigungsrings existieren heute noch beachtliche Mauern: am südlichen Stadteingang das Luzernertor und, als östlicher Eckpfeiler, der mächtige, rechteckige, mit einem Zinnenkranz aus dem 13. oder 14. Jh. gekrönte Hexenturm.

Die Altstadt weist ganze zwei Gassen und dennoch ein einheitliches, geschlossenes und freundliches Stadtbild auf. Die stolze Untergasse mit ihren stattlichen Wirtshäusern demonstriert ihre Zugehörigkeit zum geachteten Bürgertum, die Untergasse mutet eher geruhsam ländlich an. Das zugleich stattliche wie zierliche Rathaus aus dem Ende des 15. Jh. gilt als eines der bedeutendsten Rathäuser der Schweiz dieser Art. Die sehenswerte

sowohl einer Sage wie der Wirklichkeit entsprechen: Mit dem wildent-schlossenen Schrei »Sorgt für meine Frau und Kinder!« – den noch heute jedes Kind in der Schule lernt – riß der Eidgenosse Arnold von Winkel-ried seine Arme auseinander, stürmte auf die Gegner los, griff sich von den feindlichen Lanzen so viele, wie er fassen konnte, und warf sich in die scharfen Spitzen hinein.

Mit seinem Opfertod hatte Winkelried eine Bresche in die österrei-chische Schlachtlinie geschlagen, seine Kameraden drangen in die geschlossene Formation der Gegner ein, der Kampf nahm eine entschei-dende Wendung. Denn die langen Spieße der Ritter eigneten sich schlecht für den Nahkampf, die Österreicher konnten sich nicht wehren, innerhalb kurzer Zeit hatten die Eidgenossen den Feind geschlagen. Die Schlacht von Sempach war entscheidend für die Selbständigkeit der Eid-genossen, fortan war das Land von der Herrschaft der Habsburger befreit.

Ein Jahr nach der Schlacht wurde an der Stelle, wo Herzog Leopold gestorben war, eine erste Kapelle geweiht. Das ehemalige Schlachtfeld wird seither als nationale Gedenkstätte hochgehalten. In der heutigen Schlachtkapelle aus dem Jahr 1475 stellt ein 1551 geschaffenes großes Freskengemälde das Schlachtengetümmel dar. Ergänzt wird das Bild durch die ebenfalls gemalten Wappenschilder der beteiligten Ritterschaf-ten und eine Liste mit den Namen der Gefallenen. Das Denkmal für Arnold von Winkelried – eine Wilhelm Tell durchaus ebenbürtige Sym-bolfigur aus der Schweizer Geschichte – darf auf dem Schlachtfeld natür-lich nicht fehlen.

gotische Ratsstube zeigt Standes-schreiben aus dem frühen 17. Jh. Im kleinen Rathausmuseum (Mai bis Okt. Sa und So 14–17 Uhr) in der sogenannten Tuchlaube sind Objek-te zur Stadtgeschichte und zur Schlacht bei Sempach sowie kirchli-che Gegenstände zu bewundern. An der Südspitze des Sees und un-weit vom Städtchen hat in einem Vogelschutzgebiet die **Schweizeri-sche Vogelwarte** (Mo–Fr 8–12 und 14–17, von April bis Sept. zusätz-lich am Wochenende 14–17 Uhr) ihren Sitz.

Nördlich von Sempach befindet sich auf einer Anhöhe über dem See das malerische Dörfchen **Kirchbühl**. Die wunderschöne Geländeterrasse bietet herrliche Ausblicke über das Land und den Sempacher See. Hier steht auch die sehenswerte Kirche St. Martin. Beachtlich sind vor allem die einfachen, aber beeindrucken-den Wandmalereien in höfisch-goti-schem Stil aus dem beginnenden 14. Jh.; es handelt sich um den um-fangreichsten und ältesten Fresken-zyklus des Kantons Luzern. Die Kir-che als Ganzes zählt zu den ältesten

Baudenkmälern im Kanton. Rund 2 km nordöstlich von Sempach erinnert das Arnold Winkelried-Denkmal und die **Schlachtkapelle St. Jakob** an die entscheidende Schlacht der Eidgenossen anno 1386 gegen die Österreicher.

Information: Verkehrsbüro, Stadtstr. 2, 6205 Sempach, ☎ 206 70 70.

Hotels: **Adler** ($–$$), ☎ 460 13 23, Fax 460 40 46. Schönes Gebäude, einfache Zimmer, gute Küche. **Winkelried** ($$), ☎ 460 11 72. Adrette kleine Zimmer in sympathischem Haus. **Sempacherhof** ($$), ☎ 469 70 10, Fax 469 70 19. Charmanter Landgasthof im Jugendstil in Sempach-Station (3 km vom Stadtzentrum, Bus).

Camping: Camping Seeland TCS, ☎ 460 14 66, 1 km vom Stadtzentrum am See, daneben Schwimmbad.

Restaurants: Sempacherhof ($$–$$$), ☎ 469 70 10: In Sempach-Station, phantasiereiche Küche, Raritäten-Weinkeller. **Zur Schlacht** ($–$$), ☎ 460 19 33: Bei der Schlachtkapelle, bodenständig und gemütlich, herrliche Gartenterrasse, Kinderspielplatz. **Ochsen** ($–$$), ☎ 460 18 58: Grillspezialitäten, *Fondue chinoise* in drei Variationen, Fisch und vegetarische Spezialitäten in historischem Haus, Terrasse mit Seesicht. **Una Storia** ($–$$), ☎ 460 44 74: Italienische Spezialitäten, moderne Innenausstattung, Boulevard-Terrasse. **Stadtkeller** ($$), ☎ 460 17 15: Steaks in allen Variationen, große Portionen.

Veranstaltungen: Letzter Juni-Samstag: Sempacher Schlachtfeier. Festhalle am See mit zahlreichen kulturellen Veranstaltungen.

Am Fuß des Napfberglandes

Steile Hänge, schmale und kantige Höhenzüge, tief eingekerbte Täler, dichte und dunkle Waldschluchten – das ist das typische Landschaftsbild des kegelförmig zu einem obersten Punkt aufsteigenden Voralpengebiets **Napf.** Ob erholsam oder anstrengend, Streifzüge und Wanderungen im Napf lohnen sich immer. An ruhigen kleinen Dörfern und zahlreichen, nur schwer zu bewirtschaftenden Bergliegenschaften vorbei erreicht der Wanderer immer wieder kleine Grate und freie Landschaftsterrassen mit unvergeßlichem Ausblick über Berg und Tal.

Aktivitäten: Im Napfgebiet werden verschiedenste Exkursionen angeboten: Ausflüge hoch zu Lama, mit Übernachtung im Stroh (Lama-Tours, 6133 Hergiswil, ☎ 978 11 11). Goldwaschen (Goldwasch Tour & Shop, ☎ 970 03 10).

Willisau, wirtschaftliches und politisches Zentrum des Luzerner Hinterlandes, ist über die Landesgrenzen hinaus berühmt für sein internationales Jazz-Festival. Bewacht von Überresten der mittelalterlichen Stadtbefestigung, gilt das 1278 von Grafen des lokalen Adelsgeschlechts der Hasenburger gegründete, viermal durch Brände verwüstete und schließlich 1704 in der heutigen Gestalt wiederaufgebaute malerische Landstädtchen im Tal der Wigger als Schmuckstück unter den

Städtchen am Napffuß. Drei um 1600 geschaffene schöne Brunnen, harmonische Reihen alter Wohnhäuser, stattliche Wirtshäuser und das 1720 als Barockbau errichtete ehemalige Kaufhaus mit gestuften Giebeln schmücken den vom Obertor aus dem 16. Jh. beherrschten, langen und leicht ansteigenden Marktplatz.

Das ehemalige **Landvogteischloß** aus dem Jahr 1695 mit einem Turm aus der Zeit um 1400 ist heute Amtsgericht und Schulhaus und enthält eine überaus reiche Innenausstattung mit Werken verschiedener Stilrichtungen, darunter Rokoko und Barock. Ein romanischer Turm aus dem 13. Jh. mit einem Kuppeldach aus dem Barock beherrscht die 1810 errichtete Pfarrkirche St. Peter und Paul.

Die Umgebung von Willisau ist voller versteckter landschaftlicher Reize. Unbedingt zu empfehlen ist ein Spaziergang ins Naturschutzgebiet Ostergau. Die verträumte Weiherlandschaft rund 2 km östlich von Willisau scheint seit ewigen Zeiten hier zu ruhn. Doch der Eindruck täuscht: Zur Zeit der beiden Weltkriege wurde auch in der Schweiz die Energie knapp, man besann sich auf einheimische Ressourcen und begann im Ostergau Torf zu stechen. In den 50er Jahren wurde dieses Gewerbe mangels Rentabilität aufgegeben, die gestochenen Löcher verloren ihre scharf abgegrenzten Ränder, füllten sich mit Wasser und wandelten sich in den folgenden Jahren zu über zwanzig Tümpeln

Ladenschild in Willisau

und kleinen Weihern. An deren Rändern wuchsen Schilf und Binsen, die Vögel und andere Tiere anzogen – es entwickelte sich eine artenreiche Wasserfauna und -flora.

Information: Regionales Verkehrsbüro, Bahnhofplatz 1 (im Bahnhof), 6133 Willisau, ☎ 970 26 66, Fax 970 06 66.

Hotels: Adler ($–$$), ☎ 970 17 55: Klein und familiär. Kreuz ($), ☎ 970 11 15: Freundlich und einfach, Dusche/WC auf dem Gang.

Restaurants: Krone ($$), ☎ 970 11 05: Italienische und französische Küche, Rundgang durch Weinkeller, große baumbestandene Terrasse. **Sternen** ($–$$), ☎ 970 27 86: Freundliches Lokal, gute einheimische Küche.

 Einkaufen: Willisauer Ringli: Steinharte, aromatische und auf der Zunge zergehende Biskuits in Ringform, erhältlich in den Konfiserien der Stadt.

 Aktivitäten: Letzter Donnerstag bis Sonntag im August: Internationales Jazz-Festival.

 Veranstaltungen: Ausflüge mit Planwagen und traditionellem Pferdegespann im Luzerner Hinterland und in der Napfberglandschaft. Anmeldung im Verkehrsbüro.

Mitten im Napfgebiet liegt 7 km südwestlich von Willisau im Tal der Luther der malerische Ort **Luthern**. Einen Besuch lohnen die beiden prächtigen Gasthäuser Krone und Sonne, in ihrer Architektur und Ausstattung bereits deutlich vom nahen Kanton Bern geprägt.

Ausgerechnet hier, in diesem abgelegenen Ort, befindet sich eine der ersten und am reichhaltigsten ausgestatteten Rokokokirchen des Kantons. Das beim Bau im Jahr 1753 angewandte Schema der Innenräume war im weiten Umkreis das erste seiner Art und prägte in der Folge während eines ganzen Jahrhunderts die Architektur der Sakralbauten in der Zentralschweiz.

 Hotel/Restaurant: Sonne ($), ☎ 978 14 19, Fax 978 15 19: Kleines Landhotel, familiär und gemütlich, Restaurant ($–$$) mit gutbürgerlicher und vegetarischer Saisonküche, rustikalem Ambiente, schöner Terrasse – und berühmt für einheimische Bachforellen.

Auf dem Hügel Burgrain bei **Alberswil** steht die Kapelle St. Blasius aus dem Jahr 1682. Untypisch für ihre Epoche, wurde sie im gotischen Stil errichtet. Der große Gutshof Burgrain überrascht mit einem kleinen, aber feinen Landwirtschafts-Lehrpfad. Auf dem Rundgang (1 km) lernt der Besucher ›glückliche Hühner‹ und Schweine, Kühe und Pferde und einen Schau- und Lehrbienenstand kennen und bekommt interessante Informationen zum Thema Tier und Landwirtschaft vermittelt. Gleich daneben: Das **Schweizerische Museum für Landwirtschaft und Agrartechnik** (April bis Okt., Di–So 14–17 Uhr, Auskünfte und Broschüre zu Lehrpfad und Museum sind erhältlich bei der Kantonalen Landwirtschafts- und Bäuerinnenschule in Willisau, ☎ 970 20 77).

Etwas außerhalb des Dorfes ragt der zwar prächtige, allerdings ungemütlich wirkende Viereckturm der 1653 während der Bauernkriege zerstörten Burg Kasteln empor. Ihre Lage auf einem Hügel war jahrhundertelang von großer strategischer Bedeutung, sowohl Lenzburger wie Kyburger und Habsburger residierten hier.

Rund 2 km östlich von Alberswil liegt das Dorf **Ettiswil**, dessen alter Kern seit 1980 geschützt ist. Am nördlichen Ortsrand soll einst eine Hexe, die angeblich Hostien gestoh-

St. Ottilien in Buttisholz

len hatte, auf dem Scheiterhaufen zu Tode gekommen sein. Als Sühne für ihre Tat wurde 1452 an jener Stelle eine kleine Sakramentskapelle errichtet. Ein Gemäldezyklus im Inneren erzählt die Entstehungsgeschichte des Baus. Südlich des Dorfes steht ein wenig abseits der Straße das schmucke, früher von Wasser umgebene **Schloß Wyher** (Weiher). Zwei der vier Ecktürme sowie weitere Gebäudeteile stammen aus dem Jahr 1510.

Anno 1036 wurde der kleine Ort **Buttisholz** erstmals erwähnt, 1861 nach einem verheerenden Brand mit regelmäßig angelegten spätklassizistischen Häusern neu aufgebaut. Sehenswert ist vor allem das Gasthaus zum Hirschen.

Die 1746 erbaute und 1914 umgestaltete Pfarrkirche St. Verena zeigt an der Chorbogenwand ein sehenswertes Gemälde der Verkündigung von 1871. Das Sakramentshäuschen im Stil der Renaissance stammt aus dem Jahr 1616.

Am östlichen Dorfrand steht das vierstöckige, 1570 im Stil der Spätgotik aus Stein errichtete und im 18. Jh. umgebaute Schloß. Südöstlich des Ortes grüßt etwas außerhalb auf einem Hügel die 1260 gegründete und 1669 in der seltenen Form des reinen Zentralbaus neu errichtete und reizvoll ausgestattete, barocke Wallfahrtskapelle St. Ottilien.

Klosterkirche in St. Urban

Die imposante Stiftskirche wurde 1711–15 von den berühmten Vorarlberger Kirchenbaumeistern Franz und Johann Michael Beer errichtet. Die großzügige Wandpfeilerhalle vereinigt den strengen Stil der Zisterzienser mit der prunkvollen Üppigkeit des Barock und ist von überwältigender Ausstrahlungskraft. Sehenswert sind vor allem die prachtvollen Louis-XVI.-Stukkaturen, der Hochaltar von 1662, eine mei-

---

🍴 **Restaurant: Kreuz** ($–$$$), ☎ 928 12 16: Urige, klassische sowie exotische Küche, rustikales Ambiente, Bar.

Die größte Landkirche des Kantons Luzern steht auf einer Anhöhe, fällt durch eine zwiebelförmige Turmbedeckung auf und kündigt das schmucke Dorf **Ruswil** an. 1783 errichtet, gilt sie als eine der schönsten spätbarocken Kirchen der Schweiz. Der monumentale Innenraum ist einheitlich mit Stukkaturen ausgestattet, beachtlich ist auch der wertvolle Kirchenschatz. Der schloßähnliche Pfarrhof von 1655 mit frühbarocker Hauskapelle und prächtigem Kapitelsaal lohnt ebenfalls einen Besuch.

Mit rund 250 landwirtschaftlichen Betrieben ist das in sanftgewellte, fruchtbare Landschaft gebettete Ruswil die größte Bauerngemeinde der Schweiz. Der reizvolle Dorfplatz besticht durch seine stattlichen spätklassizistischen Häuser aus der Mitte des 19. Jh. und den sehenswerten Dorfbrunnen.

Im äußersten nordwestlichen Zipfel des Kantons Luzern überragen die beiden mächtigen Türme einer der bedeutendsten barocken Klosteranlagen der Schweiz die kleine Bauerngemeinde **St. Urban.** 1194 gegründet, 1848 aufgehoben und heute als Pflegeheim dienend, hatte die Zisterzienserabtei seinerzeit das Dorf begründet.

sterhafte Orgel und insbesondere das geschnitzte Chorgestühl: In den Jahren 1701–07 geschaffen, gilt es als eines der reichhaltigsten barocken Schnitzwerke der Kunstgeschichte. Die aufwendig gearbeiteten Reliefs zwischen den Säulen zeigen Szenen aus der Bibel, unter anderem stellen sie Jesus und Maria sowie die zwölf Apostel dar. Ein ebenfalls geschnitztes Wandrelief ist dem Einzug Jesu in Jerusalem gewidmet.

Die Klosterkirche St. Urban ist die schönste der zahlreichen »Weißen Kirchen« des Luzernbietes, wie sie unter anderem in den Dörfern Grossdietwil, Fischbach, Zell, Alberswil, Ettiswil, Menznau und Wolhusen anzutreffen sind.

Restaurant: Kloster-Gasthaus Löwen ($$), ✆ 062/929 22 30: Historisches Haus im Klosterareal, gediegen und gemütlich.

Im Entlebuch

Wo die Kleine Emme gen Osten fließt, öffnet, von Hügelzügen umgeben, der alte Marktflecken Wolhusen Richtung Süden das Tor zum **Entlebuch.** Früher das Land der Holzer und Köhler, zieht die sowohl liebliche wie abweisende Landschaft heute Erholungssuchende und Wanderfreunde gleichermaßen an – aber nicht in Massen: Das Tal der Kleinen Emme, umgeben von tiefen, weitverzweigten Tälchen, gezackten Bergkämmen bis auf 2300 m, üppigen Wiesen, dunklen Wäldern, weiten Alpweiden und tiefen Schluchten mit Bergbächen und Wasserfällen, ist nicht überlaufen und weist ein ansehnliches Angebot an Hotels, Ferienwohnungen, Chalets und Berghütten auf. Das winterliche Entlebuch gilt als Eldorado für Skifahrer, Langläufer, Tourenfahrer und Winterwanderer.

Vom Entlebucher heißt es, er sei kraftvoll, eigensinnig und lebenstüchtig, verfüge über Witz, Spottlust und einen großen Freiheitssinn; lebendiges Brauchtum prägt seine Kultur. In den ursprünglichen Ortschaften am Lauf des Flusses wird Gewerbe und Handwerk, hier und da Kleinindustrie und außerhalb der Dörfer nach wie vor Landwirtschaft betrieben.

Von Wohlhusen fährt ein Postauto über den nördlichen Talhang der Emme hinauf ins Bauerndorf **Romoos.** Wo noch heute die Köhler ihrer Arbeit nachgehen, führt über 10 km ein von Hinweisschildern begleiteter Wanderweg über steile Pfade an ihren Meilern vorbei in das wildromantische östliche Napfbergland und in die Bergsiedlung **Bramboden** (Postauto nach Hasle). Eine Broschüre über den Köhlerweg ist erhältlich bei der Gemeindekanzlei Romoos, ☎ 480 13 73.

Hotel/Restaurant: Bergruh ($$$), ☎ 484 26 08, Fax 484 26 48: Mitten in der Natur, Panoramasicht über die Alpen, Freizeitangebote wie Goldwaschen und Köhlerei, Restaurant ($$) mit Naturprodukten aus der Umgebung, Entlebucher Spezialitäten und herrliche Gartenterrasse.

Wo die reißende Entlen in die Kleine Emme mündet, liegt etwas über dem Wiesengrund und benannt nach dem gleichnamigen Tal das malerische Dorf **Entlebuch,** das als kulinarische Hochburg des Tales gilt.

Die um 900 gegründete Pfarrkirche St. Martin besitzt einen Turm aus dem 13. oder 14. Jh. und wurde bei der Erneuerung im Jahr 1780 in festlichem Rokoko ausgestattet. Sehenswert sind vor allem die Deckenbilder von 1779 und der mit einem Kreuzigungsbild nach italienischem Vorbild geschmückte Hochaltar.

Einen Lebensraum besonderer Art erschließt der Bahnhof Entlebuch: Von hier aus führt ein Wanderpfad in einem Rundgang (14 km) durch eine der letzten Moorlandschaften der Schweiz. Am Wege informieren

Hinweisschilder über Tiere und Pflanzen, die nur im Moor leben können und daher vom Aussterben bedroht sind (Broschüre bei der Gemeindeverwaltung Entlebuch, ✆ 041/480 11 52).

Rund 2 km südlich von Entlebuch birgt im Dörfchen **Hasle** das Beinhaus ein kulturhistorisch wertvolles Wandbild mit Abbildung eines Totentanzes.

 Hotel/Restaurant: Drei Könige ($), ✆ 480 12 27, Fax 480 28 27: Historischer Landgasthof, erstmals erwähnt im Jahr 1363, einfache, nette Zimmer, originelles Dorfrestaurant ($–$$) mit gutbürgerlicher Küche, regionalen Spezialitäten, Fisch, Meeresfrüchten und feinem einheimischem Wild im Herbst.

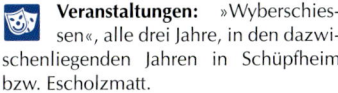 **Veranstaltungen:** »Wyberschiessen«, alle drei Jahre, in den dazwischenliegenden Jahren in Schüpfheim bzw. Escholzmatt.

In **Schüpfheim,** umgeben von bewaldeten Hügeln und Ausgangspunkt der Panoramastraße über Sörenberg nach Giswil im Kanton Obwalden, residierte einst der ungeliebte Vogt von Wolhusen. Der Hauptort des Entlebuchs hatte in vergangenen Jahrhunderten mehrere Feuersbrünste zu beklagen, das heutige Dorfbild stammt aus dem frühen 19. Jh. Auf einer Geländeterrasse steht die Pfarrkirche St. Johannes und Paulus, ein Prunkstück klassizistischer Architektur aus dem Jahr 1808. Am Kapuzinerweg 5 dokumentiert das **Entlebucher Heimat-**

Innerschweizer Wandmalerei

museum (unregelmäßige Öffnungszeiten, Auskunft ✆ 484 15 55) das Leben der Einheimischen in früheren Zeiten.

In **Heiligkreuz,** wenige Kilometer östlich des Dorfes über eine Bergstraße zu erreichen, hatten vom 14. Jh. an Eremiten und Mystiker gelebt. Nach einem verheerenden Hagelschlag wurde hier 1593 eine Wallfahrtskapelle geweiht. Der 1753 erweiterte Bau zeigt reichhaltige Rokokostukkaturen, eine Kreuzigungsgruppe aus dem 16. Jh., sehenswerte Altäre aus Stuckmarmor und barocke Goldschmiedearbeiten. Das kunstvoll geschmiedete Chorgitter datiert von 1593. Wer sich der Schönheit der Pflanzenwelt

George Washington im Entlebuch

Der große schweizerische Bauernkrieg

In einer sternenklaren Nacht Ende Dezember 1652 machten sich aus allen Teilen des Entlebuchs rund ein Dutzend dick vermummte Bauern heimlich durch den hohen Schnee nach Schüpfheim auf, wo sie leise und ungesehen im Haus des Käspi Unternährer verschwanden. Es waren die ersten Verschwörer gegen die verhaßte städtische Obrigkeit, und beim Käspi zettelten sie den sogenannten großen Bauernkrieg an, der vom Entlebuch auf Bern, Solothurn und Basel übergehen und schließlich die feudale Aristokratenherrschaft nahezu der ganzen damaligen Schweiz erschüttern sollte.

Es war die kleine Schicht wohlhabender Bauern, jene wenigen, die lesen und schreiben konnten, welche den Städten – im Entlebuch war es Luzern – nicht länger untertan sein wollten. Ihr Groll war um so größer, weil sich die wirtschaftliche Situation auf dem Lande massiv verschlechtert hatte, da die städtischen Zünfte immer stärker auf ihrem Monopol der handwerklichen Berufe beharrten. Die Bauern hatten für das gleiche Entgelt immer mehr Arbeitszeit einzusetzen, immer mehr Liter Milch abzugeben. Zudem akzeptierten die gebildeten Entlebucher Bauern nicht, daß die »einfachen« Bauern der Urkantone Unabhängigkeit genossen, sie selber jedoch von der Stadt abhängig waren. Hart war daher die Enttäuschung, daß die bäuerliche Bevölkerung dieser Landkantone ihre Luzerner Kollegen im Stich ließ.

Dennoch zeigte die Verschwörung Erfolg. Mit dem Schlachtruf »Volksbund gegen Herrenbund!« und viel heldenhaftem Mut zogen Zehntausende von Bauern gegen ihre Herren in den Krieg. Ihr Einsatz für mehr Freiheit war jedoch vergeblich. Zwar gerieten die städtischen Obrigkeiten im Lande zuerst in arge Bedrängnis, schlossen sich dann

widmen will, folgt in Heiligkreuz dem Pflanzenlehrpfad Heiligkreuz-Chienismatt (Rundgang, 2,5 km).

Die bei Schüpfheim in die Kleine Emme mündende Waldemme führt ins fast unberührte Mariental. Ausgedehnte Alpweiden, imponierende Bergflanken, herabstürzende Felswände und viel Wald haben ein herrliches Wanderparadies geschaffen. Im obersten Talabschnitt liegt am Südfluß des Brienzer Rothorns der bekannte, familienfreundliche Ferienort **Sörenberg** (1166 m), im Winter einer der schneesichersten

aber zusammen und schlugen die Rebellen in einer koordinierten militärischen Aktion blutig nieder. Von deren Anführern wurden 35 hingerichtet.

Die Entlebucher Bauern, denen man noch heute einen harten Kopf nachsagt, dachten selbst nach der landesweiten Niederlage der Aufständischen nicht daran, ihre Waffen zu strecken. Statt ihre »Rädelsführer« gemäß Befehl der Luzerner Obrigkeit auszuliefern, versteckten und versorgten sie diese monatelang. Schließlich wurden die beiden letzten Entlebucher Bauernführer, Käspi Unternährer, bei dem der Aufstand geplant worden war und der sich nach seinem großen Vorbild »Tell« nannte, und Hinteruli alias »Stauffacher« – ebenfalls ein Held aus der Gründungsgeschichte der Eidgenossenschaft – jedoch verraten. Im Oktober 1653 spürten die Luzerner Regierungstruppen »Tell« und »Stauffacher« auf. Auf das Dach einer Alphütte geflohen, wehrten diese, bewaffnet mit großen Schlachtschwertern, die Soldaten vorerst ab. Nachdem sie deren Aufforderung, sich zu ergeben, mehrmals abgelehnt hatten, holten die Obrigkeitsvertreter die beiden störrischen Entlebucher schließlich mit zahlreichen Flintenschüssen vom Dach, »abgeschossen wie Vögel von den Bäumen«, wie es in einer Chronik heißt. Um ihren Bauern das Aufbegehren ein für allemal auszutreiben, enthaupteten die Obrigen von Luzern die Leichen von »Tell« und »Stauffacher«. Des einen Kopf steckte man in der Stadt auf einen Turm, der Leib wurde auf ein Rad geflochten. Den anderen vierteilte man, je ein Teil wurde in Schüpfheim, Willisau, Rothenburg und Ruswil an den Galgen gehängt. Vergessen ist die schreckliche Niederlage bis heute nicht. Wer mit etwas Glück in einer Entlebucher Amtsstube, einer Kanzlei, in einem Bauernhaus oder einem Gasthof zwar kein Porträt von »Tell« oder »Stauffacher«, jedoch von George Washington oder Maximilian Robespierre entdeckt, mag sich verwundert nach den Gründen dafür fragen. Dann heißt es: »Diese Männer haben für die gleichen Ziele gekämpft wie wir. Nur waren wir halt etliche Jahre zu früh.«

Orte der Zentralschweiz mit ausgedehntem Wintersportgebiet, im Sommer Ausgangspunkt für Wanderungen und Streifzüge über Bergmatten in den drei Kantonen Luzern, Bern und Obwalden. Luftseilbahnen führen auf das Brienzer Rothorn (2350 m), mit prächtiger Aussicht über die Zentralschweizer, Walliser und Waadtländer Alpen und auf die Rossweid, mit einer Sesselbahn gelangt man zum Eissee.

Information: Verkehrsverein, Rothorn-Center, 6174 Sörenberg, ☏ 488 11 85, Fax 488 24 85.

Werthenstein

Wallfahrtsorte im Luzerner Hinterland

Hotels: Cristal ($$$–$$$$), ✆ 488 12 46, Fax 488 23 16: Familienhotel in ruhiger Lage, Kinderspielplatz (drinnen und draußen), Garten, Wanderwege und Skilifte in nächster Nähe. **Panorama Sporthotel** ($$$), ✆ 488 16 66, Fax 488 23 33: Mitglied »Klub kinderfreundlicher Schweizer Hotels«, Spielzimmer (im Winter mit Betreuung), Hallenbad, Sauna, Bar.

Restaurant: Cristal ($–$$), ✆ 488 12 46: Leichte Saisonküche, Schweizer Spezialitäten, mit Garten.

Wanderungen: In Sörenberg endet mit dem Glasereipfad Flühli ein Industrielehrpfad im Waldemmental (13 km, Ausgangspunkt bei der Thorbachbrücke in Flühli an Postautolinie Schüpfheim-Sörenberg).

Rund 3 km östlich von Wolhusen liegt iyllisch wie beherrschend auf einem Felsen hoch über dem Tal das 1630 gegründete ehemalige Franziskanerkloster **Werthenstein** und die Wallfahrtskirche Unserer lieben Frau. Nach der Legende soll der Bau der Kirche auf eine Erscheinung zurückgehen: Beim Goldwaschen in der Emme vergaß ein alter Holländer die Zeit und verbrachte die Nacht unter freiem Himmel. Während er betete, erschien auf dem Felsen ein helles Licht und Engelsgesang ertönte. Beeindruckt vom Erlebnis des Mannes soll man daraufhin die Wallfahrtskirche errichtet haben.

Zu den verträumten Klostergebäuden führt eine alte, gedeckte

Holzbrücke aus dem Jahr 1710. Besonders eindrucksvoll ist der prächtige Renaissance-Kreuzgang mit Arkadenreihen nach toskanischem Vorbild. Die Eingangskapellen der Klosterkirche von 1613 zeigen Schnitzaltäre der deutschen Spätrenaissance.

Eine idyllische Anlage bilden die Bauten des Wallfahrtsortes St. Jost bei **Blatten.** 1391 geweiht und mehrere Male erweitert, ist die Kapelle im Inneren vielfältig und farbenfreudig in Barock und Rokoko ausgestattet: Hübsche Altäre, geschnitzte Figurengruppen und als Höhepunkt ein Zyklus von 27 Tafelbildern von 1641, der das Leben des Heiligen Jost beschreibt.

Kriens, am Fuß der Pilatus-Nordflanke sich ausdehnender Industrieort und mit Luzern zusammengewachsene Vorortgemeinde der Stadt, ist beliebter Ausgangspunkt zur umliegenden Bergwelt. Gondel- und Kabinenbahn erschließen ein schönes Wander- und Rodelgebiet am Pilatus und führen bis auf den Gipfel. Der Sonnenberg, ebenfalls mit Gondelbahn zu erreichen, bietet phantastische Ausblicke über den Vierwaldstätter See, auf die Alpen und die Stadt Luzern.

Oberhalb von Kriens steht an einem Hang das **Schloß Schauensee** mit einem Rundturm aus dem 13. Jh. und einem Palas aus dem späten 16. Jh. Die Anlage ist eine der wenigen guterhaltenen Burgen des Kantons Luzern und dient heute als kulturelles Zentrum der Gemeinde.

Im Industriegebiet Schweighof in Kriens ist die einzige **Alphornfabrik** (Mo–Fr 8–12 und 14–18, Sa 8–12 Uhr, ✆ 340 88 86) der Schweiz zu besichtigen.

ℹ️ **Information:** Verkehrsverein Kriens, c/o Papeterie Birrer, Gallusstr. 12, 6010 Kriens, ✆ 320 58 88, Fax 320 58 09.

🛏️ **Hotel: Mototel Pilatusblick** ($$$), ✆ 310 35 46, Fax 310 20 62: Gute Verkehrslage, schweizerische und italienische Spezialitäten, ruhige Zimmer, Gartenterrasse.

🍴 **Restaurant: Obernau** ($–$$), ✆ 320 43 93: Schönes Interieur, Tagesbar, gedeckte Sonnenterrasse, französische und vegetarische Küche.

In einem Bergtälchen am Hang des Pilatus, wenige Kilometer westlich von Kriens, wurde 1662 in **Hergiswald** an der Stelle einer ehemaligen Einsiedelei die Wallfahrtskirche Maria Loreto errichtet. Außen schlicht, ist der Bau in seinem Inneren überschwenglich ausgestattet und birgt ausgesprochene Kostbarkeiten, allen voran die mit 306 einzelnen Bildtafeln ausgestaltete Holzdecke von 1652. Hinter dem barocken Hochaltar besticht die freistehende Loretokapelle mit einer Nachbildung der »Casa Santa« und zwei Renaissance-Altären aus dem frühen 17. Jh. Das Gemälde am prächtigen St. Felixaltar zeigt mit beeindruckender Tiefenwirkung die Auferstehung der Toten.

Durch die Kantone Nid- und Obwalden

Im Tal der Engelberger Aa

Im Tal der Sarner Aa

Das herbe Melchtal

Blick auf den Lungernsee

Ob- und Nidwalden – freundliche Bergtäler und eine Bevölkerung von eigenständigem Charakter. Zu den beiden geschichtsträchtigen Hauptorten Stans und Sarnen gesellen sich ursprüngliche Dörfer und Alpen, der berühmte Pilatus und das nicht weniger attraktive Stanserhorn, die Wallfahrtsstätte Flüeli-Ranft, das Wander- und Wintersport-Eldorado Engelberg mit dem eisbedeckten Titlis und – verkehrsfrei – das Hochtal Melchsee-Frutt.

Der Kanton Unterwalden besteht aus zwei Teilen, jeder so eigenständig wie ein ganzer Kanton. Im 13. Jh. war Nidwalden einer der Stände, die sich 1291 als eine der drei Waldstätten am Rütlischwur und damit an der Gründung der Eidgenossenschaft beteiligte. Nach kurzer Dauer als ein einheitlicher Stand teilte sich das Land 1333 wegen Unstimmigkeiten in die Halbkantone Ob- und Nidwalden auf. Gemeinsame Grenze ist bis heute der Kernwald: Was unter dem Wald liegt, ist »Nid-Walden«, oberhalb liegt »Ob-Walden«. Mit einer Ausnahme: Engelberg, hinter zwei Bergzügen und weitab vom Kernwald, ist im nidwaldnerischen Gebiet eine Obwaldner Exklave.

Die Nidwaldner haben sich, auf den ersten Blick, besser gebettet als die Obwaldner. Ihr Land ist flacher und daher fruchtbarer und wohlhabender als jenes der Halbbrüder ob dem Wald. Und besser erschlossen: Wo Berge stehen – sie müssen gar nicht so hoch sein – führen Bahnen, insbesondere Seilbahnen, hinauf. In keinem anderen Schweizer Kanton findet sich eine größere Bähnlidichte als hier.

Obwalden besteht aus dem offenen, freundlichen, bis zum Brünigpass an der Grenze zum Kanton Bern führenden Tal der Sarner Aa. Dazu kommt das abzweigende herbe Melchtal und eben Engelberg jenseits des Berges. Wildbäche und Bergseen mit Naturschutzgebieten, zahlreiche Obstbäume, Streusiedlungen und Einzelhöfe bis hoch oben am Berg prägen die Landschaft.

Gemeinsam sind den Ob- und Nidwaldnern der Reichtum an architektonischen Zeugen aus alter Zeit und ihre Liebe zum traditionellen Brauchtum, etwa zur uralten Aelplerchilbi.

Im Tal der Engelberger Aa

Stattlich präsentiert sich am Eingang zum Engelberger Tal der Hauptort des Halbkantons Nidwalden: **Stans.**

Der Ortskern war bereits im 2. Jh. besiedelt und schon um 750 besaß Stans ein Gotteshaus, welches Pfarrkirche für das ganze Engelberger Tal gewesen sein soll. 1713 fielen zwei Drittel des Ortes einem Großbrand zum Opfer. Strenge Bauvorschriften trugen dazu bei, daß der Dorfkern anschließend nach klarem Konzept einheitlich und harmonisch wiederaufgebaut wurde und heute zahlreiche wunderschöne Häuser präsentiert. Der großzügige Rathausplatz

Nid- und Obwalden

mit Rathaus und würdigen barocken Herrensitzen ist daher von »nationaler Bedeutung«. Außen schlicht, weist das 1714 errichtete Rathaus reich ausgestattete Innenräume mit kunstvoll geschmückten Decken auf. Würdig präsentieren sich in einer Gemäldesammlung die Landammänner, politische Oberhäupter Nidwaldens, aus mehreren Jahrhunderten. Im 13. Jh. als einer von sieben mittelalterlichen Türmen erbaut, wurde die Rosenburg am Rathausplatz, auch Höfli genannt, im 16. Jh. zu einem großartigen Herrensitz mit Loggia und wertvoller Innenausstattung umgestaltet und beherbergt

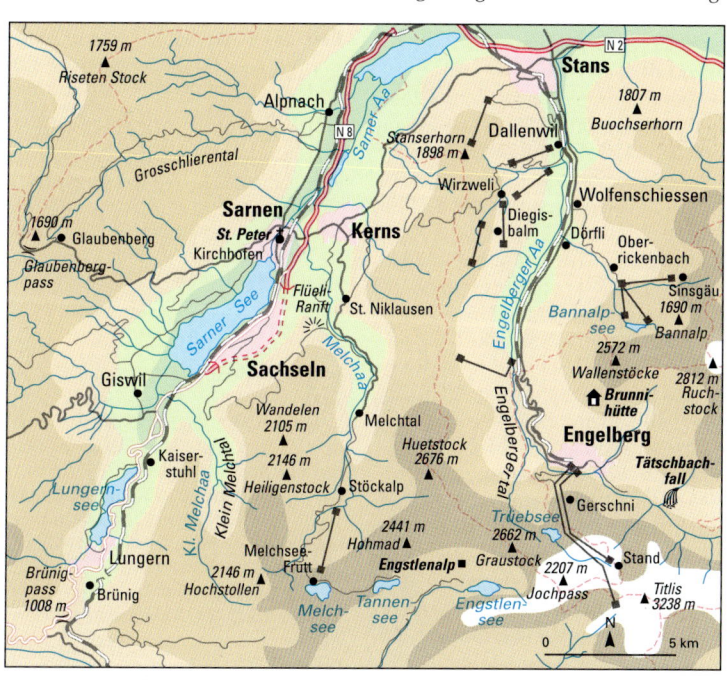

heute das **Nidwaldner Museum** (14–17, So auch 10–12 Uhr) und ein Restaurant.

Der Winkelried-Brunnen und das Winkelried-Denkmal, ein neugotischer Nischenbau mit einem die Hellebarde schwingenden Eidgenossen aus dem Jahr 1865, erinnern an Arnold von Winkelried. Dieser gab in der Schlacht von Sempach im Kanton Luzern sein Leben, um den Eidgenossen den Sieg zu sichern. Oberhalb des Rathausplatzes wurde 1625 das Frauenkloster St. Klara gestiftet. 1799, nach dem Einfall der Franzosen und in der Folge vielen elternlosen Kindern, funktionierte der berühmte Pädagoge Heinrich Pestalozzi die Anlage zum Waisenhaus um.

Der imposante romanische Glockenturm der Kirche St. Peter stammt aus dem 12. Jh. und gilt als bedeutendstes romanisches Bauwerk der Innerschweiz. Westlich der Kirche wurde 1560 die zweistöckige, mit spätgotischen Fresken geschmückte Beinhauskapelle erbaut. Hinter dem Friedhof zeigt die 1683 errichtete, zum Kapuzinerkloster von 1582 gehörende Stiftskirche drei sehenswerte frühbarocke Altäre mit Altarblättern von italienischen Meistern.

Im ehemaligen Salz- und Kornmagazin bei der Stanserhornbahn zeigt das **Ortsmuseum** (14–17, So auch 10–12 Uhr) historische Objekte, sakrale Kunstgegenstände wie z. B. gotische Schnitzaltäre, Gemälde, Amts- und Bauerntrachten, Skulpturen, Waffen, Uniformen und Fahnen aus mehreren Jahrhunderten.

Information: Tourist Information, Engelbergerstr. 34, 6370 Stans, ✆ 610 88 33, Fax 610 88 66.

Hotels: Linde ($$–$$$), ✆ 619 09 30, Fax 619 09 48: Traditionsreiches Haus von 1714 am Hauptplatz, Zimmer teilweise im Biedermeierstil. **Engel** ($$), ✆ 619 10 10, Fax 619 10 11: Hübsches altes Hotel am Hauptplatz. **Stanserhof** ($$), ✆ 619 71 71, Fax 619 71 72: Freundlich, Bar, Terrasse. **Allmendhuisli** ($), ✆ 610 12 37: Klein und sympathisch, im Grünen nordöstlich von Stans. **Graben** ($), ✆ 610 18 24: Gemütliches Haus im ländlichen Oberdorf, 2 km südwestlich von Stans.

Restaurants: Zur Rosenburg/ Höfli ($$–$$$), ✆ 610 24 61: Vornehmes Lokal in historischem Gebäude, Feinschmeckermenüs, verkehrsfrei, schöne Terrasse. **Engel** ($$–$$$), ✆ 619 10 10: Gutbürgerliche Saison- und Fischspezialitäten, gediegenes Gourmetstübli. **Wilhelm Tell** ($–$$), ✆ 610 14 03: Rustikal, herzhafte Fleisch- und Käsespezialitäten, gemütliche Terrasse. **Linde** ($–$$), ✆ 619 09 30: Bistro-Restaurant mit europäischer und asiatischer Küche, Meeresfrüchte, gutes Angebot an erlesenen Weinen.

Wanderungen: In gut 4 Std. führt von Stans der Bruder-Klausen-Weg nach Flüeli-Ranft. Die Wanderroute folgt dem nächtlichen Weg des Pfarrers von Stans, welcher im Winter 1481 bei Bruder Klaus in der Ranft dringenden politischen Rat suchte und von diesem auch bekam. Unterwegs finden Wanderer etliche Restaurants sowie Rastplätze mit Feuerstellen und Toiletten. Abkürzungsmöglichkeit: Von Stans nach Sand mit dem Postauto, anschließend 2,5 Std. bis zum Ziel.

Nidwaldens prächtiger Hauptort: Stans

 Veranstaltungen: Am 3. Sonntag im Okt. Chilbi mit Folklore-Umzug.

Von Stans verkehren eine Original-Oldtimer-Bahn und, ab Mittelstation, eine Kabinenbahn auf das **Stanserhorn** (1898 m) mit Bergrestaurant und Deltasegler-Startplatz. Kenner rühmen den Berg als schönsten Aussichtspunkt der Zentralschweiz. Das herrliche Panorama umfaßt rund 100 km Hochalpenketten und -gipfel, darunter die Gletscher des Titlis, den Säntis in der Ostschweiz wie das Jungfraumassiv im Berner Oberland, zehn Schweizer Seen und im Norden gar den Schwarzwald. Das Stanserhorn verfügt über ein reichhaltiges Pflanzenschutzgebiet und ein weitläufiges Wanderwegnetz. Eine 20 km lange und mit Hinweisschildern versehene Route führt über den Geo-Weg auf die Bergkuppe des Wirzweli (1206 m, Berggasthaus). Vom Wirzweli führt eine Drahtseilbahn – und eine Sommerrodelbahn! – nach Dallenwil.

Die kleine Bauerngemeinde **Dallenwil** an den Ostausläufern des Stanserhorns im Engelberger Tal gilt als Ausgangspunkt zu vielseitigen Höhenwanderungen und für Wintersport im Wirzweli-Gummengebiet unterhalb des Stanserhorns und auf den Höhen der gegenüberliegenden Talseite. In der barocken Wallfahrtskirche von 1754 lohnt sich ein Blick auf eine bemerkenswerte Muttergottesstatue aus dem 14. Jh. und eine Pietà-Gruppe aus dem 17. Jh.

Almabtrieb in
Wolfenschiessen

Luftseilbahnen erschließen den Wiesenberg (1031 m) unterhalb des Stanserhorns, das Wirzweli (1222 m) und den ehemaligen Wallfahrtsort **Niederrickenbach** (1162 m) auf einer Sonnenterrasse über dem Osthang des Engelberger Tals. Von Niederrickenbach führt eine Sesselbahn auf den Haldigrat (1937 m), schöner Aussichtspunkt mit Berggasthaus und beliebter Startplatz für Deltasegler.

Hotel/Restaurant: Kreuz ($), ☎ 628 17 51, Fax 628 23 58: Ältestes Gasthaus im Tal, familiäre und freundliche Atmosphäre, gemütliches Restaurant ($–$$$) mit altem Mobiliar, frischer Marktküche und romantischer Gartenterrasse.

Wanderungen: Beschilderter Wasserlehrpfad (1 km) vom Hostetten-Steg der Engelberger Aa entlang nach Stans.

Schon von weitem grüßt in dem kleinen Ort **Wolfenschiessen** am linken Flußbord das stolze Höchhus, eines der vielen großen Wohnhäuser des Dorfes. Es wurde 1586 für den Ritter Melchior Lussy erbaut. Von Wiesen umgeben und an seiner Rückseite von einem bewaldeten Hang beschützt, gilt der Idealtypus eines Innerschweizer Herrensitzes aus dem 16. Jh. als bedeutendster Renaissance-Holzbau der Schweiz. Die dunkle Fassade ist äußerst sorgfältig ausgearbeitet, die auf drei Stockwerken akkurat angeordneten kleinen Fenster sind mit altertümlichen Butzenscheiben ausgestattet, zierliche Türmchen krönen den First.

Rund 2 km weiter oben im Tal erhebt sich im Gemeindeteil Dörfli ein mittelalterlicher Wohnturm aus dem 13. Jh. Daneben steht die schmucke, 1620 den Pestheiligen Sebastian und Rochus geweihte Kapelle, die durch ihre schönen Fresken beeindruckt.

Im bescheidenen Dorf **Grafenort** lohnt sich die Besichtigung der eigenwilligen Kapelle Heiligkreuz aus dem Jahr 1689. Es war der Abt von Engelberg, der die barocke Wallfahrtsstätte mit Freitreppe, hübschem Glockentürmchen und Laterne errichten ließ. Im Auftrag desselben Abtes entstand als Feriendomizil für die Mönche das schloßähnliche Haus auf der anderen Straßenseite.

Zuoberst im Engelberger Tal ruht in einem sonnigen, von steilen Felsen und majestätischen Gipfeln flankierten Talkessel zu Füßen des vergletscherten Titlis **Engelberg** (1050 m), der größte Sommer- und Wintersportferienort der Zentralschweiz. 1927 wurde hier die erste Seilbahn der Schweiz in Betrieb genommen, heute erschließen nicht weniger als 25 Bergbahnen, Sessel- und Skilifte ein weitläufiges Gebiet bis auf 3020 m.

Der Ort selbst ist jedoch durch seine Benediktinerabtei seit dem 12. Jh. bekannt. 1120 gestiftet und 1729 nach einem Brand wiederaufgebaut steht sie weithin sichtbar auf einer Geländeterrasse über dem Dorfkern. Der Abt des kirchlich unabhängigen Klosters war über Jahrhunderte Oberhaupt eines Miniaturkirchenstaats, der das ganze Engelberger Tal umfaßte, Bündnisfreiheit genoß und eine eigene Verwaltung besaß. Erst mit der Gründung der Helvetik 1798 wurde Engelberg organisiert wie jede andere Schweizer Gemeinde auch. Heute ist der Ort eine Obwaldner Exklave im Kanton Nidwalden. Reichtum und Bedeutung der Abtei sind in der Zentralschweiz nur mit jenen der Klöster St. Urban und Einsiedeln zu vergleichen. 1879 wurde das Innere der langgestreckten, geräumigen Barockkirche aus dem Jahr 1608 teilweise neu gestaltet. Als besonders sehenswert gelten der Hochaltar von 1733 mit einem Gemälde der Himmelfahrt Marias, das mit Schnitzereien verzierte Chorgestühl aus dem gleichen Jahr und die Kanzel aus Stuckmarmor von 1738. Der wertvolle Kirchenschatz aus dem

12. und 13. Jh. gehört zu den reichsten Sammlungen sakraler Gegenstände in der Schweiz, herausragend ist ein großes spätgotisches Reliquienkreuz aus dem 13. Jh. In den Klosterräumen entwickelte sich im 12. Jh. eine bedeutende Maler- und Schreiberschule. Mit ihren Handschriften und weiteren Werken schufen die Mönche eine Klosterbibliothek von unschätzbarem Wert. Die Konventgebäude können besichtigt werden, die Bibliothek ist allerdings nur Männern zugänglich.

Wintersportfreunde kommen in Engelberg voll auf ihre Kosten. Die markierten Skipisten reichen bis auf 3020 m hinauf und sind insgesamt 82 km lang. Der Gipfelhang am Titlis kann auch im Sommer befahren werden. Von Engelberg aus befördert je eine Bergbahn die Skifahrer in die Pistengebiete von Gerschnialp (1300 m) und Brunni (1600 m), Jochpass (2200 m), Klein-Titlis (3020 m) und Trübsee (1796 m). An den verschneiten Hängen tummeln sich sowohl ›klassische‹ Skifahrer wie Carver und Telemarkfreunde. Snowboarder genießen vor allem die Halfpipe am Jochpass und den Boarder Cross im Gebiet Laubersgrat. Langläufern stehen 40 km Loipen zur Verfügung, bei Rodlern besonders beliebt ist die 3,5 km lange, ehemalige Bobbahn von der Gerschnialp hinunter nach Engelberg. Das Bergführerbüro Engelberg bietet Big-Foot-Fahren, Schneeschuhtouren, Iglubaukurse und Eisklettern an. Wer's dagegen geruhsam liebt, entdeckt die verschneite Berglandschaft auf den insgesamt 36 km markierten Winterwanderwegen. Im Dorf steht eine Eisbahn (Eislauf, Eishockey, Curling, Eisstockschießen) zur Verfügung.

Aber auch Wanderer finden hier ein wahres Paradies. Im Sommer erschließen die gleichen Bergbahnen ein ausgedehntes Wanderwegnetz von 360 km auf die umliegenden Berge und an kleine Seen. Kurze Wanderungen führen zu sehenswerten Alpkapellen, über Bergmatten und zu Aussichtspunkten in der näheren Umgebung. Auf längeren und sehr lohnenden Touren in sanftem Alpgelände, in karger Gebirgslandschaft und unter eis- und schneebedeckten Gipfeln lassen sich Bergseen wie der Trübsee, Engstlensee und Tannensee entdecken und Pässe wie der Jochpass nach Melchsee-Frutt oder der Surenenpass ins Urner Reusstal überschreiten. Von Brunni über Ristis, Holzstein und Rosenbold dokumentiert ein 7 km langer, beschilderter Rundgang den Lebensraum Gebirge mit seinen speziellen Lebensbedingungen. Und wer mag, legt den Rückweg von Brunni nach Engelberg mit der Sommerrodelbahn zurück.

Etwas mehr Zeit benötigt, wer dem geologischen Wanderweg vom Jochpass auf den Pilatus folgen will. Die ebenfalls beschilderte Route über Melchsee-Frutt, Brünig, Lungern, Schönbüel, Glaubenbüelen und den Glaubenberg ist 70 km lang! Das Tourist-Center bietet sowohl geführte Wanderungen wie Spaziergänge kürzerer Dauer an.

Wanderfreuden bei Engelberg

Teilweise anspruchsvolle Bergtouren führen auf Titlis (3239 m),
Hutstock (2680 m), Urirotstock
(2932 m) und Schlossberg (3135 m),
manche sind ausschließlich mit
Führer zu begehen. Spezialisten vor
Ort bieten ebenfalls Berg- und Klettertouren an.

ℹ️ **Information:** Tourist-Center, Klo-
sterstr. 3, 6390 Engelberg,
✆ 637 37 37, Fax 637 41 56.

🛏️ **Hotels: Edelweiss** ($$$–$$$$$),
✆ 637 07 37, Fax 637 39 00: Mit-
glied »Klub kinderfreundlicher Schwei-
zer Hotels«, historisches, ruhiges Haus,
Panoramasicht, Aufenthaltsräume, Kin-
derbetreuung. **Sporthotel Trübsee** ($$$–
$$$$$), ✆ 637 13 71, Fax 637 37 20:

Familiär geführtes Haus auf 1800 m, erreichbar nur mit Gondelbahn. **Eienwäldli**
($$–$$$$), ✆ 637 19 49, Fax 637 44 23:
Familienhotel im Chaletstil, Wellness,
Golf. **Hess** ($$–$$$$), ✆ 637 13 66, Fax
637 35 38: Traditionsreich, gediegen,
sehr ruhig, Garten mit Wildpark. **Eden**
($$$), ✆ 637 56 39, Fax 637 56 30: Nä-
he Bahnhof, klein, gepflegt und behag-
lich, Kinderspielzimmer, Sauna, Solari-
um. **Bänklialp** ($$–$$$), ✆ 637 34 34,
Fax 637 12 12: Familienhotel am Wald-
rand, ruhig und gemütlich, herrliche Berg-
sicht. **Cathrin** ($$–$$$), ✆ 637 44 66,
Fax 637 43 28: Familienhotel nahe Titlis-
bahn, gemütlich und ruhig, Aufenthalts-
raum, Lesezimmer/Bibliothek. **Central**
($$–$$$), ✆ 637 32 32, Fax 637 32 33:
Familienhotel, freundlich und ruhig,
Zimmer mit Bergblick, Wellness, Bar. **Eu-
rope** ($–$$), ✆ 637 00 94, Fax
637 22 55: Familienfreundlich, Atmo-
sphäre eines historischen Grandhotels.

🏠 **Jugendherberge:** Jugendherberge
Berghaus, Dorfstr. 80, ✆ 637 12 92,

Blick vom Titlis auf den Trübsee

Fax 637 49 88. Mai und Mitte Okt. bis Mitte Nov. geschlossen.

Camping: Camping Im Eienwäldli, ☎ 637 19 49: Kleiner See, Hallenbad, Sauna, Solarium, Whirlpool und Dampfbad.

Restaurants: Engelberg ($$–$$$), ☎ 637 11 68: Dorfstübli mit einheimischen und vegetarischen Spezialitäten, Gartenrestaurant, Bar. **Spannort** ($$–$$$), ☎ 637 26 26: Saison-Spezialitäten, frischer Fisch, Terrasse. **Tudor-Stübli** ($$–$$$), ☎ 637 13 66: Mit feiner Saisonküche und großer Wein-Auswahl. **Alpenclub** ($–$$$), ☎ 637 12 43: Rustikale Schweizer Spezialitäten, Pizza, im Winter abends oft Volksmusik. **Yucatan** ($–$$$), ☎ 637 12 13: Mexikanische Spezialitäten am Bahnhofplatz. **Eden** ($–$$$), ☎ 637 56 39: Gutbürgerliche Schweizer Küche. **Röstihaus Eienwäldli** ($–$$), ☎ 637 13 28: Rösti in zahlreichen Variationen. **Bänklialp** ($–$$), ☎ 637 34 34: Schweizer Spezialitäten, Käse- und Fleischfondue, Terrasse, abends Volksmusik.

Nachtleben: Alpenclub, ☎ 637 12 43: Après-Ski-Treffpunkt Gadä-Bar, Disco-Dancing.

Schroff ablehnend und majestätisch anziehend zugleich erhebt sich im Talkessel von Engelberg der felsige Gipfel des **Titlis** (3239 m, Gipfelrestaurant) über einem vergletscherten, mit ewigem Schnee bedeckten Bergmassiv. Die Gondelbahn, die zum höchstgelegenen Aussichtspunkt der Zentralschweiz führt, schwebt über zerklüftetes Eis und dreht sich während der fünfminütigen Fahrt um die eigene Achse. Auch das moderne Restaurant an der Bergstation der Gondelbahn ab Engelberg (3028 m) dreht sich, einmal pro Stunde, um sich selber. Das Alpenpanorama, das man auch von Aussichtshalle und Sonnenterrasse aus genießen kann, ist einzigartig. Eine Eisgrotte führt ins Innere des Gletschers, ein gutgesicherter Glet-

scherweg ein Stück weit über diesen hinweg.

Die Gondelbahn-Zwischenstation Stand (2450 m, mit Gletscher-Restaurant) besitzt seit 1988 die höchstgelegene photovoltaische Versuchsanlage überhaupt. Mit einem Einsatz von 2,3 kW erbringt die Solaranlage einen Energieertrag von 3000 bis 3500 kWh pro Jahr. Auf dem Gipfel rotiert seit wenigen Jahren die höchste Windkraftanlage Europas.

Im Tal der Sarner Aa

Ein ausgegrabener Gutshof bezeugt, daß in **Alpnach** am Eingang zum Tal der Sarner Aa, Ausgangspunkt zur Brünigroute, die Römer siedelten. Überdurchschnittlich hoch, schmal und schwer – diese Eigenschaften vereinigen sich im Wahrzeichen Alpnachs. Der Turm der klassizistischen Pfarrkirche St. Maria Magdalena ist spitz wie eine Nadel und 100 m hoch, die größte Glocke

Der Pilatus

Von Ungeheuern, Naturgelehrten und Zahnradbahnen

Wo einst spukende Geisterwesen und schauerliche Ungeheuer ihr Unwesen getrieben haben sollen, verkehrt heute die steilste Seilbahn der Welt. Der Pilatus, hochaufragender Hausberg der Stadt Luzern und heute so legendäres wie beliebtes Ausflugsziel, hat seit Menschengedenken von sich reden gemacht.

Bis vor rund 400 Jahren wagten die Menschen nicht, den mächtigen vielzackigen Kalkklotz zu besteigen, die schroffen Wände und scharfen Grate zu bezwingen. Zu groß war die Angst vor den Riesen, bösen Bergmännchen, Tatzelwürmern und Katzen mit glühenden Augen, die auf dem Frakmont (*fractus mons* = geborstenes Gebirge), wie der Berg damals hieß, gehaust haben sollen. Aus den abweisenden Felsklüften seien feuerspeiende, stinkende Drachen zu Fernflügen aufgebrochen, Alpweiden sollen wilden Hexen als Tanzboden gedient und der Teufel eine glatte Felswand als Rutschbahn benutzt haben. Am meisten gefürchtet war allerdings ein Mensch, der der Legende zufolge nach seinem Tode in einem kleinen Bergsee versenkt wurde und dessen geplagter Geist nie zur

Ruhe gekommen sein soll: Pontius Pilatus, der dem Berg den heutigen Namen gegeben hat. Es hieß, daß der römische Statthalter jeweils am Karfreitag seinem nassen Grab entsteige, um seine blutbefleckten Hände zu waschen. Und noch schlimmer: Werde er, zu welcher Jahreszeit auch immer, in seiner Ruhe gestört, werde die Stadt Luzern sogleich von schlimmen Unwettern und Überschwemmungen heimgesucht. Um solch Unbill zu verhindern, verboten es die Behörden der Stadt Luzern, den Berg zu betreten. Wer die Verordnung nicht befolgte, wurde streng bestraft: So wurden anno 1387 sechs Priester, die es gewagt hatten, den Bergsee aufzusuchen, eingekerkert. Der Strafe entkommen ist, soweit bekannt, der Universalgelehrte Konrad Gessner, welcher den Berg 1555 bestieg.

Es war der Stadtpfarrer, der schließlich im Jahr 1585 der Seele des unglückseligen Römers zur Ruhe verhalf und die Bevölkerung aufatmen ließ. Begleitet von zahlreichen aufgeklärten Männern erklomm er den Berg, trat ans Ufer des Sees, rief nach Pilatus und warf, um ihn zu provozieren, gar Steine ins Wasser – und nichts geschah. Einige Jahre später getraute man sich gar, das Wasser des Seeleins abzulassen, Pilatus aber kam nicht zum Vorschein. Als der Aberglaube nach und nach geschwunden war und der Berg seinen Schrecken verloren hatte, traten im 16. Jh. Kräuterfrauen und vor allem Geologen und Botaniker auf den Plan. Angezogen durch die umfangreiche Schrift, mit der Gessner seine Exkursion auf den Pilatus dokumentiert hatte, machten sie den Berg zu ihrem Forschungsobjekt. Eine mannigfaltige Pflanzen- und Tierwelt gilt es noch heute zu entdecken, hie und da zeigen sich gar Gemsen und Steinböcke. Vom Gipfel aus erklärt ein geologischer Lehrpfad die spezielle Entstehungsgeschichte der Umgebung: Der Pilatus ist sozusagen ein alleinstehender Vorposten der Zentralalpen, sein Umland gehört jedoch den Voralpen und dem Mittelland an.

Auf die Naturbegeisterten folgten im 17. und 18. Jh. zahlreiche Bergsteiger und neugierige Reisende. Andere wiederum hielten Distanz: Luzern hätte ihm gefallen, »wenn der Anblick des scheußlichen Pilatus nicht wäre«, schrieb der Pariser Advokat Marc Lescarbot 1607 in sein Reisetagebuch. Ab Mitte des 19. Jh. besuchten gekrönte Häupter und andere Berühmtheiten den Berg, unter ihnen Königin Victoria von England, die sich, begleitet von großem Gefolge, in einer Maultiersänfte in die Höhe bringen ließ.

Mit der Einweihung der Bahn im Jahr 1889 ab Alpnachstad auf den Pilatus-Kulm, mit 2121 m der höchste Punkt des Massivs, war der Berg vollends erschlossen, die Besucher aus aller Welt wurden mehr und mehr, heute sind es 300 000 Personen im Jahr. Der Bau der Schienenanlage war eine technische Meisterleistung und entsprach einem Rekord, der bis heute nicht gebrochen worden ist: Mit einer Maximalsteigung von 48 % ist die Zahnradbahn die steilste der Welt. Von entsprechender Qualität sind die Bremsen, in all den Jahren hatte die Bahn – vorerst mit Dampf, heute mit Strom betrieben – keinen einzigen Unfall zu verzeichnen.

Das Panorama vom Pilatus-Gipfel, gute Sichtverhältnisse vorausgesetzt, verdient das Prädikat »Überwältigend«. Im Norden und Westen schweift das Auge über das Schweizer Mittelland mit seinen zahlreichen Seen bis zu den Jurahöhen, den Vogesen und dem Schwarzwald. Im Osten erheben sich die Ostschweizer Gipfel mit dem Säntis, und im Süden grüßen majestätisch Gipfel an Gipfel die vergletscherten Zentralalpen. Den Blick in die Tiefe schilderte wohl am schönsten der Schriftsteller Otto Banck in seinen 1883 erschienenen ›Alpenbildern‹: »Der See liegt wie ein smaragdgrüner Spiegel mit lilafarbenen Reflexen durchzogen unter uns, Luzern mit seinen Zinnenmauern schmiegt sich malerisch in die Hügel, die Rigi streckt wie eine schlafende Riesin ihre Glieder von Küssnacht nach Gersau, während wir auf ihre Spitze aus der schrägen Vogelperspektive herabsehen.«

bringt über 1000 kg auf die Waage. Der von 1812–20 entstandene klassizistische Bau weist noch weitere Besonderheiten auf: Der Grundriß ist äußerst kompliziert, die Architektur im Innern weicht stark von jener des Außenbaus ab.

Von weitem zu sehen, geleitet eine imposante weiße Kirche zum schmucken Ferien- und Kurort **Kerns**. Der Name soll sich von Kernen oder Korn ableiten, sei doch hier, in der lieblichen Landschaft auf einer Geländeterrasse über dem Tal, vor dem Einzug der Kartoffel viel Getreide angebaut worden. Attraktion des Ortes ist das sogenannte Steinhaus aus dem 16. Jh., eine Rarität in einer Gegend, wo seit jeher Holzbauten vorherrschen. In der Pfarrkirche St. Gallus wurde 1417 der berühmte Einsiedler Niklaus von Flüe getauft. Der heutige Bau aus der 2. Hälfte des 18. Jh. weist einen beachtenswerten Hochaltar und schöne, mit Malereien versehene Seitenaltäre auf.

2 km oberhalb von Kerns ist das Großhaus Oberhalten, ein typisches altes Unterwaldner Bauernhaus, zu entdecken; beim Gemeindeteil Vogelsang steht die Hostet, ein weiterer alter Bau dieser Art.

ℹ Information: Tourismusbüro Kerns, Dorfstr. 2, Postfach 78, 6064 Kerns, ✆ 660 70 70, Fax 660 71 75.

Hotels: Zum Sand ($), ☎ 660 12 78, Fax 660 35 27: Freundlicher Landgasthof im Grünen, großer Kinderspielplatz mit Kleintierzoo, gemütliche Zimmer. **Kernserhof** ($$– $$$), ☎ 660 68 68, Fax 660 85 69: Ruhig und im Grünen, oberhalb des Dorfes, Fitnessraum, Sauna, Reitschule.

Restaurants: Rose ($–$$$), ☎ 660 17 02: Klassische und traditionelle Küche, Fisch und Wild aus der Umgebung, idyllisches »Rosengärtli«. **Zum Sand** ($$), ☎ 660 12 78: Reiches Angebot an gutbürgerlichen und einheimischen Spezialitäten, Sonnenterrasse.

Wo die Sarner Aa den Sarner See verläßt, liegt der historisch bedeut-

Pranger am Sarner Rathaus

same Hauptort des Kantons Obwalden – und so verwundert es nicht, daß er **Sarnen** heißt. Um 1291, zur Zeit der Gründung der Eidgenossenschaft, war Sarnen bereits politischer Mittelpunkt der Talschaft. Schon früher stand auf dem Burghügel Landenberg eine mächtige Zwingburg. Den intakt gebliebenen Ortskern am Fuß des ehemaligen Burghügels zieren alte Patrizierhäuser, eine Dorfkapelle aus dem 17. Jh. und auf einem Brunnensockel die Figur des Heiligen Niklaus von Flüe. Im 1551 errichteten und 1732 erweiterten stattlichen Rathaus ist, leider unter Verschluß, das berühmte »Weiße Buch von Sarnen« aufbewahrt, die ältesten schriftlichen Angaben zur Gründungsgeschichte der Eidgenossenschaft, aufgezeichnet um 1470.

Stolz thront auf der Anhöhe Kirchhofen die große, doppeltürmige Landeskirche St. Peter, 1036 erstmals erwähnt und 1742 neu errichtet. Die festliche dreischiffige Hallenkirche mit großzügiger Freitreppe, reichen Régence-Stukkaturen, Deckengemälden von 1741, einer Kanzel und Altären aus Schliffmarmor sowie Chor- und Ratsherrengestühl aus der Zeit um 1770 gilt als einer der schönsten barocken Sakralbauten der Zentralschweiz. Die spätgotische, mit bemalten Flachschnitzereien verzierte Holzdecke im Beinhaus wurde um 1500 erbaut.

Im alten Zeughaus an der Brünigstraße von 1599 ist das **Obwaldner Heimatmuseum** (Apr. bis Nov. Mo–Sa 14–17 Uhr), u. a. mit ur- und frühgeschichtlichen Funden, sakralen Kunstgegenständen des 14.–18. Jh., Staatsaltertümern und einer rekonstruierten Alphütte, zu besichtigen.

Unterhalb des Schützenhauses, einem repräsentativen Rokokobau mit Seitenflügeln aus dem Jahr 1752 auf dem Burghügel Landenberg, wirkt der sogenannte Hexenturm aus dem 13. Jh. auch heute noch bedrohlich. Der letzte Überrest der ehemaligen Burganlage diente als Pulverturm, Gefängnis und Folterkammer. Über 70 Frauen, denen man Hexerei nachsagte, sollen hier gemartert worden sein.

Eine attraktive Bergstraßenverbindung führt über den Glaubenbergpass nach Entlebuch in der gleichnamigen Luzerner Talschaft. Auf dem **Glaubenbergpass** (1543

m) öffnet sich die Sicht auf den mächtigen, vergletscherten Titlis und die umliegenden Gipfel. Die Paßhöhe, beliebt bei Wanderern und Langläufern, mutet mit ihren Hochmooren, zahlreichen Birken und klitzekleinen Seen beinahe nordisch an.

Information: Tourismusbüro, Hofstr. 2, 6055 Sarnen, ☎ 666 50 40, Fax 666 50 45.

Hotels: Krone ($$$), ☎ 660 66 33, Fax 660 82 34: Gastliche komfortable Zimmer, Nichtraucher-Etage. **Langis** ($$–$$$), auf dem Glaubenberg, ☎ 675 10 68, Fax 675 27 07: Berghotel, ruhig, aussichtsreich und familienfreundlich, Fitnessraum, Sauna, Mehrbettzimmer. **Obwaldnerhof** ($), ☎ 660 18 17, Fax 660 08 17: Klein und kinderfreundlich. **Peterhof Garni** ($), ☎ 60 12 38: Hübscher Gasthof über dem Ortszentrum, große Zimmer. **Schlüssel** ($), ☎ 660 11 75: Kleines Hotel in historischem Haus am Dorfplatz, einfache Zimmer.

Camping: Camping Lido am Sarner See, ☎ 660 18 66: Mit Schwimmbad, Kinderspielplatz, Windsurfschule.

Restaurants: Krone ($$–$$$), ☎ 660 60 33: Zwei Restaurants mit Schweizer bzw. chinesischer Küche, vegetarischen Gerichten, Wintergarten und Gartenwirtschaft. **Zum Landenberg** ($$), ☎ 660 12 12: Phantasievolle Küche in historischem Gebäude aus dem 16. Jh. **Peterhof** ($–$$), ☎ 660 12 38: Fisch, Rösti in vielen Variationen, schattiger Garten. **Zur Linde** ($–$$), ☎ 660 43 55: Einheimische Spezialitäten, einheimisches Publikum.

Veranstaltungen: Herbst: Aelpler-chilbi mit »Wildma« und »Wild-wyb«.

Eingebettet zwischen sanft anstei-genden Wiesen im Westen und be-waldeten Felshängen im Osten, be-schützt von hohen Bergen und fast unberührt ruht der **Sarner See.** Ein Strandweg führt am Ufer entlang, etwa zum schmucken Ortsteil **Wilen** an einem herrlichen Sonnenhang unweit von Sarnen.

Bruder Klaus

 Hotels: Seehotel Wilerbad ($$$–$$$$), ✆ 660 00 15, Fax 660 12 92: Komfortabel, idyllisch und ruhig am See gelegen, Schwimmbad, Sauna, Bar. **Waldheim am See** ($$–$$$$), ✆ 660 13 83, Fax 660 23 83: Romantisch, ruhig und familiär, schöne Parkanlage, Touristenlager, Privatstrand, Ruder- und Motorboote, Mountainbikes, Fitnessraum, Sauna.

In schöner Lage an einem leicht ge-neigten Hang am Ostufer des Sarner Sees empfängt **Sachseln** seine Wall-fahrer und Kurgäste. Zahlreich sind die traditionellen Bauernhäuser, im Dorfzentrum weisen stattliche alte Gasthäuser und würdige Bürgerbau-ten den Weg zur frühbarocken Pfarr-kirche St. Theodul aus dem Jahr 1684. Die berühmte Pilgerstätte birgt einen gläsernen Sarkophag mit den Gebeinen des Einsiedlers, Mystikers und Politikers Niklaus von Flüe. Der eindrucksvoll zu den weißen Wän-den kontrastierende schwarze Mar-mor stammt aus dem nahen Melchtal und wurde seinerzeit von den Talbe-wohnern hergeschafft. An der Dorf-

strasse 4 zeigt in einem Herrenhaus von 1784 das **Museum Bruder Klaus von Flüe** (Palmsonntag–Allerheiligen 9.30–12 und 14–17 Uhr) Vereh-rungszeugnisse für Niklaus von Flüe: Literatur, Handwerk und Malerei.

Über eine teilweise schmale Na-turstraße ist auf einer kleinen Hoch-ebene der »Nabel der Schweiz« zu erreichen: Unter trutzigen Felswän-den weiden auf der Alp **Aelggi** (1650 m), dem geographischen Mit-telpunkt der Schweiz, zahlreiche Kühe; mit etwas Glück sind auch Murmeltiere zu entdecken. Das Berggasthaus (Zimmer, Matratzen-lager, Restaurant) ist von Mitte Juni bis ca. Anfang Oktober geöffnet.

Information: Verkehrsbüro, Dorfstr. 11, Postfach 130, 6072 Sachseln, ✆ 660 26 55, Fax 660 94 51.

Hotels: Belvoir ($$), ✆ 660 76 76, Fax 660 76 77: Wunderschön über dem See gelegen, Familienzimmer, Terrasse, Comics-Bibliothek, Bar, Disco, Restaurant mit Saisonspezialitäten. **Kreuz** ($$$), ✆ 660 14 66, Fax 660 81 88: Stilvolles, familienfreundliches Haus aus dem 15. Jh., Übernachtung in Chalet oder alter Mühle, eigenes Strandbad, Fitnessraum, Garten.

Camping: Campingplatz Ewil, ✆ 660 32 70.

Wanderungen: Zahlreiche Wanderungen und Hochtouren, z. B. auf die Hohmad (1943 m) oder die Wandelen (2104 m), mit Ausblick von den Walliser Viertausendern bis ins österreichische Vorarlberg.

Veranstaltungen: Mitte Juli: Alpchilbi mit Jodlermesse, Schwingfest, Alphornkonzert, Fahnenschwingen und Volksmusik auf der Aelggi-Alp.

Weit verstreute Häuser und Höfe kennzeichnen den beliebten Familienferienort **Giswil** an der Südspitze des Sarner Sees. Zwei Umstände machten den Einheimischen das Leben schwer: Da war einerseits der Wildbach Laui, der die weitläufige Gemeinde immer wieder überschwemmte und teilweise verheerende Schäden anrichtete. Heute ist die Laui sittsamer geworden, wurden für ihre Verbauung doch Millionen von Franken eingesetzt. Andererseits kam den Giswilern in der Vergangenheit ihr Freiheitsdrang in

die Quere: Von 1382 bis 1432 eine selbständige Republik mit allen souveränen Rechten, schien Giswil seine politischen Privilegien schließlich zu sehr auszunützen. So sahen sich die Kantone Uri und Schwyz gezwungen, mit den Oberen ein ernstes Wörtchen zu reden, damit diese die »Republik« auflösten und Giswil wieder in den Kanton Oberwalden eingegliedert wurde.

Wo auf dem Felsenhügel Zwingel im Mittelalter die Burg Hunwil aufragte, bauten die Giswiler 1635 aus den Steinen der Ruine die Pfarrkirche St. Laurentius, die 1744 umgestaltet wurde. Im nebenstehenden Beinhaus aus dem Jahr 1661 präsentiert sich ein schöner Barockaltar.

Die sogenannte Panoramastraße verbindet Giswil mit dem Entlebuch im Kanton Luzern. Kurve um Kurve führt die Bergstraße, im Sommer auch vom Postauto befahren, auf die Mörlialp. Ruhig und klein, bietet dieser Ferienort am Rande eines markanten Hochwaldes herrliche Ausblicke auf Sarner See und Oberwaldner Alpen. Die Straße führt weiter über den Glaubenbüelenpass zum Wintersportort Sörenberg und endet schließlich in Schüpfheim.

Hotels: Landhaus ($$$), ✆ 675 13 13, Fax 675 22 32: Etwas außerhalb Richtung Kaiserstuhl, ruhig, familienfreundlich, Frei- und Hallenschwimmbad, Bar. **Bahnhof** ($–$$), ✆ 675 11 61, Fax 675 24 57: Familienfreundliches Haus mit Kinderspielplatz.

 Restaurants: Landhaus ($–$$$), ✆ 675 13 13: Rustikal, einheimische,

Freibad (»Badi«) am Lungernsee

mediterrane und vegetarische Gerichte, Sonnenterrasse mit Sicht auf den Sarner See. **Bahnhof** ($–$$$), ✆ 675 11 61: Schlemmerspezialitäten, Terrasse mit Sicht ins Grüne, Kinder unter 10 Jahren essen gratis (Kinderkarte). **Giswilerstock** ($), ✆ 675 18 15: Auf der Mörlialp an der Panoramastraße, Selbstbedienung.

Wanderungen: Zahlreiche, gut-markierte Wanderrouten auf Mörlialp und die weiteren umliegenden Pässe und Berge.

Oberhalb der Südspitze des **Lungernsees** überwinden Brünigbahn und -straße über zwei Talstufen hinweg den Geländeanstieg zum Brünigpass. Zwischen den beiden Stufen ruht eingebettet in die umlie-genden Berge der kleine Urlaubsort **Lungern**. Zahlreiche neuere Ferien-häuser haben der charakteristischen Obwaldner Dorfsiedlung nichts an-haben können. Am Dorfeingang heißt der spätromanische Kirchturm aus dem 14. Jh. die Gäste willkom-men; die dazugehörige Pfarrkirche wurde 1887 bei einem Unwetter durch einen Erdrutsch zerstört. Mit der 1893 errichteten neuen Kirche am Ortsende wurde die Basilika von Lourdes nachgebildet.

Die Umgebung von Lungern ist reich an Alpkapellen. Als eine der schönsten gilt die Kapelle St. Beat in Obsee, 1567 erbaut und seither mehrere Male umgestaltet. Von Ob-see führt eine Luftseilbahn auf den **Schönbüel** (Berggasthaus), beliebtes Wintersportgebiet und im Sommer Ausgangspunkt zu zahlreichen loh-nenswerten Wanderungen.

Retter der Eidgenossenschaft

Der Eremit Niklaus von Flüe

Die Örtlichkeiten Flüeli und Ranft sind untrennbar verbunden mit jener großen Persönlichkeit der Schweizer Geschichte, ohne deren Einsatz im 15. Jh. die Eidgenossenschaft auseinandergebrochen wäre. Niklaus von Flüe, im Jahr 1417 in Flüeli geboren, war in ganz Obwalden ein hochgeachteter Mann. Er gehörte zu den wohlhabendsten Bauern der Talschaft, wurde zum Ratsherrn gewählt und amtete als Richter. Als Tagsatzungsabgeordneter vertrat von Flüe den Stand Obwalden bei den Zusammenkünften der Eidgenossenschaft, war also eine Art nationaler Parlamentarier. Anerkennung und Erfolge in weltlichen Bereichen und seine große Familie vermochten ihn jedoch immer weniger auszufüllen. Ein ungerechtes Gerichtsurteil, dem er vergeblich entgegenzutreten versuchte, beschäftigte den mittlerweile Fünfzigjährigen schließlich so stark, daß er, statt als Landammann das höchste politische Amt einzunehmen, nicht nur die Politik, sondern auch seinen Hof, seine Frau und die zehn Kinder verließ und sich der Mystik zuwandte. Auf der Suche nach Erfüllung Richtung Elsaß wandernd, gebot ihm auf halbem Wege – in Liestal im heutigen Kanton Basel-Land – eine göttliche Eingebung, wieder umzukehren, um schließlich auf einer abgelegenen Alp im Melchtal, unweit von Flüeli, einzutreffen. Bald hieß ihn eine weitere Vision, wieder aufzubrechen. Sie führte ihn noch näher an seine alte Heimat heran; in der Ranftschlucht, die zum Besitz seiner Familie gehörte, ließ sich Niklaus endgültig nieder.

In der Ranft lebte Bruder Klaus in strenger Askese, seine Klause verließ er nie mehr. Die gewünschte Ruhe, insbesondere vor der Politik, war ihm jedoch nicht beschieden. Zahlreich waren die Menschen aus nah und fern, die ihn in seiner kleinen, einfachen Zelle aufsuchten und um seinen Rat baten. Wurden die weisen Ratschläge und wertvollen politischen Vermittlungsdienste des Einsiedlers zuerst insbesondere von den Eidgenossen in Anspruch genommen, zog sein Ruf als Friedensstifter und lebender Heiliger bald auch die Mächtigen und deren Gesandte aus halb Europa an.

Mit seinem nachhaltigsten Rat, der ihm größte Anerkennung und Dank auf Jahrhunderte hinaus einbringen sollte, hat Bruder Klaus den Fortbestand der Eidgenossenschaft gerettet. Zwischen den städtischen Mitgliedern der Eidgenossenschaft einerseits und den ländlichen Ständen andererseits hatten über mehrere Jahre heftige Auseinandersetzungen stattgefunden, als die Situation im Dezember 1481 schließlich eskalierte: Die Stadtkantone Luzern, Bern und Zürich waren dafür, neu auch die Städte Solothurn und Freiburg in den »Ewigen Bund« aufzunehmen, die Landkantone Uri, Schwyz, Ob- und Nidwalden, Glarus und Zug hingegen fürchteten einen übermächtigen Einfluß der wirtschaftlich starken Städte und waren daher strikt dagegen. An einer Tagsatzung im Nidwaldner Hauptort Stans stritt man sich so heftig, daß die Eidgenossenschaft zu zerfallen drohte. Schließlich entschloß sich der Stanser Pfarrer, Bruder Klaus, seinen Freund seit Jahrzehnten, beizuziehen. In stürmischer Nacht eilte er drei Tage vor Weihnachten voller Verzweiflung in die Ranft, verließ Bruder Klaus bereits nach kurzer Konsultation und rannte auf dem gleichen Weg zurück. Völlig erschöpft in Stans eingetroffen, brachte er die Abgeordneten, die die Tagessatzung bereits aufgelöst hatten und von einem Bürgerkrieg sprachen, mit einiger Überredungskunst dazu, sich noch einmal zusammenzusetzen und die Botschaft von Bruder Klaus anzuhören. Die Erwähnung des verehrten Eremiten wirkte. Die zürnenden Herren ließen sich berichten, daß Bruder Klaus der Meinung sei, Solothurn und Freiburg sollten in den Bund aufgenommen werden, ihr Einfluß in der Eidgenossenschaft solle aber vorerst in bestimmten Bereichen eingeschränkt werden. Was niemand mehr zu hoffen gewagt hatte, traf ein: Die Abgeordneten nahmen den besonnenen Rat des weisen Mannes an und schlossen Frieden. Im ganzen Land taten die Kirchenglocken die Rettung des »Ewigen Bundes« kund.

Nach seinem Tod am 21. März 1487 wurde Bruder Klaus in Sachseln beigesetzt. 1947 wurde er, als bisher einziger Schweizer, heiliggesprochen. Seine Klause in der Ranftschlucht, das Geburts- und das Wohnhaus in Flüeli waren jedoch schon lange zuvor das Ziel zahlreicher katholischer Schweizer; seit seiner Heiligsprechung werden die Stätten seines Wirkens auch von zahlreichen Wallfahrern aus dem Ausland aufgesucht.

Aber auch die Wertschätzung von Bruder Klaus als einflußreicher politischer Berater überdauerte die Jahrhunderte, seine Worte werden heute noch zitiert. So gilt er mit seinem Rat »Mischt euch nicht in fremde Händel!« als eigentlicher Begründer der politischen Neutralität der Schweiz.

Information: Verkehrsbüro, Brünigstr. 105, 6078 Lungern, ℰ 678 14 55, Fax 678 10 68.

Hotels: **Rössli** ($–$$), ℰ 678 11 71, Fax 678 11 81: Im Dorfzentrum, familienfreundlich und ruhig.

Einkaufen: Schnitzereien –Lungern ist die Heimat der Obwaldner Holzschnitzkunst.

Wanderungen: Tour von Schönbüel auf das Brienzerrothorn: Eine der schönsten Höhenwanderungen der Zentralschweiz, herrliche Sicht auf Gletscher und Gipfel der Berner Alpen, nur für Schwindelfreie!

 Veranstaltungen: Aelplerchilbi im Oktober.

Die Autostraße windet sich in engen Schlaufen den Bergwald empor, die

»Grüß Gott«: Nonnen bei Flüeli-Ranft

  Hotel/Restaurant: Brünig-Kulm ($–$$$), ☎ 971 17 06, Fax 974 17 49: Gemütliches Hotel auf der Paßhöhe, Bergrestaurant.

Wanderungen: In 16 Std. ist auf dem Obwaldner Höhenweg der Pilatus zu erreichen. Die abwechslungsreiche Voralpenroute über dem westlichen Talhang der Sarner Aa führt vom Brünigpass über Schönbüel, Glaubenbüehlen, Langis ob Sarnen und Lütoldsmatt über Alpnach und weist einige anstrengende Teilstrecken auf.

Veranstaltungen: August: Brünigschwinget.

Im Melchtal

Auf dem Weg von Kerns bergan Richtung Melchtal wird rechter Hand ganz plötzlich der Blick auf den Sarner See und die umliegenden Berge frei. Im Dörfchen **St. Niklausen** am Eingang zum Melchtal lohnt sich der Besuch der Kapelle St. Nikolaus vor allem wegen des gotischen Freskenzyklus aus dem 14. Jh. Die mit bäuerlichen Barockmotiven bemalte Holzdecke stammt aus dem Jahr 1704. Von einem Vorgängerbau ist der freistehende, sogenannte »Heidenturm« erhalten geblieben. Dessen Glocke soll schon im 12. Jh. geschlagen haben, der Turm selber ist unbestimmten Alters, er wird »Römerturm« genannt.

Bahn hat auf Zahnradbetrieb umgestellt –, und schließlich erreichen beide die **Brünigpasshöhe** und damit die Grenze zwischen den Kantonen Obwalden und Bern. Der Brünig ist bewaldet und bietet daher nur wenig Aussicht; beliebt ist der Paß vor allem als Etappenort für Straße und Bahn vom Obwaldnerland ins Berner Oberland und umgekehrt.

Restaurant: Alpenblick ($$), ✆ 660 15 91: Ländlich, vielfältige Küche, feiner Wein, Sonnenterrasse, gutes Preis-Leistungs-Verhältnis.

Von Obstgärten umgeben, ist **Flüeli-Ranft** eine weltbekannte und seit Jahrhunderten vielbesuchte Wallfahrtsstätte über dem Sarner See. Die Verehrung der Pilger gilt Bruder Klaus (1417–87), dem einzigen bisher heiliggesprochenen Schweizer. Sein weltliches Leben hat Niklaus von Flüe im Ortsteil **Flüeli** verbracht. Sein **Geburtshaus** (Mai bis Sept. 9–11.45 und 13.30–17.30, übrige Zeit 10–11.45 und 14–17 Uhr) wurde 1522 erbaut, sein späteres **Wohnhaus** (Mai bis Sept. 9–11.45 und 13.30–17.30, übrige Zeit 10–11.45 und 14–17 Uhr) stammt aus dem 15. Jh. und entspricht einem typischen Obwaldner Bauernhaus seiner Zeit. Darüber wacht die Kapelle St. Karl Borromeo von 1618. Kabinett-Glasscheiben aus dem 17. Jh. zeigen Szenen aus dem Leben des Heiligen Bruder Klaus.

In der nahen Schlucht der Melch Aa ist am Hang der **Ranft** die schlichte Klause zu besichtigen, die dem Eremiten während 19 Jahren bis zu seinem Tod als Einsiedelei gedient hat. Die sogenannte Obere Kapelle, 1701 nach einem Erdrutsch neu erbaut, birgt neben einem gotischen Kruzifix aus dem 14. Jh. und einer Muttergottesfigur aus dem 17. Jh. berühmte Bilder und Fresken zur Heiligenlegende (19. Jh.). Die Untere Kapelle von 1504 schmückt

ein großes, sich auf den Ersten Weltkrieg beziehendes Votivgemälde aus dem Jahr 1921 sowie Szenen aus dem Leben des Heiligen, darunter ein Bilderzyklus aus dem 16. Jh.

Information: Verkehrsverein, Postfach, 6073 Flüeli-Ranft, ✆ 660 34 56, Fax 660 99 39.

Hotel: Paxmontana ($$$), ✆ 660 22 33, Fax 666 61 42: Nostalgisches Jugendstilhaus, herrlich und ruhig gelegen, komfortable Zimmer, Terrasse, Park, Hausgeistlicher und Kapelle.

Wanderungen: Zahlreiche kurze und längere Pilgerwege, darunter Rundwanderungen in der Region. Nähere Auskunft beim Wallfahrtssekretariat in Sachseln, ✆ 760 44 18.

Von der Stöckalp im hinteren Melchtal führt eine Luftseilbahn nach **Melchsee-Frutt** (1919 m). Der kleine, prächtig gelegene und autofreie Höhenkurort mit zwei kleinen Seen auf einer der schönsten Schweizer Hochalpen ist zu jeder Jahreszeit ein beliebtes Wander- und Ferienziel. Auf der Alp Erzegg bezeugen ausgegrabene Hütten, daß die Bergler früher nicht nur Kühe hüteten, sondern auch Eisenerz abbauten. Ab 1865 fanden sich kränkelnde Gäste zur Molkenkur ein. Heute sind die einfachen Alphütten von einigen Hotels und freundlichen Ferienhäusern abgelöst.

Eine Luftseilbahn führt auf den panoramareichen Bonistock, Sesselbahnen und Skilifte auf Erzegg und Balmerregghorn. Die Hügel und

Malerischer Blickfang: Die Flüeli-Kapelle

Höhenzüge des sonnigen Hochplateaus sind leicht begehbar, im Pflanzenschutzgebiet Boni ist eine farbenprächtige Alpenflora, im Wildtierreservat mitunter sogar eine Murmeltierkolonie zu entdecken. An der Luftseilbahn-Bergstation beginnt ein beschilderter Naturkunde-Rundgang (2,5 km).

Information: Verkehrsverein, 6068 Melchsee-Frutt, ☏ und Fax 660 70 70.

Hotels: Glogghuis ($$–$$$$), ☏ 669 14 67, Fax 669 13 17: Mitglied »Klub kinderfreundlicher Schweizer Hotels«, sehr ruhig, Kinderbetreuung, Wellness, Touristenlager. **Posthuis** ($$$), ☏ 669 12 42, Fax 669 12 76: Ruhig und zentral. **Berghotel Distelboden** ($$–$$$), ☏ 669 12 66, Fax 669 13 77: Ruhig, schöne Aussicht, kinderfreundlich, Dancing, Restaurant mit schönem Garten. **Waldhaus** ($$), auf der Stöckalp, ☏ 669 14 01, Fax 669 11 82: Kleines Haus, Touristenlager, Restaurant mit Garten.

Restaurant: Posthuis ($–$$), ☏ 669 12 42: Gemütlich, mit Gartenterrasse.

Jugendherberge: Jugendherberge Berghaus Tannalp, ☏ 669 12 41, Fax 669 11 47.

Sport: Rund 8 km lange Downhill-Bike-Abfahrt auf die Stöckalp.

Wanderungen: Traditionsreiche Paßroute über den Jochpaß nach Engelberg.

Veranstaltungen: Schwing- und Aelplerfest im August.

Durch den
Kanton Zug

**Durch die Hohle Gasse:
Von Küssnacht rund um den
Zuger See**

**Von Zug zu den Luftkurorten
am Ägerisee**

Blick vom Pilatus auf den Zuger See

Kurz und freundlich präsentiert sich die Route durch den Kanton Zug, verläuft an den lieblichen Gestaden des Zuger Sees, beschreibt einen Rundgang im schmucken Hauptort Zug und endet in der sonnenverwöhnten Ferienregion des Ägeritals an der Stelle, wo sich anno 1315 die entscheidende Schlacht von Morgarten abspielte.

Mit einer Fläche von nur 239 Quadratmetern ist Zug der kleinste Kanton der Zentralschweiz. Der südöstliche Teil mit dem von Berghängen umrahmten Ägerital zählt zu den Voralpen, der nordwestliche gehört dem Schweizer Mittelland an. Im Nordosten dehnt sich eine eindrucksvolle Moränenlandschaft aus: Durch die schmelzenden Linth- und Reussgletscher nach der letzten Eiszeit geformt, weist das sanfte Hügelland Moore, kleine Seen, Wälder und Baumgruppen auf, auf den einzelnen Kuppen wacht oft eine Linde. Besonders stolz sind die Zuger auf ihre beiden Seen. Noch üben am Zuger See rund zehn Berufsfischer ihre Tätigkeit aus. Sie liefern vor allem den weltbekannten und exquisiten Zuger Rötel, einen Seesaibling roter Farbe, der jedes Gourmet-Herz höher schlagen läßt. Der kleinere Ägerisee liegt in einer milden Geländemulde und schließt an das Erholungsgebiet Zugerberg an.

Zwar ist der Kanton sehr klein, dafür aber umso eigenständiger und selbstbewußter. Dieser Umstand läßt sich aus seiner Geschichte erklären: Im Jahr 1352 dem Bund der Eidgenossen beigetreten, hatte Zug

oft zwischen den benachbarten Ständen Zürich einerseits und Schwyz und Luzern andererseits zu vermitteln. Ihre Selbständigkeit hatten die Zuger dabei stets behalten. Hinzu kam, daß die vier großen Gemeinden Zug, Ägeri, Menzingen und Baar lange Zeit eigene Republiken bildeten. Politisches Eigenleben sowie ein hoher Lebensstandard prägen den Kanton Zug noch heute.

Von Küssnacht rund um den Zuger See

Rund 2 km nordöstlich von Küssnacht verläuft, von alten Buchen gesäumt, die **Hohle Gasse** über gut 300 m Richtung Zuger See. Die mit Steinen gepflasterte, legendäre Geländerinne wurde bereits vor Christi Geburt benutzt. Vom Mittelalter bis ins 19. Jh. vor allem von reisenden Kaufleuten begangen, war sie die einzige Verbindung zwischen dem Nordende des Vierwaldstätter Sees und dem Zugerland. »Durch diese hohle Gasse *muß* er kommen«, der berühmte Satz in Schillers Drama spiegelt die Situation wider, in der sich der Legende nach ums Jahr 1307 Wilhelm Tell befand. Der Schweizer Nationalheld spricht von Landvogt Gessler, seinem Widersacher und Verfolger. Und tatsächlich: Tells geduldiges Warten lohnt sich. Vom Pfeil der Armbrust tödlich getroffen, stöhnt der Tyrann »Das war Tells Geschoß!«, bevor er von seinem Pferd zu Boden sinkt. Auf dem kleinen Hügel am Ende des Hohlwegs zeigt die Tellskapelle aus dem Jahr 1638 an der Außenwand eine Darstellung von Gesslers Tod. In ih-

rem Innern zeigt ein Wandbild, wie laut Überlieferung der alte Tell in seinem Heimatort Bürglen im Kanton Uri ein Kind vor dem Ertrinken im reißenden Schächenbach retten will und dabei sein eigenes Leben verliert.

Eingebettet zwischen den Steilhängen von Rossberg und Rigi ruht der südliche Teil des **Zuger Sees.** Das liebliche Westufer ist streckenweise von Schilfgürteln gesäumt, die meisten Ortschaften und ihre Umgebung sind ländlich geprägt. Der pittoreske Sommerferienort **Immensee,** hübsch am Nordfuß der Rigi gelegen, fällt durch sein sehr gepflegtes Dorfbild auf. In der Studentenkapel-

Kanton Zug

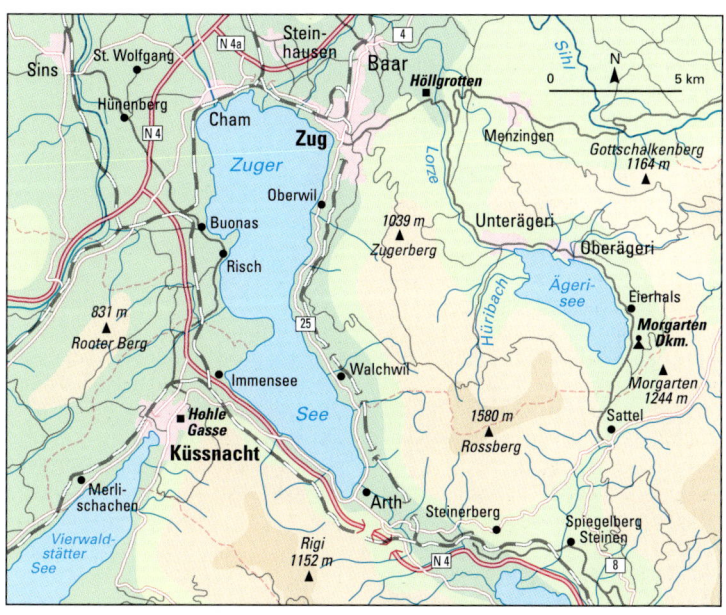

le des Missionshauses Bethlehem lohnt sich die Besichtigung schöner Wandbilder. Die Wegkapelle St. Lorenz oberhalb der Bahnstation weist sehenswerte Holzstatuen und eine Pietà aus dem 16. Jh. auf.

ℹ Information: Verkehrsbüro, Eichlistr. 28, 6405 Immensee, ✆ und Fax 850 54 24.

🛏 Hotel: Seehotel Rigi-Royal ($$$), ✆ 850 31 31, Fax 850 31 37: Kinderfreundlich, direkt am See, eigenes Strandbad, schöne Parkanlage.

🍴 Restaurants: Seehotel Rigi-Royal ($$$), ✆ 850 31 31: Exzellente Fischküche, Seeterrasse. **Zum Schlüssel** ($–$$$), ✆ 850 48 14: Am hübschen Dorfplatz am See, breites Angebot, herrliche Gartenterrasse am Wasser, Kinderspielplatz. **Tells Hohle Gasse** ($–$$), ✆ 850 14 29: Ausgang Hohle Gasse, familienfreundlich, Zuger Seefisch, hausgemachte Teigwaren, schattiger Garten.

🚶 Wanderungen: Die nordöstlich von Immensee weit in den Zuger See hinausragende, waldreiche Halbinsel Kiemen weist ein attraktives Netz von Spazierwegen auf.

In bezaubernder hügeliger Umgebung bewacht hoch über dem Zuger See die Pfarrkirche St. Verena von 1680 den kleinen Sommerferienort **Risch.** An der Stelle eines Vorgängerbaus aus dem 8. Jh. errichtet, fällt in ihrem Inneren vor allem die reichverzierte Kanzel von 1826 ins Auge. Zu der Gemeinde Risch gehört ebenfalls das verträumte **Buonas** mit hübscher Seepromenade.

Urgeschichtliche Funde, darunter Reste von Pfahlbauten, bezeugen, daß das Seeufer bereits in der Bronze- und Eisenzeit besiedelt war. Später ließen sich an den Gestaden des Zuger Sees die Römer nieder.

Zwischen Risch und Buonas wagt sich eine mit Buchten bestandene Landnase, vom 11.–15. Jh. Sitz des noblen Rittergeschlechtes der Buonas, keck in den See hinaus. 1478 ein Raub der Flammen geworden, wurde die Anlage sofort wieder aufgebaut und im 17. und 18. Jh. teilweise umgestaltet. Ein Blick auf die vornehme Residenz, die für die Öffentlichkeit leider nicht zugänglich ist, lohnt sich in jedem Fall.

🛏 🍴 Hotel/Restaurant: Waldheim ($$–$$$), in Risch, ✆ 799 70 70, Fax 799 70 79: Nähe See, von Wiesen und Wald umgeben, Restaurant ($$–$$$) mit Marktküche, Fisch, vegetarischen Gerichten, Gartenrestaurant.

🏃 Aktivitäten/Sport: Golfpark und größte Golfschule der Schweiz in Holzhäusern (✆ 799 70 10), rund 2 km nordwestlich von Buonas.

»Curtis de chama« hieß die Siedlung in der Zeit der Karolinger, als **Cham** wurde die älteste Gemeinde des Kantons Zug durch den heutigen Weltkonzern Nestlé bekannt. Der Ort liegt wie die beiden anderen großen Siedlungen des Kantons, Zug und Baar, in der ausgedehnten

---

»Durch diese hohle Gasse ...«

Ebene zwischen Reuss und Zugerberg. Seine Industriegeschichte begann bereits Mitte des 17. Jh. mit einer Papiermühle. Doch Cham ist mehr als ein Industriestandort. Für die Bewahrung und den Ausbau der herrlichen Freiräume am Wasser wurde die Gemeinde im Jahr 1991 mit dem Wakkerpreis des Schweizerischen Heimatschutzes ausgezeichnet. Großzügige Parkanlagen, moderne Sporteinrichtungen und zahlreiche Feste ziehen viel Publikum an, die noble Villa Vilette aus dem 19. Jh. ist heute Kultur- und Begegnungszentrum.

Wahrzeichen von Cham ist der mit spitzem Helm besetzte gotische Turm der Kirche St. Jakob aus dem Jahr 1796, deren Innenraum durch seine Weite und viel Licht besticht. In einer Nische ruht der »namenlose heilige Bischof von Cham«. Der Legende nach soll es sich um einen niederländischen Pilger gehandelt haben, welcher sich um das Jahr 1000 auf dem Weg aus seiner Heimat nach Einsiedeln in Cham niedergelassen und vor dem Kirchenaltar den Schwächetod erlitten hatte. Sein Messegewand soll Wunder vollbracht haben, an seinem Grab fanden sich lange Zeit verzweifelte und kranke Menschen ein.

Auf einer Landzunge am See beherrscht das pittoreske **Schloß St. Andreas** seine umfangreiche, besterhaltene Burganlage. Die Schloßkapelle von 1488 ruht auf karolingischen Grundmauern. 1282 erstmals erwähnt und später mehrmals erweitert und umgebaut, war die Festung im Mittelalter eines der zahlreichen Besitztümer der Ritter von Hünenberg. Deren Stammburg steht, heute eine Ruine, in **Hünenberg,** ca. 2 km westlich von Cham. Nördlich von Hünenberg prangt auf einem Hügel das gotische, prachtvoll ausgestattete Kirchlein **St. Wolfgang** aus dem Jahr 1475. Die ehemalige Wallfahrtsstätte wurde aus den Steinen einer römischen Villa errichtet und beeindruckt mit bedeutenden Fresken, einem großartigen Sakramentshäuschen, schönen Glasmalereien und einem reichgeschnitzten spätgotischen Chorgestühl.

Information: Intens-Travel, Dorfplatz 6, 6330 Cham, ☎ 780 32 22, Fax 780 90 39.

Hotel: Lorze ($$$), ☎ 780 40 50, Fax 780 45 55: Zentral gelegen, Nichtraucherzimmer.

Restaurants: Villette ($$), ☎ 780 55 36: Fischküche und finnische Spezialitäten im romantischen Park am See, kinderfreundlich. **Riccardo's Casa della Pasta** ($$), ☎ 780 64 50: Alte calabresische Küche in Hünenberg, abends Show-Küche, großes Weinangebot, schöne Terrasse. **Raben** ($–$$$), ☎ 780 13 12: Gemütlich, Schweizer und italienische Gerichte, Fisch- und Krustentiere, gedeckte Gartenterrasse. **Schiess** ($–$$), ☎ 780 11 87: Schmuckes, altes Bauernhaus, gutbürgliche Küche, eigene Weinhandlung. **Wartstein** ($–$$), ☎ 780 12 92: Gemütliches Landbeizli im Grünen in Hünenberg, Grillspezialitäten, Schweizer Landweine, Gartenterrasse mit Aussicht.

Wirtschafts- und Steuerparadies Zug

Die Zuger Behörden wissen die verkehrstechnisch günstige und landschaftlich reizvolle Lage ihrer Stadt seit jeher geschickt zu nutzen: Unternehmerfreundliche Steuergesetze ziehen finanzstarke Firmen und wohlhabende Privatpersonen an, so lebt etwa der Bestsellerautor Johannes Mario Simmel seit Jahrzehnten am Zuger See.

Zug gilt als Steuerparadies der Schweiz. In den übrigen Kantonen haben die Einwohner bis doppelt so viel oder noch mehr staatliche Abgaben zu entrichten, statistisch gesehen sind die Zuger – übrigens auch jene Hälfte der Kantonsbevölkerung, die außerhalb des Hauptortes lebt – daher die reichsten Schweizer. Der einen Freud ist allerdings der anderen Leid: Den niedrigen Steuern stehen hohe Lebenshaltungskosten gegenüber. In den letzten Jahren häufen sich die Klagen, für Familien und Einzelpersonen mit Durchschnittseinkommen sei Zug nahezu unerschwinglich geworden.

Von den speziellen Steuerprivilegien profitieren schweizerische Aktiengesellschaften, vor allem aber ausländische oder zumindest von ausländischen Geldgebern dominierte Holding-Unternehmen. Neben gut 90 000 Einwohnern sind heute rund 16 000 Unternehmen im Kanton ansässig. Zu den etwa 7000 ausländisch beherrschten Domizilgesellschaften aus dem Industrie- und Dienstleistungssektor gehören etliche Vertreter der weltweit größten Handelsfirmen. Der kleine Kanton ist heute einer der bedeutendsten Handelsplätze und der viergrößte Öl-Umschlagplatz der Welt! Von Zug aus tätigen international bekannte Apparatebauer, Buntmetallverarbeiter, Kaffeeröster und Vertreiber anderer Handelsgüter bedeutende Geschäfte in allen Kontinenten. Wer in Zug ansässig ist – dies gilt für ausländische wie für Schweizer Unternehmen – hat hier allerdings nicht automatisch auch ein Büro: Manche Firmen, darunter auch alles andere als seriöse Unternehmen, unterhalten in Zug lediglich einen Briefkasten.

Wandern: Ausgedehntes Wandernetz in intakter Landschaft mit zahlreichen hübschen Weilern und bemerkenswerten Bauernhöfen aus dem 17. Jh. rund um Hünenberg, St. Wolfgang und im übrigen Hinterland von Cham.

Zug, Kantonshauptort am nordöstlichen Ende des Zuger Sees, ist Weltstadt *en miniature:* Beschaulich heitere Kleinstadt und pulsierende Wirtschaftsmetropole zugleich, mit

Zuger Altstadt mit Zytturm

intakter Altstadt, sehenswerter Architektur, schönen Quaianlagen und herrlichem Ausblick über den See.

1242 vom Geschlecht der Kyburger gegründet und wenig später von den Habsburgern geerbt, trat das Städtchen 1352 mit seinem Hinterland der noch kleinen Eidgenossenschaft bei. In den Jahren 1435, 1594 und 1887 ließen heftige Hochwas-

ser ganze Teile der Altstadt in den Fluten des Sees versinken. Der Siedlungskern jedoch, ein prächtiges Beispiel mittelalterlicher Stadtplanung, hat die Jahrhunderte unbeschadet überdauert. Noch beschützt ein ansehnlicher Teil der alten Stadtmauer die idyllischen Gäßchen, verträumten Winkel und kleinen Plätze mit ihren Brunnen, Boutiquen, Kunstgalerien und Restaurants. Die prächtigen, über die Jahrhunderte gepflegten spätbarocken Bürgerhäuser zeugen vom Reichtum der alten Zuger, erworben in Kriegsdiensten für fremde Herren und mit erfolgreichen Handelsgeschäften. Seit dem 16. Jh. hüten Pulver-, Huwiler-, Knöpfli- und Kapuzinerturm die Stadteingänge, drei mittelalterliche Türme prägen den inneren Befestigungsring. Der imposanteste unter ihnen, der markante Zytturm aus dem 15. Jh., ist mit seinem blauweißen Dach und der astronomischen Uhr das Wahrzeichen von Zug. Er bewacht den Kolinplatz, das Herz der Altstadt mit dem Brunnen des Bannerträgers Wolfgang Kolin, dem historischen Hotel Ochsen von 1543, dem Stadthaus und stattlichen Riegelhäusern.

Das prächtige Rathaus aus dem Jahr 1505 steht an der Untergasse, der kleine Ratsaal (1507) ist prunkvoll getäfelt, der große Renaissance-Saal weist kostbare Holzschnitzereien und Glasmalereien auf. Einige Schritte weiter birgt die gotische Liebfrauenkapelle sehenswerte Deckenmalereien und das Kanonenhaus aus dem 16. Jh. filigrane Grisailledekorationen. Das ehemalige Korn- und Kaufhaus aus dem 15. Jh., ein stolzer Riegelbau an der Untergasse 14, dient heute als **Kunsthaus** (Di–Fr 12–18, Sa/So 10–17 Uhr) und zeigt Wechselausstellungen von Gegenwartskunst und Sammlungen des Schweizer Surrealismus und der Phantastik. Gleich nebenan steht das **Fischereimuseum** (geöffnet nur auf Anfrage: ✆ 711 91 30 oder 741 87 19) mit einer kleinen Sammlung von Fischen und Vögeln des Zuger Sees.

Die von 1487 bis 1545 errichtete dreischiffige St.-Oswalds-Kirche mit ihrem mit prachtvollen Skulpturen besetzten Hauptportal gilt als eines der reizvollsten spätgotischen Gotteshäuser der Schweiz. Oberhalb der Kirche beherbergt bei der Ringmauer die sogenannte »Burg« aus dem 13. Jh. das **Museum in der Burg** (Di–Fr 14–17, Sa/So 10–12 und 14–17 Uhr). Die kulturgeschichtliche Sammlung der Stadt und des Kantons Zug zeigt in ihren Räumen kirchliche Kunst, historische Zimmer, Kunsthandwerk und Staatsaltertümer. Im **Afrika-Museum** an der St.-Oswalds-Gasse 17 (Mo–Fr 9–11.30 und 14–17 Uhr) kann man Masken und Fetische aus Zentralafrika, Musikinstrumente, Schmuck, Arbeits- und Jagdwerkzeuge bewundern. Unweit des sehenswerten barocken Kapuzinerklosters aus dem 16. Jh. mit einer Kirche von 1676 weist an der Hofstrasse 15 das **Kantonale Museum für Urgeschichte** (Di–So 14-17 Uhr) archäologische Funde aus dem Kanton Zug auf, darunter Ausgrabungsstücke neolithischer Seeufersiedlungen und eines römischen Gutshofes.

Die ältesten Häuser der Stadt drängen sich südlich vom großzügigen, mit Cafés und Restaurants bestandenen Landsgemeindeplatz eng am Seeufer entlang. An der angrenzenden **Schiffstation** laufen die Passagierschiffe zu Rund- und Ausflugsfahrten sowie kulinarischen Abendkursen aus. Von der Uferpromenade bietet sich ein großartiger

Blick auf Rigi, Pilatus, Eiger, Mönch und Jungfrau.

ℹ Information: Zugerland Tourismus, Alpenstr. 16, 6304 Zug, ✆ 711 00 78, Fax 710 79 20. Schiffahrtsgesellschaft, ✆ 726 24 24.

🛏 Hotels: Ochsen ($$$$), ✆ 729 32 32, Fax 729 30 32: Schon Goethe und andere Berühmtheiten residierten in dem historischen Haus am Kolinplatz. **Guggital** ($$$–$$$$), ✆ 711 28 21, Fax 711 14 43: Im Grünen oberhalb von Zug, herrlicher Ausblick, Bushaltestelle vor der Tür. **Rosenberg** ($$$), ✆ 711 43 43, Fax 711 72 78: Über der Stadt gelegen, Ausstellung über Bienen und Bienenzucht. **Zugertor** ($$$), ✆ 729 38 38, Fax 711 32 03: Nähe Bahnhof, familiär, gutes Preis-Leistungs-Verhältnis. **Löwen au Lac** ($$–$$$), ✆ 711 77 22, Fax 711 67 41: Direkt am See neben Schiffstation.

🏕 Jugendherberge: Jugendherberge, Allmendstr. 8, ✆ 711 53 54, Fax 710 51 21.

🏕 Camping: Campingplatz »Innere Lorzenallmend« am Zuger See, ✆ 741 84 22.

🍴 Restaurants: Golden Dragon ($$$), ✆ 711 20 10: Chinesisch in der Altstadt. **Rössli** ($$), ✆ 710 96 36: Gutbürgerliche Küche und reichhaltiges Angebot, an der Quaianlage am Zuger See gelegen. **Ratshauskeller** ($$$), ✆ 711 00 58: Kreative Marktküche, der obere Stock zählt zu den gediegensten Gourmettempeln der Schweiz. **Widder** ($$), ✆ 711 03 16: Eines der ältesten Lokale der Stadt, Gartenbeizli mit Seesicht, Pasta, Pizza, Spezialitäten aus Südafrika und Sri Lanka. **Gotthardhof** ($$), ✆ 711 02 73: Nähe Bahnhof, modernes

Interieur, Meerfisch- und Krustenspezialitäten. **Fischmärt** ($$), ✆ 711 90 91: Altstadt-Treff der Zuger Jugend. **Aklin** ($$), ✆ 711 18 66: Fisch- und Fleischspezialitäten neben dem Zytturm, viel Cachet, Altstadtsicht. **Taberna la Paloma** ($-$$), ✆ 711 32 66: Spanische Spezialitäten in der Altstadt, kleine Terrasse mit herrlicher Seesicht.

🌴 Einkaufen: Zuger Kirschtorte und Kirschstengeli (mit Kirsch gefüllte Schokoladenstäbchen) in den Confiserien der Innenstadt.

🎭 Veranstaltungen: Theater Casino (Schauspiel, Ballett, Konzert, Musical). Feb.: Fasnacht mit »Greth Schell« (begleitet von johlenden Kumpanen trägt die alte Frau ihren betrunkenen Mann im Rückenkorb durch die Stadt). Anfang Sept.: Größter Viehmarkt der Innerschweiz.

Offene Wiesen, breite Waldwege, schöne Moorlandschaften und herrliche Bergsicht – der sanft vom See ansteigende **Zugerberg** (1039 m) ist ein Erholungsgebiet par excellence. Im Sommer kommen Wanderfreunde und Ausflügler auf ihre Kosten, auf den langgezogenen Höhen sind zahlreiche Feuerstellen und Naturspielplätze zu entdecken. Im Winter gehört der Zuger Hausberg ganz den Langläufern und Schneewanderern.

🍴 Restaurant: Zugerberg ($–$$), ✆ 711 05 06: Aussichtsrestaurant, Sonnenterrasse, Grill-Stübli.

🚶 Wanderungen: Ein ausgedehntes Wanderwegnetz erstreckt sich im Osten bis hinab zum Zuger See, im Westen ins Ägerital mit Ägerisee.

Schmal ist der Streifen, der am Ostufer des Zuger Sees die oft kurvenreiche, landschaftlich herrlich gelegene Straße vom Wasser trennt.
Durch Büsche und Zäune hindurch
sind etwas tiefer liegend am See Fi-
scher- und Bauernhäuser auszumachen. Geschützt von Zuger-, Walch-
wiler- und Rossberg bringt das bis in
den Spätherbst milde Klima Kastanien, Reben, Feigen und Oleander
hervor. Gemüsekulturen und die
vielen Obst-, vor allem Kirschbäume, liefern reiche Erträge. Zu Füßen
von Zuger- und Walchwilerberg
schmiegt sich in einer windgeschützten Bucht das Dorf **Walchwil**
an den Hang. Vor allem als kulinari-
sches Ausflugsziel bekannt, präsentiert sich der Ort mit etlichen alten,
teils mit Blumen und einladenden
Wirtshausschildern herausgeputzten
Gasthäusern.

Information: Verkehrsbüro,
Dorfstr. 2, 6318 Walchwil,
✆ 758 29 39.

Hotel: Aesch ($$), ✆ 758 11 26,
Fax 758 24 80: Ruhig über dem
See, Zimmer mit Rundsicht, großer Gar-
ten, Kinderspielplatz.

Restaurants: Grafstatt ($$–$$$),
✆ 758 11 35: Gepflegt und gemüt-
lich, Fisch in zahlreichen Variationen,
Terrasse mit Seesicht. **Zugersee** ($$–$$$),
✆ 758 17 77: Saisonküche, Fisch, feine
Desserts, Terrasse mit Seesicht. **Sternen**
($$–$$$), ✆ 759 04 44: Uraltes Holz-
haus mit authentischer Ausstattung,
Marktküche, feiner Fisch, etwas außer-
halb des Ortes. **Hörndli** ($$–$$$),
✆ 758 11 15: Historisches Gebäude

direkt am See, Gartenrestaurant, schöne
Aussicht.

In der Gegend von **Arth** am südli-
chen Ende des Zuger Sees sollen
bereits Alemannen gesiedelt haben,
später residierten hier Könige ver-
schiedener Geschlechter. Reste der
von den Eidgenossen errichteten
Talsperren erinnern an die Abwehr
der Herrschaftsgelüste von Öster-
reichern und lokalen Adeligen im frü-
hen 14. Jh. Turbulente Zeiten waren
dem Ort während der Reformation
beschieden: Im Gegensatz zum
weitaus größten Teil der Inner-
schweizer gedachte Arth sich zu re-
formieren. Daß schließlich den-
noch die konservativen Kräfte die
Oberhand gewannen, war nicht zu-
letzt dem Einfluß des Kapuzinerklo-
sters, welches bewußt in dieser
Zeit, genau 1656, im »Ketzerherd«
errichtet worden war, zu verdan-
ken. Die schmucke Rosenkranz-
Madonna in der Klosterkirche ist
ein Werk der ersten Schweizer Ma-
lerin, Eva ab Yberg, aus dem frühen
17. Jh.

Vor der Eröffnung der Eisenbahn-
linie durch den Gotthard war Arth
bedeutender Warenumschlagplatz,
u.a. auch Umschlaghafen des na-
hen Städtchens Schwyz. Einst aus
schönen Holzhäusern bestehend,
war Arth im 18. Jh. von zwei Feuer-
sbrünsten nahezu ganz eingeäschert
worden. Als vorbeugende Maßnah-
me gegen weitere verheerende
Brandkatastrophen wurde fortan
ausschließlich mit Stein gebaut.
Heute lockt das Dorf mit einem

schön erhaltenen Ortskern – lohnenswert ist ein Blick auf das Rathaus aus dem 17. Jh. – und reizvollen Quaianlagen.

1694 etwas abseits des Ortes errichtet, bedeutete die mächtige Pfarrkirche den Auftakt zur bedeutenden sakralen Barockarchitektur in den Urkantonen und gilt noch heute als eines der imposantesten Innerschweizer Gotteshäuser; ihr

Turm hingegen stammt von einem mittelalterlichen Vorgängerbau.

Information: Verkehrsverein, Rathausplatz 3, 6415 Arth, ☎ 855 42 42.

Hotels: Rössli ($–$$), ☎ 855 11 10, Fax 855 13 35: Klein und freundlich beim Hauptplatz am See. **Hofmatt** ($–$$), ☎ 855 10 33, Fax 855 21 70: Nähe See, kinderfreundlich, hübscher Garten. **Adler** ($–$$), ☎ 855 12

Arth mit den Mythen im Hintergrund

Von Zug an den Ägerisee

Mit der Stadt Zug zusammengewachsen, liegt in der oberen Lorzeebene – der Kornkammer des Zuger Landes – **Baar,** die zweitgrößte Gemeinde des Kantons. Auf dem sagenumwobenen, seltsam stumpfen Felsen Baarburg siedelten vermutlich bereits die Kelten. Am südwestlichen Hang wurden Funde aus der Römerzeit geborgen, und im Mittelalter war die Festung auf der Kuppe, deren Überreste noch zu sehen sind, Sitz der Edlen von Baar. Der Ortskern besteht aus stattlichen, stilecht renovierten Bürgerhäusern sowie dem Rathaus, einem hübschen Riegelbau aus dem 17. Jh. Die St. Martinskirche von 1771 mit wuchtigem Glockenturm aus romanischer Zeit wurde an der Stelle einer römischen Niederlassung und auf den Fundamenten mehrerer Vorgängerbauten, der erste unter ihnen aus merowingischer Zeit, errichtet. Das gotische Beinhaus stammt aus dem Jahr 1508. Auf dem Friedhof steht eine hübsche, mit Fresken geschmückte Kapelle aus dem 14. Jh.

Im Frühling überziehen blühende Obstbäume die Landschaft mit einem weißrosa Schleier, im Städtchen wird das Steinobst von mehreren Schnapsbrennereien in Hochgeistiges verwandelt. Noch sind in Baar

50, Fax 855 28 79: Historisches Gebäude am See, schon vor Jahrhunderten Herberge mit Warenumschlagplatz.

Restaurants: Rössli ($$), ✆ 855 11 10: Traditionelle und fernöstliche Küche. **Hofmatt** ($$), ✆ 855 10 33: Bekannte Fischküche, Gartenterrasse.

Wanderungen: Viele gute Wandermöglichkeiten, z. B. über Blatten- und Zingelalp nach Rigi-Kulm (4 Std.)

»Alle meine Entlein«: Am Ägerisee

---

intakte Ansiedlungen von Bauernhäusern zu entdecken. Die ehemalige Bauerngemeinde ist jedoch, vor allem dank der Wasserkraft der Lorze, längst zum Industrieort geworden (größtes Unternehmen ist der weltweit bekannte Spielzeugfabrikant Lego) und weist heute modernste Geschäftshäuser auf. Die alten Produktionsgebäude der 1854 am Fluß eröffneten Spinnerei sind Vertreter früher Industrie-Architektur.

Mitten im wildromantischen Lorzetobel sind in lichtem Wald die **Höllgrotten** (April bis Okt. 9–12 und 13–17.30 Uhr, Autobus ab Zug über Menzingen, 15 Min. zu Fuß) zu entdecken. Auf gut beleuchteten Wegen kann man die Schönheit der Höhle bewundern: In großartigen Farben und Formen präsentieren sich hier Tropfsteingebilde und Kalkablagerungen.

 Information: Verkehrsbüro, Leihgasse 2, ✆ 761 15 68, Fax 760 36 20.

Camping: Campingplatz Höllgrotten, ✆ 761 83 70.

Restaurants: Brauerei ($–$$), ✆ 761 15 85: Stimmungsvolle Beiz im Areal der Bierbrauerei, breites Angebot, Gartenterrasse, gutes Preis-Leistungs-Verhältnis. **Time** ($–$$), ✆ 760 84 40: Euro-asiatische und Schweizer Spezialitäten in exotischer Ambiance im Industriegebiet. **Höllgrotte** ($–$$), ✆ 761 66 05: Ausflugsrestaurant bei den Höllgrotten.

Wanderungen: Vom Ägerisee durchs Lorzetobel über Baar und Cham ins Aargauer Reusstal verläuft der 30 km lange Industriepfad Lorze. Auskünfte und eine Broschüre sind erhältlich beim Verein Industriepfad Lorze in Zug, ✆ 712 00 21. Wer den Lehrpfad per Velo zurücklegen will, kann beim Veloverleih Baar an der Rathausstraße 4a in Baar, (✆ 761 33 35), kostenlos ein Fahrrad mieten.

»Sonnental« nennen die Einheimischen ihre liebliche Heimat: Dank seinem außerordentlich milden Heilklima hat sich das nebelfreie, von Höhenzügen umfangene, voralpine **Ägerital** schon früh zum beliebten Kur-, Erholungs- und Feriengebiet entwickelt, ist jedoch bis heute ländlich geblieben. Rund um den malerischen, in die Talmulde eingebetteten **Ägerisee** sind seit dem ausgehenden 19. Jh. zahlreiche Kurhäuser, Pensionen, Alters- und Kinderheime in Betrieb genommen worden, später sind Hotels, Ferienhäuser und ein vielseitiges Freizeitangebot dazugekommen: Am See locken Uferpromenaden, an den Talflanken und in den weiten Wäl-

Naturparadies in der Unterwelt

»D'Höll« im Lorzetobel

Wo am Eingang zum lauschigen Lorzetobel Krokodil und Schildkröte hausen, ist kein Tierpark, sondern das 7 km lange System der Höllgrotten zu erkunden. »D'Höll«, wie sie von den Einheimischen genannt wird, erschließt auf gut angelegten Wegen die Unterwelt – jedoch nicht die Hölle, sondern ein Paradies.

Die ersten Schritte im nach Moder riechenden Eingangsstollen sind noch unheimlich. Doch dann weitet sich unvermittelt die »Feengrotte« und präsentiert das »Fischernetz«, eine phantastische Moosversteinerung. In den nachfolgenden großen Hallen und kleineren Räumen sind weitere Tropfsteininformationen in erstaunlich vielen Formen und Farbnuancen zu entdecken. Da sind zierliche kleine, aber auch riesengroße Gebilde – etwa Stalagmiten in Form von mächtigen Säulen – anzutreffen. Von den Höhlendecken hängen stumpfe und spitze Stalaktiten, an den Wänden hat stetige Wasserberieselung vorhang- oder rippenähnliche Sintergebilde hervorgebracht, da und dort tauchen imposante Skulpturen oder bizarre blumenkohlartige Formationen auf. So faszinieren in der »Korallenschlucht« herrliche Tropfsteine in Form von Trauben, in einem kleinen Teich in der »Nymphenquelle« der »Bienenkorb« und die »Schildkröte«, in der »Wurzelgrotte« die versteinerten Wurzeln eines Bergahorns. Das »Krokodil«, Bewacher des »Doms«, der größten Höhle des Systems, entpuppt sich bei genauem Hinsehen als versteinerter Baumstamm.

Das prächtige Innenleben der Höllgrotten ist letztlich ein Werk der Lorze. Im Laufe von rund 20 000 Jahren haben die stark kalkhaltigen Quellen des Flusses in der Schlucht mächtige Tufflager gebildet. Das langsam fließende Wasser sickerte in die unterirdischen Hohlräume ein, der mitgeführte Kalk lagerte sich ab und verwandelte sich nach und nach in die herrlichen Tropfsteinskulpturen. Entdeckt wurden die Höllgrotten Ende des 19. Jh. beim Abbau von Tuff, damals ein beliebtes Baumaterial. Reichtum, Schönheit und Mannigfaltigkeit der Tropfsteingebilde und der besonders interessante geologische Hintergrund haben ihnen den Ruf der schönsten Schweizer Höhlen eingetragen.

Die Höllgrotten sind mit Bus, Auto, Rad oder zu Fuß erreichbar und von April bis Oktober, 9–12 und 13–17.30 Uhr, geöffnet. Wenige Meter vom Höhleneingang steht ein Waldrestaurant mit Gartenwirtschaft, am Waldrand sind schöne Picknickplätze angelegt.

dern bis hinauf in die Steilhänge existiert ein gut markiertes, vielfältiges Wanderwegnetz. Die Gegend ist zu jeder Jahreszeit attraktiv: Im Sommer öffnet der Ägerisee seine Strandbäder und bietet ideale Voraussetzungen für Ruder-, Segel- und Surfbegeisterte, von Mitte April bis Mitte Oktober kreuzen kleine Passagierschiffe den See. Im Frühling verzaubert die Kirschblüte das Land, im Herbst färben sich die Bäume tiefrot, und im Winter genießen Langläufer das stille Tal.

Nachdem in **Unterägeri** 1834 die erste Baumwollspinnerei des Tales in Betrieb genommen worden war, prägte bald die Textilindustrie den Ort. Heute ist das weitverzweigte Dorf am Nordfuß des Rossbergs beliebter Erholungs- und Ferienort.

ⓘ Information: Verkehrsbüro Unterägeri, Seestr. 10, 6314 Unterägeri, ✆ 754 61 61; Fax 754 61 71.

🛏✕ Hotel/Restaurant: Lindenhof ($$), ✆ 750 11 88, Fax 750 52 98: Im Dorfzentrum, klein, Nähe See und Strandbad, rustikal-gemütliches Restaurant ($–$$$) mit feiner Saisonküche, Fisch- und Wild aus eigener Jagd, schöne Gartenwirtschaft.

⛺ Camping: Campingplatz am See, ✆ 750 39 28: Ganzjährig geöffnet, Aufenthaltsraum und großer Kinderspielplatz.

🚶 Wanderungen: Über insgesamt 25 km verläuft rund um den Ägerisee ein geruhsamer Rundweg am Ufer entlang, aber auch auf die Muetegg

(1210 m), zu etlichen weiteren Aussichtspunkten und an mehreren Feuerstellen vorbei. Viele Wegstrecken können mit Schiff oder Bus zurückgelegt werden. Ein Prospekt mit Karte ist im Verkehrsbüro erhältlich.

Ebenfalls ein bekannter Ferienort, hat das Dorf **Oberägeri** seinen ursprünglichen ländlichen Charakter bis heute weitgehend bewahrt. An den Hängen grüßen gedrungene Bauernhäuser, im Dorf lohnt ein Besuch des Beinhauses mit seinen alten Fresken neben der neugotischen Kirche. Bedeutendes Beispiel für frühe Haus- und Wohnkultur im Kanton Zug ist das Pfrundhaus aus dem Jahr 1425. Im Zurlaubenhaus aus dem Jahr 1574 trugen sich einst die Söldner in die Werbelisten ausländischer Regenten und Heerführer ein.

ⓘ Information: Verkehrsbüro Oberägeri, Mitteldorfstr. 2, 6315 Oberägeri, ✆ 750 24 14, Fax 750 24 43.

🛏 Hotels: Seepark ($$$–$$$$), ✆ 750 18 55, Fax 750 56 29: Ruhig am See, Schiffssteg, Park mit Liegewiese, Suiten für bis zu 6 Personen, Wasserskischule, Dancing. **Eierhals** ($-$$), ✆ 750 50 50, Fax 750 50 63: Gemütlich und einfach, direkt am See mit Gartenterrasse.

✕ Restaurants: Gulm Da Carlo ($$–$$$), ✆ 750 12 48: Italienische Küche in altem Bauernhaus mit Wintergarten, Terrasse und Seesicht. **Seepark** ($$–$$$), ✆ 750 18 55: Französische Gourmetküche und internationale Spezialitäten. **Eierhals** ($$), ✆ 750 50 50:

Spezialität des Hauses ist fangfrischer Fisch.

 Wanderungen: Wanderwege führen auf die nahen Anhöhen von Raten, Gottschalkenberg und Gubel. Von Raten nach St. Jost vermittelt ein 5 km langer, beschilderter Naturlehrpfad Einblicke in Wald, Wild, Jagd und Vogelwelt. Broschüre bei der Korporationskanzlei Oberägeri, ✆ 750 13 31.

»Hütet euch am Morgarten«, soll anno 1315 ein Zettel an einem Pfeilgeschoß die Eidgenossen gewarnt haben. Ob der heiße Tip dazu beigetragen hat, daß das Heer der Österreicher an der Pforte von **Morgarten** am Übergang ins schwyzerische Sattel vernichtend geschlagen wurde, ist nicht verbürgt. Tatsache ist, daß die für die eidgenössische Unabhängigkeit entscheidende Schlacht gleichzeitig die kürzeste und schrecklichste war – und einer List zu verdanken: Zahlen- und ausrüstungsmäßig den Habsburgern weit unterlegen, warfen am 13. November die Eidgenossen aus der Höhe Baumstämme und Felsblöcke auf das arglos durch die Enge marschierende feindliche Ritterheer hinab, unbeschreibliche Panik brach aus. Reiter und Pferde flohen, soweit möglich, Richtung Ägerisee zurück, wo sie ertranken oder im Sumpf versanken. Die in der Enge verbliebenen Pferde brachen aus, trampelten die eigenen Herren nieder. Die restlichen Truppenteile wurden von den mittlerweile heruntergeeilten Eidgenossen mit fürchterlichen Handwaffen niedergemetzelt. Im Buech-

wäldli über dem See erinnert das Schlachtdenkmal und eine Kapelle aus dem Jahr 1603 mit modernen gemalten Schlachtszenen an jenen denkwürdigen Tag.

Hotel: Morgarten ($$), ✆ 750 12 91, Fax 750 59 49: Gemütlicher Gasthof am See, Terrasse mit Seesicht, Kinderspielplatz.

Restaurants: Morgarten ($$), ✆ 750 12 91: Fisch in vielen Variationen, Pilzspezialitäten. **Buechwäldli** ($–$$), ✆ 750 12 94: Neben Morgarten-Denkmal, Wintergarten und Terrasse mit Seesicht, Fischspezialitäten.

Veranstaltungen: 15. November: Schlacht-Gedenkfeier.

Schlachtdenkmal Morgarten

Durch den Kanton Schwyz

Schwyz und Lauerzer See

Heidemoor und Wallfahrtsort:
Kloster Einsiedeln und
Umgebung

Vom Sihl- und Wägitaler See
zum wildromantischen
Hoch-Ybrig

Im abgeschiedenen Muotatal

Höhlenexpeditionen im
Hölloch

Am Wägitaler See

Weiträumig und landschaftlich abwechslungsreich präsentiert sich der Kanton Schwyz, entsprechend vielfältig ist sein Angebot: Zu den Höhepunkten dieser Route zählen der Hauptort Schwyz und das berühmte Kloster Einsiedeln, die beiden Gipfel der Mythen, Lauerzer, Sihl- und Wägitaler See, das Hochmoor von Rothenthurm, die Sommer- und Wintersportzentren Hoch-Ybrig und Stoos und schließlich das wilde Muotatal mit dem berühmten Hölloch.

Glaubt man der Legende, so sollen im 6. Jh. schwedische Auswanderer unter der Führung eines gewissen »Suit« nach einer Hungersnot die Ebene des heutigen Städtchens Schwyz besiedelt haben. Belegt ist, daß seit Menschengedenken im sogenannten Inneren Land Schwyz freie Talleute gelebt hatten. Sie bildeten mehr als die Hälfte der Bevölkerung und bewirtschafteten in Zusammenarbeit mit den Vertretern und Lehensleuten der auswärtigen Herrscher weite Teile an Weideboden und Wäldern. Ihrer frühen und anhaltenden Eigenständigkeit mag es zu verdanken sein, daß man im Mittelalter allen Eidgenossen den Oberbegriff Schwyzer gab. Aus den Schwyzern und Schwyz wurden schließlich die Schweizer und die Schweiz.

Mit seinen Kalk- und Nagelfluhformationen ist Schwyz ein typischer Voralpenkanton. Im Westen reicht er an Vierwaldstätter und Zuger See, im Norden wird er vom Zürichsee begrenzt. Das übrige, von Bergtälern geprägte Landesgebiet

grenzt an die Kantone Uri und Glarus. Während der Flecken Schwyz seit jeher politisches Zentrum war, prägte Einsiedeln, der zweitgrößte Ort des Kantons, das religiöse Leben. Das Kloster Einsiedeln hat – neben der alten Gotthardroute am Vierwaldstätter See – auch seinen Beitrag zu einer frühen touristischen Erschließung des Kantons geleistet: Auf seit rund tausend Jahren begangenen Pilgerwegen lernten Wallfahrer aus dem In- und Ausland schon früh die Gegend kennen. Schließlich brachten Passagierschiffe auf dem Vierwaldstätter See und die Gotthardbahn die Entwicklung der ersten Kur- und Ferienorte mit sich.

Von Schwyz zum Lauerzer See und nach Goldau

Zur Zeit der Merowinger von Alemannen besiedelt, wurde der Flecken »Suittes« am Fuß der beiden Mythen 972 zum ersten Mal urkundlich erwähnt. **Schwyz,** wohlhabender Hauptort des gleichnamigen Kantons, hat der Schweiz den Namen gegeben, seine Geschichte hat jene der Eidgenossenschaft bedeutend mitgeprägt, noch lange nach der Gründung der Eidgenossenschaft war der Ort politisches Zentrum der Urschweiz. Dies doku-

mentiert an der Bahnhofsstraße 20 auch das nationale **Bundesbriefmuseum** (✆ 819 20 64, Mai–Sept. 10–11.30 und 14–17, Okt. bis April 10–11.30 und 14–16 Uhr). Hier ist der Bundesbrief aus dem Gründungsjahr 1291 der Eidgenossenschaft zu besichtigen – er hat noch heute seine Gültigkeit! Aber auch weitere kostbare Dokumente, aufschlußreiche Fresken und eine großartige Sammlung von jahrhundertealten Bannern und Fahnen, die zu

Kanton Schwyz

den wertvollsten Europas zählt, sind im Bundesbriefarchiv untergebracht.

Schon im Mittelalter galten die Schwyzer als erfolgreiche Händler, vor allem von Vieh und Obst. Zum Wohlstand trugen aber auch jene Männer bei, die für fremde Herren Kriegsdienste leisteten und nach ihrer Heimkehr mit ihrem Sold stattliche Wohn- und Repräsentierbauten errichteten. Diese zahlreichen, architektonisch vielfältigen Herren- und Patrizierhäuser prägen noch heute Zentrum wie Peripherie. Das prachtvolle Rathaus aus dem Jahr 1642, außen mit Freskenmalereien aus der Schweizer Geschichte geschmückt, birgt kostbare holzvertäfelte Decken und farbige Kabinett-

---

Wandgemälde der Morgarten-Schlacht am Rathaus von Schwyz

scheiben und, im prunkvoll ausgestatteten Ratssaal, die Porträts sämtlicher Schwyzer Landammänner. Die barock ausgestattete Pfarrkirche St. Martin aus dem Jahr 1774 ist ein Werk der Gebrüder Singer aus Tirol. Gleich nebenan lohnt sich ein Blick in die Heiligkreuzkapelle und das gotische Beinhaus. Etwas weiter präsentiert die prächtige **Ital Reding-Hofstatt,** 1609 für einen Gardehauptmann in französischen Diensten und späteren Landammann errichtet, ein typisches Beispiel für die Vereinigung von Stilelementen des traditionellen Bauernhauses mit frühbarocker Herrschaftsarchitektur; die Innenausstattung (Wohnmuseum, Mai bis Okt. Di–Fr 14–17, Sa/So 10–12 Uhr) zeugt von großem kunsthandwerklichem Reichtum. Auf dem gleichen Grundstück findet sich mit dem Haus Betlehem aus dem Jahr 1287 das nachweislich älteste hölzerne Wohnhaus der Schweiz. Gar aus dem 12. Jh. stammt der Turm des Zeughauses an der Hofmatt. Der im 18. Jh. als Kornhaus errichtete Hauptbau beherbergt das **Kantonalschwyzerische Historische Museum** (Mai bis Sept. 9–12 und 13.30–18 Uhr, Okt. und April 10–12 und 13.30–16 Uhr) mit einer Sammlung geschichtsträchtiger Feuerwaffen sowie das **Forum Schweizer Geschichte** (Di–So 10–17 Uhr), eines der modernsten Museen des Landes.

Im Vorort **Seewen** ist beim Bahnhof die **Schaukäserei Schwyzerland** (Di–Sa 9–18 Uhr, mit Restaurant) zu besichtigen: Eine moderne, computergestützte Produktionsanlage lädt zum Zuschauen und Kosten ein; in einer Original-Alpkäserei aus dem 18. Jh. kann, wer will, seinen eigenen Käse kreieren – mit Utensilien und Geräten, wie sie auf der Alp seit Jahrhunderten zum Käsen gebraucht werden.

Von **Rickenbach,** einem kleinen Ort mit stolzen Land- und Herrenhäusern ca. 1 km südöstlich von Schwyz, führt eine Seilbahn auf die aussichtsreiche Rotenfluh (Berggasthaus), einen der Ausgangspunkte für eine Mythenwanderung.

Information: Verkehrsbüro, Oberer Steisteg 14, 6430 Schwyz, ✆ und Fax 810 19 91.

Hotels: Wysses Rössli ($$$–$$$$), ✆ 811 19 22, Fax 811 10 46: Traditionsreich, schöne Räumlichkeiten, zentral. **Drei Könige** ($$), ✆ 811 24 10, Fax 811 24 20: Historisches Gebäude, klein und einfach. **Engel** ($$), ✆ 811 12 42: Einfache Zimmer, gutes Preis-Leistungs-Verhältnis. **Schwyzer Stubli** ($), ✆ 811 10 66: Wenige, gemütliche Zimmer, idyllischer Garten.

Restaurants: Wysses Rössli ($$–$$$), ✆ 811 19 22: Gourmetrestaurant, Fischspezialitäten, zwei Terrassen. **Ratskeller** ($$), ✆ 811 10 87: Wunderschönes Interieur, gilt als eine der besten Spezialitäten-Küchen der Schweiz. **Löwen** ($–$$), ✆ 811 12 38: Schweinefleisch und Rösti in unzähligen Variationen. **Schwyzer Stubli** ($–$$), ✆ 811 10 66: Ältestes Restaurant der Stadt mit sehr gemütlicher Ambiance, vielseitige Küche.

Nachtleben: Rosengarten-Bar (✆ 810 00 14) in Seewen, tolle Stimmung, Wochenend-Konzerte.

Veranstaltungen: 6. Jan.: »Greifler & Trychler«. Feb.: Fasnacht mit Narrentanz der prächtig maskierten »Nüssler«. Mitte Nov.: Martini-Märcht.

Eingebettet in stille Moore und schilfbestandenes Ried träumt der kleine, schon von Goethe euphorisch beschriebene **Lauerzer See** vor sich hin. Am westlichen Ufer schmiegt sich das freundliche Bauern- und Feriendörfchen **Lauerz** an den Nordhang der Rigi, im See lockt die kleine, mit Bäumen bestandene Insel **Schwanau.** Das beliebte Ausflugziel war zu Beginn des 14. Jh. Sitz eines ungeliebten Vogtes. Die Entführung eines Mädchens rächend, erstürmten mutige Männer aus dessen Familie in der Neujahrsnacht 1308 die Festung, brachten den Bösewicht um und zerstörten seine Raubritterburg. Übriggeblieben ist der massige Turm. Wo später die Flut eine Einsiedlerklause mitsamt Kapelle von der Insel schwemmte, befindet sich heute das Gasthaus Schwanau. Der ganze See mit Umgebung steht unter Naturschutz.

Hotels: Bauernhof ($–$$), ✆ 811 58 18, Fax 810 16 75: Im Dorfzentrum, ländliche Ambiance, freundliche Zimmer. **Rigiblick** ($), ✆ 811 54 66, Fax 811 83 13: Kleiner Familienbetrieb am See, einfache Zimmer.

Restaurants: Inselrestaurant Schwanau ($$–$$$), ✆ 811 17 57: Architektonisches Kleinod von »nationaler Bedeutung« aus dem 18. Jh., per Fähre zu erreichen. **Rigiblick** ($$–$$$), ✆ 811 54 66: Blick auf Schwanau, Rigi

Ital-Redding-Haus

und Mythen, einheimische Produkte, Fischspezialitäten. **Rössli** ($–$$$), ☏ 811 17 02: Schmucker Bau im Zentrum, Marktküche, Fisch und Wild.

Der 2. September 1806 war für **Goldau** ein schwarzer Tag: Vom Südhang des Rossberges donnerten 40 Mio. m³ Fels und Gestein zu Tale, begruben den Ort und drei weitere Dörfer unter sich, schütteten ein Viertel des Lauerzer Sees zu und forderten 457 Menschenleben. Zwar wurde Goldau rasch wieder aufgebaut, doch das Bergsturzgelände erinnert an die verheerende Katastrophe, die Abrißstelle am Berg ist deutlich zu erkennen. Das Geröllfeld ist heute mit Wald bewachsen, die riesigen Felstrümmer mit Moos überzogen, dazwischen schimmern kleine Seen. Mitten in diesem Schuttgebiet haben Hirsche, Gemsen, Rehe, Füchse, Murmeltiere und zahlreiche Raub- und Wasservögel ihr Paradies gefunden. Am Eingang des wildromantischen Naturtierparks (März bis Okt. 9–18, übrige Zeit 9–17 Uhr) dokumentiert das **Bergsturz-Museum** (Mai bis Okt. Di–So 13.30–17 Uhr) den Goldauer Bergsturz. Als rund 70 Jahre nach der Katastrophe auf Gemeindeboden die Arth-Rigi-Bahn eröffnet wurde, hatte der Name Goldau wieder eine positive Bedeutung. Mit der Fertigstellung der Eisenbahnlinie von Zürich über Zug Richtung Gotthard wurde das neue Goldau schließlich zum bedeutendsten Eisenbahnknotenpunkt der Zentralschweiz.

ℹ Information: Verkehrsverein, Sunnmatt 6, 6410 Goldau, ✆ und Fax 855 54 30.

🛏 Hotels: Rössli ($), ✆ 855 13 19, Fax 855 46 02: Gemütliches altes Bauernhaus, einfache Zimmer.

🍴 Restaurants: Bauernhof ($–$$), ✆ 855 12 13: Gemütliches ehemaliges Bauernhaus in traditionellem Baustil. **Rössli** ($–$$), ✆ 855 13 19: Herzhafte Küche, Gartenterrasse.

Von Schwyz nach Einsiedeln

»Chriesidorf« oder »Stauffacherdorf« wird der schmucke und alten Traditionen verbundene Innerschweizer Ort **Steinen** auch genannt. Der erste Name bezieht sich auf die weitläufigen Kirschenkulturen (Chriesi = Kirschen), die zur Zeit der Obstblüte einen weißen Schleier über das schöne Tal legen, der zweite erinnert an die Familie Stauffacher, ein bekanntes Bauerngeschlecht aus der Schweizer Gründungsgeschichte. An der Fassade der Stauffacherkapelle, erbaut um 1640, zeigt eine Malerei den Freiheitshelden Werner Stauffacher in einer Auseinandersetzung mit dem verhaßten Landvogt Gessler.

Die Geschichte von Steinen reicht jedoch noch viel weiter zurück. Funde bezeugten, daß bereits Kelten und später Rätoromanen und Alemannen hier gesiedelt hatten. Die Pfarrkirche soll bereits 1125 eingeweiht worden sein, wurde allerdings zwischen dem 16. und 18. Jh. fast vollständig umgestaltet. In der Kapelle zum Großen Herrgott lohnt sich ein Blick auf das 3 m hohe Kruzifix aus dem ausgehenden 16. Jh.

🛏 Hotel: Rössli ($), ✆ 832 13 20, Fax 832 13 13: Heimeliges, altes Holzhaus mit prächtiger Fassade am Dorfplatz, einfache Zimmer.

⛺ Camping: Camping Buchenhof, ✆ 832 14 29.

🍴 Restaurants: Adelboden ($$–$$$), ✆ 832 12 42: Hervorragende regionale Küche mit einheimischen Produkten. **Rössli** ($–$$), ✆ 832 13 20: Antik eingerichtetes Restaurant mit kreativer Schwyzer Küche und breitem Wein-Angebot.

🚶 Wanderungen: »Kirsch-Strasse Schwyzerland«: Elf Kirschbrennereien an markiertem Weg von Brunnen über Lauerz, Sattel, Steinen, Arth-Goldau und Küssnacht nach Merlischachen. Prospekt beim Tourismus-Büro Schwyzerland, Bahnhofstr. 32, 6440 Brunnen, ☎ 825 00 41, Fax 825 00 49.

 Veranstaltungen: 6. Jan.: »Greifler & Trychler«. Okt.: Steiner Chilbi.

Schon im 5. Jh. sollen die Alemannen das meist nebelfreie Hochtal der Steiner Aa besiedelt haben. Fest steht, daß die Gemeinde **Sattel** anno 1315 eine wichtige Rolle gespielt hat: Noch heute bestehen Reste des Grenzwalls, der »Letzi«, die bei der Schlacht von Morgarten den feindlichen Österreichern Einhalt gebot.

Harmonisch scharen sich wenige Wohnbauten um die 1717 errichtete Pfarrkirche und das imposante Pfarrhaus. Die Umgebung prägen zahlreiche, einzeln stehende Bauernhöfe. Modern präsentiert sich der »Roller-Park« (täglich geöffnet, genaue Zeiten unter ☎ 156 40 60), mit einem 7000 m² Outdoor-Gelände eine der größten Skate-Anlagen Europas.

Per Sesselbahn ist **Mostelberg** (1191 m) am Hochstuckli (1566 m) zu erreichen, ein vielseitiges Wander- und Skigelände mit herrlichem Ausblick auf den Kantonshauptort Schwyz. Eine Attraktion ist die 620 m lange, durch drei Tunnels führende Sommer-Rodelbahn **»Stuckli Run«** (Juli und Aug. Mo–Fr 10–17, Sa/So 10–17.30 Uhr).

Information: Verkehrsbüro, 6417 Sattel, ☎ 835 17 66, Fax 835 18 77.

Hotels: Bären ($$), ☎ 835 11 33: Schönes Fachwerkhaus, freundliche Zimmer. **Rössli** ($), ☎ 835 11 44: Einfach und nett, Sonnenterrasse. **Mostelberg** ($), ☎ 835 11 78: Berggasthaus beim Stuckli-Run. **Herrenboden am Hochstuckli** ($), ☎ und Fax 835 12 88: Berggasthaus mit Kinderspielplatz, Kleintierpark und Matratzenlager. **Hochstuckli** ($) auf dem Hochstuckli, ☎ 835 14 10: Berggasthaus mit einfachen Zimmern und Matratzenlagern.

Camping: Camping Kronenmatt, ☎ 835 11 54; Camping Rösslimatt, ☎ 835 11 44.

Restaurants: Post ($–$$), ☎ 835 11 30: Fernöstliche und mediterrane Spezialitäten, heimeliges Interieur, schöne Gartenterrasse mit Bergsicht. **Bären** ($–$$), ☎ 835 11 33: Das gemütliche Restaurant rühmt sich einer der besten Weinkarten Europas.

Wanderungen: Auf dem Mostelberg beginnt und endet ein 6 km langer, beschilderter Erlebnispfad zum Engelstock (1190 m) zu den Bereichen Moor, Wald, Holz und Verkehr; eine Broschüre ist beim Verkehrsverein erhältlich.

Das satte Rot des 1310 als Wehrbau errichteten Turms, der der Gemeinde **Rothenthurm** den Namen gegeben hat, ist längst verblichen. Immer noch stolz sind die Rothenturmer hingegen auf ihre auffällige Pfarrkirche mit dem weißen Ziegeldach: Sie ist nämlich genau einen Fuß länger als jene im Kantonshauptort Schwyz! Am mäandrierenden Flüßchen Biber, wenig außerhalb des Dorfes, liegt eine Natursehenswürdigkeit besonderer Art: Die prächtige Moorland-

Das Kloster Einsiedeln

Eremiten, Pferde und ein barockes Kleinod

Kein Marien-Wallfahrtsort im deutschsprachigen Raum zieht mehr Besucher aus aller Welt an als das Kloster von Einsiedeln. Die Schwarze Madonna wurde bereits im 12. Jh. von Pilgern aufgesucht, seit über 500 Jahren zählt das Etappenziel auf dem großen Pilgerweg von Osteuropa nach Santiago de Compostela in Spanien zu den bedeutendsten Wallfahrtsorten der Christenheit. Zuerst ein romanisches Kloster und später ein gotisches Münster, gilt das monumentale europäische Kulturdenkmal heute als bedeutendstes und schönstes Beispiel für den Barockbau in der Schweiz.

Die zweitürmige, 1719–35 errichtete Stiftskirche ist 113 m lang, 41 m breit und so hoch wie Notre-Dame in Paris. Die Kraft und der religiöse Geist, die sie schon von außen verheißt, offenbaren sich erst recht in der sakralen Barockkunst im unermeßlich reich ausgestatteten Inneren. Den hohen Säulen und Galerien, farbigen Glasfenstern, prächtigen Malereien und Stukkaturen und dem größten Freskengemälde der Schweiz haben bedeutende Künstler ihrer Zeit, darunter die Brüder Asam aus Bayern, ihren Stempel aufgedrückt, das perspektivische Chorgitter aus dem Jahr 1684 läßt Schmiedekunst von höchster Qualität erkennen. In einem ausladenden achteckigen Vorraum am Ende des Langschiffes beherbergt die Gnadenkapelle das eigentliche Ziel der Pilger, die holzgeschnitzte, sanft lächelnde »Schwarze Madonna« aus dem 15. Jh. Die klassizistische Kapelle selber stammt aus dem Ende des 18. Jh., ihr Vorgängerbau war von den Franzosen, die im Zuge der französischen Revolution die Schweiz besetzt hatten, zerstört worden.

Unter den Arkaden des weiten Platzes vor der Klosterkirche werden Devotionalien verkauft, im Zentrum steht der Frauen- oder Marienbrunnen, aus dessen 14 Röhren die frömmsten unter den Pilgern je einen Schluck heilkräftigen Wassers trinken. In der Nähe des Platzes ist an der Benzigerstraße im Diorama (Karfreitag bis Okt. 9–18 Uhr) eine Krippendarstellung mit rund 500 holzgeschnitzten Figuren zu besichtigen, eine Tonbildschau bietet eine visuelle Führung durch das Kloster an. Wenige Schritte weiter stellt in einem Rundbau ein 1000 m² großes Panoramabild die Kreuzigung Christi dar.

Das einheitliche, um vier Höfe gruppierte Klostergeviert ist auf einer Fläche von 34 000 m² angelegt und kann nach Voranmeldung besichtigt werden. Das Areal umfaßt unter anderem einen großen, von den Mönchen betriebenen Landwirtschaftsbetrieb, ein Gymnasium für über 300 Schüler und die berühmte Stiftsbibliothek mit rund 150 000 Büchern. Darunter finden sich rund 1300 Handschriften aus der Blütezeit der mittelalterlichen Schreiberschule (11./12. Jh.) und 1200 Inkunabeln von unschätzbarem Wert.

Die Entstehung des Klosters gründet auf der Legende eines frommen Mannes: Im Jahr 835 aus dem Kloster Reichenau am Bodensee weggezogen, suchte ein Mönch namens Meinrad Ruhe und Abgeschiedenheit und fand sie im damals noch unberührten Wald von Einsiedeln. Er baute sich in der Wildnis ein einfaches Wohnhaus und eine kleine Kirche und lebte in Gesellschaft von zwei zahmen Raben lange Zeit in Frieden. Nach 26 Jahren überfielen ihn zwei Räuber, erschlugen ihn und flohen Richtung Zürich. Die Raben verfolgten die Missetäter jedoch und erhoben vor einem Wirtshaus ein derart lautes Gezeter, daß die Leute auf die wohlbekannten Gefährten Meinrads aufmerksam wurden und die Polizei riefen. In der Gaststätte wurden die Mörder gefaßt und später zum Tode verurteilt.

Dort, wo Meinrad gelebt hatte, siedelten sich weitere Eremiten an, 934 wurde über der ehemaligen Klause des Einsiedlers das Benediktinerkloster im »Finsteren Wald« gegründet. Die Mönche machten sich daran, den Wald zu roden und das Land urbar zu machen, der klösterliche Bodenbesitz nahm stetig zu und die Erträge ebenfalls. Die Abtei wurde zu einem Zentrum des katholischen Lebens in der Schweiz. Es entstand ein blühendes graphisches Gewerbe, die Mönche begründeten die Einsiedler Wachsindustrie, taten sich in Landwirtschaft, Forstwesen, Weinbau und in der Herstellung schmackhaften Gebäcks hervor und schufen in all diesen Bereichen die wirtschaftliche Grundlage für die ganze Bevölkerung.

Größte Bedeutung kam der bereits 1064 begonnenen Pferdezucht zu. Vom 14. bis ins 17. Jh. besaß Einsiedeln den bedeutendsten Pferdemarkt Europas. Ab Ende des 15. Jh. bis vor einigen Jahrzehnten beteiligte sich mit großem Erfolg nahezu das ganze Dorf an der Pferdezucht.

schaft hatte in den 80er Jahren des 20. Jh. landesweit großes Aufsehen erregt, sollte doch dieses größte Heidemoor der Schweiz einem Waffenplatz weichen. Die einheimische Bevölkerung und weitere Engagierte aus dem ganzen Land wehrten sich gegen dieses Ansinnen und brachten eine Volksinitiative zustande, die schließlich vom Schweizer Volk angenommen wurde: Der Waffenplatz durfte nicht gebaut werden.

Ein Knie beschreibend, führen ab **Biberbrugg** das Bergflüßchen Alp, Straße und Eisenbahn in eine weites, von 1500 bis 1800 m hohen Bergen bewachtes Voralpenplateau und damit nach **Einsiedeln.** Der größte Wallfahrtsort der Schweiz genießt weltweiten Ruhm: Jedes Jahr besuchen Zehntausende von Pilgern das zwischen 1674 und 1770 errichtete Benediktinerkloster. Das Städtchen selber, nach Schwyz der zweitgrößte Ort des Kantons, ist rund um die Abtei gewachsen und besitzt einige stattliche Herrenhäuser, darunter die Villa Oechslin aus der Mitte des 19. Jh. Sehenswert sind auch das Rathaus aus dem Jahr 1689 und der Liebfrauenbrunnen.

Die Bevölkerung lebt vor allem vom Tourismus. So erklärt sich auch die große Anzahl Restaurants (über 50) nicht zuletzt mit den Massen von Wallfahrern sowie den Langläufern, denen die Hochebene im Winter gehört.

Information: Verkehrsbüro, Hauptstr. 85, 8840 Einsiedeln, ✆ 055/418 44 88, Fax 055/418 44 80.

Hotels: Drei Könige ($$$–$$$$), ✆ 412 24 41, Fax 412 66 52: Am Klosterplatz, komfortabel. **Zunfthaus Bären** ($$$), ✆ 418 72 72, Fax 412 65 06: Historisches Gebäude am Klosterplatz, Fitnessraum, Sauna, Liegeterrasse. **Katharinahof** ($$–$$$), ✆ 418 98 00, Fax 418 98 09: Familienhotel, ruhig, gemütlich und komfortabel, Wintergarten, Minigolf. **Storchen** ($$–$$$), ✆ 418 48 48, Fax 418 48 49: Nähe Klosterplatz, gepflegt, wohnliche Zimmer. **Linde** ($$–$$$), ✆ 412 27 20, Fax 412 56 44: Nähe Kloster, familiär geführt, schönes Interieur. **St. Georg** ($$–$$$), ✆ 412 64 51, Fax 412 61 04: Beim Klosterplatz, ruhig, geschmackvolle Zimmer. **St. Josef** ($), ✆ 412 21 51: Kleines Hotel Garni gegenüber Kloster, einfache, ruhige Zimmer. **St. Meinrad** ($), ✆ 412 26 91: Klein und sympathisch, einfache Zimmer.

Restaurants: Pfauen ($$–$$$), ✆ 412 81 18: Toskanische Spezialitäten und Fisch am Klosterplatz. **Linde** ($$–$$$), ✆ 412 27 20: Beliebtes Restaurant mit Gartenterrasse. **Zunfthaus Bären** ($$), ✆ 418 72 72: Heimeliges, vielseitiges Spezialitätenrestaurant. **Walhalla** ($–$$), ✆ 412 22 16: Einheimische Spezialitäten beim Bahnhof, geschmackvolles Interieur. **St. Georg** ($–$$), ✆ 412 64 51: Vegetarisches Restaurant. **Pizzeria Piazza** ($–$$), ✆ 412 28 21: Holzofen-Pizza am Klosterplatz.

Nachtleben: Krone-Bar an der Hauptstr. 69.

Einkaufen: Schafsböcke: Einsiedler Honiggebäck, erhältlich in Bäckereien und Konditoreien.

Veranstaltungen: Februar: Fasnacht mit schönen Holzmasken und spannenden Riten. 14. September: Engelweihe mit Lichterprozession auf

Wanderparadies Hoch-Ybrig

dem Klosterplatz. Alle 5 Jahre: Caldérons »Großes Welttheater« auf dem Klosterplatz (nächste Aufführung im Sommer 2000).

Vom Sihlsee zum Wägitaler See und in den Hoch-Ybrig

Still ruht 2 km östlich von Einsiedeln der **Sihlsee** in seinem Bett. In einem lieblichen, nahezu ebenen Hochtal zieht der flächenmäßig größte Stausee der Schweiz im Sommer zahlreiche Wassersportler an. Zudem ist der See Zentrum eines weitverzweigten Wandergebietes. In der ehemaligen Moorlandschaft gedeihen noch heute die winzige, im Herbst rot und violett leuchtende Zwergbirke und eine seltene Binsenart. Rund um die freundlichen Dörfchen **Gross** am West- und **Willerzell** und **Euthal** am Ostufer sind schöne Bauerngüter zu entdecken.

Hotel/Restaurant: Bürgi's Burehof ($$$), in Euthal, ✆ 055/412 24 17, Fax 412 53 32: Schönes altes Bauernhaus am See, hübsche Zimmer, exzellentes Feinschmeckerlokal ($$$) in stilvollem, heimeligem Interieur.

Camping: Camping »Grüene Aff« am Seeufer in Willerzell, ✆ 412 41 31. Camping, ebenfalls am See, in Euthal, ✆ 412 27 18.

Welch herrliche Fahrt in der unberührten Voralpenlandschaft mit attraktiven Wandermöglichkeiten zwischen Sihltal und **Wägital**! Eine schmale Bergstraße führt von Willerzell vorerst auf den kleinen Paß **Sattelegg** (1190 m, Bergrestaurant) und anschließend in zahlreichen Kurven bergab nach Sonne im Wägital, einem stillen, ausgesprochen landwirtschaftlich geprägten Landstrich von herber Schönheit. Nach **Vor-**

derthal ruht ganz hinten im Tal der verträumte **Wägitaler See.** Hoch war der Preis, den die Bevölkerung 1933 für den neu anzulegenden Stausee mit 66 m hohen Staumauern und einem Kraftwerk zu zahlen hatte: Annähernd der ganze Talboden mußte dem Wasser weichen. Vom Ufer und von kleinen Booten aus wird gefischt, rund um den See verläuft eine kleine Fahr- und Wanderstraße.

Als »Hinterthal« war **Innerthal** am nördlichen See-Ende früher Hauptort des ganzen Tals, heute zählt die Gemeinde nur noch rund 150 Einwohner. Das alte Dorf hatte ebenfalls dem Wasser Platz zu machen, seine Überreste ruhen heute tief im See. In der Kirche sind noch eine schöne Holzplastik und eine Pietà aus dem frühen 16. Jh. und eine Madonna auf dem Thron aus dem frühen 17. Jh. zu besichtigen.

Die spätgotische Kirche, zu der sie gehört hatten, fiel ebenfalls dem Stausee zum Opfer.

Das Wägital ist ab Einsiedeln auch auf einer wesentlich längeren, aber angenehmeren Straßenverbindung zu erreichen: Eine alte Pilgerstraße überquert die Teufelsbrücke aus dem 12. Jh., führt an der Stelle vorüber, wo 1493 Theophrastus Paracelsus geboren sein soll, über den **Etzelpass** (950 m, Gasthaus) und den Südhang des Zürichsees nach Siebnen, wo das Wägital erreicht wird.

Information: Verkehrsbüro, 8858 Innerthal, ☏/Fax 055/ 446 13 44.

Camping: Campingplatz in Vorderthal, ☏ 055/446 12 59.

 Wandern: An den Hängen der wuchtigen Zweitausender Aubrig (1695 m), Zindelspitz (2097 m) und Brünnelistock (2133 m).

Veranstaltungen: 2. September-Sonntag: Sennenchilbi in Innerthal.

Am Südufer des Sihlsees mündet das Bergflüßchen Minster aus dem Yberger Tal. Die einzelstehenden kleinen Hütten in der Talebene dienten früher den Torfstechern. Bereits im sanften, bewaldeten Hügelgebiet liegt rund 3 km südlich der Ferienort **Unteriberg,** wo die Straße rechter Hand nach **Oberiberg** führt und linker Hand im hinteren Yberger Tal die kleine Siedlung Weglosen und damit die Luftseilbahn zum romantischen Bergsee Seebli im **Hoch-Ybrig** erreicht. Die Skipisten, Bergbahnen

und Wanderwege dieses ausgedehnten, wildromantischen Erholungsgebietes reichen bis nach Unter- und Oberiberg hinab. Nicht weniger als 170 km markierte Wanderwege – einfache Spaziergänge wie anspruchsvolle Routen –, ursprüngliche Natur, Bergwälder und eine geschützte, artenreiche Alpenflora erwarten den Bergfreund. Dazu etliche Bergrestaurants und Alpwirtschaften. Vielerorts sind Versteinerungen zu finden. Zehn Fußminuten von Seebli sind am Fuße des Roggenstocks (1777 m) in einem kleinen Tierpark Wildtiere, vor allem Damhirsche und Murmeltiere, zu entdekken. Richtung Süden führt von Seebli eine Sesselbahn auf den Gipfel des Spirstock (1771 m). Das Restaurant mit Aussichtsterrasse bietet einen überwältigenden Rundblick auf die Gipfel und Grate der Wägitaler, Glarner, Urner und Unterwaldner Alpen, zu Rigi und Pilatus. Im Westen sind die Jurahöhen auszumachen, im Norden schweift der Blick über den Sihlsee zum Zürichsee und ins Zürcher Oberland. Eine weitere Sesselbahn erklimmt vom Seebli aus den Chli Sternen (1802 m).

Ein herrlicher Tiefenblick auf den Vierwaldstätter See bietet sich auf der Paßhöhe **Ibergeregg** (1406 m). Über dem Städtchen Schwyz erhebt sich im Osten das Felsmassiv der beiden Mythen, dahinter fällt der Blick auf das Rigimassiv. Auf dem schon in alter Zeit begangenen Übergang lohnt sich ein Blick in die schlichte Bergkapelle. Im Winter ist die Straße oft tagelang gesperrt.

Information: Verkehrsbüro Region Ybrig, Jessenenstr. 5, Postfach 56, 8843 Oberiberg, ✆ 055/414 26 26, Fax 055/414 21 41.

Hotels: **Rösslipost** ($$$), ✆ 055/414 14 56, Fax 414 14 69 in Unteriberg: Klein und nett, mit Garten. **Posthotel** ($$–$$$$), ✆ 055/414 11 72, Fax 414 25 87 in Oberiberg: Familienfreundlich, Gartenterrasse. **Berghotel Passhöhe** ($–$$), ✆ 041/811 20 49, Fax 811 56 33 auf der Ibergeregg: Modern, ruhig und sonnig, auch Gruppenunterkünfte. **Bärghus** ($), ✆ 055/414 15 77 in Weglosen: Touristenlager, Restaurant.

Jugendherberge: Jugendherberge Fuederegg (unweit Seebli), ✆ 055/414 17 66.

Im Muotatal

Wildromantisch und abgeschieden, inmitten von dunklem Tannenwald, mit schroffen Felswänden und donnernden Wasserfällen – das **Muotatal** ist ein Eldorado für Erholungssuchende, Wanderer und Bergsteiger, Höhlenforscher und Kanuten. Letztere toben sich auf dem reißenden, fischreichen Bergfluß **Muota** aus. Seit 1973 auf der Muota die Weltmeisterschaften im Wildwasserrennen und Kanuslalom durchgeführt wurden, treffen sich hier jedes Jahr zahlreiche Abenteurer aus ganz Europa zu den internationalen Meisterschaften der Wildwasserfahrer. Die Muotataler sind urige Bergler und ihrer Heimat stark verbunden. Sie sprechen einen ganz speziellen

Schwyzer Dialekt, pflegen mit Sorgfalt und Freude alte Traditionen und Bräuche und gelten als kontaktfreudig und gewitzt.

27. September 1799 – im **Schlattli** ist die Hölle los. Hoch zu Pferd und entschlossen die Waffen kreuzend liefern sich General Suworow und seine Truppen einen erbitterten Kampf mit den Franzosen. Mit 35 000 Mann war der russische Armeeführer von Italien hergekommen und unter großen Anstrengungen über den Gotthard durchs Urner Reusstal und anschließend über den tief verschneiten Chinzigpass in den Kanton Schwyz gezogen. Suworow wollte der einheimischen Bevölkerung helfen, die im Zuge der französischen Revolution in die Innerschweiz eingedrungenen Blauröcke aus dem Land zu drängen. In der Muotaschlucht findet die harte und entscheidende Schlacht ein abruptes Ende: Die Franzosen fliehen über eine Steinbrücke, diese bricht zusammen, Hunderte Soldaten bezahlen den Sturz in den reißenden und zudem hochgehenden Fluß mit dem Leben. Das Muotatal zumindest war befreit – endgültig aus der Innerschweiz vertrieben waren die Franzosen jedoch noch nicht. Wo die alte Brücke stand, überwindet heute die berühmte Suworow-Brücke aus Holz die Schlucht.

Wo die Sonne im Winter wochenlang nicht hinreicht, liegt im Schlattli die Talstation der steilen Standseilbahn zum **Stoos** (1275 m) an der Nordflanke des Fronalpstocks. Autofrei und mit vielen Fe-

Vorwiegend heiter

Die Muotataler »Wetterschmöcker«

Die Muotataler »Wetterschmöcker« erstellen aufgrund von Naturbeobachtungen für die ganze Schweiz gültige Wetterprognosen: »Satelliten sind tote Materie. In mir ist Leben. Die mit ihren Satellitenbildern in ihren klimatisierten Büros! Das kann ja keine gescheiten Voraussagen geben«, meint der eine. Und der andere: »Ich verfolge die Wetterentwicklung von früher und ziehe daraus meine Schlüsse, denn das Wetter folgt seit Jahrhunderten denselben Gesetzen«. Manchmal liege man mit seiner Prognose halt daneben, das sei Künstlerpech, räumen die Bergler ein. Die Haare – oder besser: die Bärte – rauft sich das halbe Dutzend Männer deswegen nicht. Immerhin liegt ihre Trefferquote zwischen 60 und 70 Prozent. Ehrlich gefragt: Können's denn die Berufsmeteorologen, die Sonne und Regen im Radio und Fernsehen voraussagen, viel besser? Tatsächlich können es diese nicht lassen, die Meteorologen aus dem Muotatal, deren »Amt« auf der Erfahrung vieler Generationen beruht, hin und wieder zu kritisieren. Aber, so heißt es, sie bewundern sie auch oder konsultieren sie manchmal gar, beides natürlich heimlich. Tatsache ist, daß die Langzeitprognosen der »Wetterschmöcker« oft verläßlicher sind als jene der Professionellen.

Die Methoden sind verschieden: Der eine kennt, so sagt er, die Sprache vieler unscheinbarer Tiere, belauscht den Sperber, beobachtet aber

rienchalets bebaut, ist das weitläufige Alpgelände bis hinauf zum Fronalpstock (1922 m) ein beliebtes Wintersport- und Wandergebiet. Von hier genießt man den Blick über den Vierwaldstätter See.

 **Information:** Verkehrsbüro, 6433 Stoos, ✆ 811 15 50, Fax 811 84 30.

Hotels: Schwyzer Bärghus ($$–$$$), ✆ 811 14 94, Fax 811 77 52: Ideal für Familien, auch mit Kleinkindern, Familienzimmer. **Sporthotel** ($$$$), ✆ 810 45 15, Fax 811 70 93:

Familienfreundlich und ruhig, Swimmingpool, Wellness, Tennis, Kinderspielplatz, Bar, Disco. **Fronalp** ($$), ✆ 811 50 21, Fax 811 50 88: Angenehmes Haus mit Sporthalle. **Alpstubli** ($), ✆ 818 28 00, Fax 818 28 99: Einfach und freundlich, Sauna, Solarium, Fitnessraum, Bar-Dancing.

 Veranstaltungen: Juni/Juli: Stoos-Schwinget.

Von Schlattli durch den Brandwald erschließt eine schmale Straße das heimelige, idyllisch gelegene Berg-

auch das Schattengras der Wälder und sagt, wenn die Brennesselblätter im Frühling Löcher aufweisen, für den August Hagel voraus. Ein zweiter verfolgt aufmerksam das Verhalten der Wildtiere, schaut sich Maulwurfhügel an und schließt aus den auffallend hohen Nestern der Waldameisen auf einen kalten Winter. Der dritte hört das zu erwartende Wetter im Rauschen der Winde, im Tosen der Muota, und ein weiterer verschweigt nicht, jeweils einen Benediktinermönch im Kloster Einsiedeln zu konsultieren und mit ihm alte Wetterprotokolle zu studieren. Sonne, Regen und Schnee lassen sich auch aus der Gestalt der Wolken, dem Verhalten der Kühe, der Beschaffenheit des Hundefells und der Farbe der Schweinemilz ableiten.

1947 haben sich die Vorgänger der momentan amtierenden »Wetterschmöcker« zu einem Verein zusammengeschlossen. Laut Statuten sollten diesem stets ein Musiker, ein Jodler, ein Meldeläufer und, zur Instandhaltung des Barometers, ein Materialverwalter angehören; die statutarischen Bestimmungen werden allerdings nicht stur eingehalten. Hauptsache ist, daß die Mitglieder Freude am Wetter und, nicht weniger wichtig, Sinn für Geselligkeit haben. Zweimal jährlich gibt der Verein ein Bulletin heraus, darin präsentiert jeder Aktive seine persönlichen Prognosen für das nächste halbe Jahr. Persönlich befragt, würzen die »Wetterschmöcker« ihre Voraussagen mit kernigen Sprüchen. Denn solche entsprechen dem Muotataler, der den Witz grad so liebt wie die Natur. Ihre Prognosen stimmen übrigens beileibe nicht immer überein, die beste wird jeweils traditionsgemäß mit zwei Fünflibern (Fünffrankenstükken) und einem Wanderpreis prämiert.

dörfchen **Illgau.** Daß die prächtige Sonnenterrasse mit den weitverstreuten Bergbauernhöfen bereits im 1. Jh. besiedelt war, bezeugen zahlreiche Mauerreste aus dieser Zeit. In Illgau ist uriges Brauchtum noch heute lebendig. Fast in jedem Haus wird musiziert, Illgauer Volksmusik ist über die Region hinaus beliebt.

Restaurant: Sigristenhaus ($), ☎ 830 12 02: Gemütliche Dorfbeiz mit »Gemeindestube« ohne Konsumzwang!

Annähernd so groß wie der gesamte Kanton Zug ist das Gemeindegebiet von **Muotathal,** Hauptort des Tals. Bewacht von abweisenden Felsen und umgeben von Wald, erstreckt sich die Hauptsiedlung über Wil, Schachen und den ältesten Ortsteil Hinterthal. In der Vergangenheit hatte Muotathal mehrere Male unter schweren Flußüberschwemmungen zu leiden, 1910 wurden viele Bauten zerstört. Von den bestehenden Häusern werden manche seit Generationen von der gleichen Familie bewohnt. Die Alteingesessenen bewirtschaften auch seit undenklichen Zeiten dieselben Wiesen und Wälder. Die ältesten Bauten stammen aus dem 16. Jh., man erkennt sie an ihrem nur schwach geneigten Dach.

Die harmonische Anlage des Franziskanerinnenklosters St. Joseph wurde 1693 errichtet, das Kloster selber wurde jedoch bereits um 1280 gestiftet. Aus dieser Zeit soll auch die romanische Klosterkapelle mit Holzkruzifix stammen. Die von weitem sichtbare, 1793 erbaute Pfarrkirche in Hinterthal besticht durch ihren herrlichen barocken Innenraum.

Im Nordosten von Muotathal zieht sich das **Starzlenbachtal** zum **Pragelpass** (1550 m, Überfahrt für Motorfahrzeuge nur Mo–Fr) an der Kantonsgrenze zu Glarus empor. Interessant in diesem Gebiet ist das Kalkgestein, das durch Verkarstung zernagte, tiefe Klüfte und scharfe Kanten aufweist. Naturliebhaber dürfen den ausgedehnten Bödmerenwald, der größte Fichtenurwald Westeuropas, auf der Anhöhe zwischen Bisital und Pragelpass nicht verpassen.

Die aufsehenerregendste Naturattraktion in der Region Muotatal ist jedoch das **Hölloch** im größten Karstgebiet der Schweiz. Beim Weiler Stalden am Eingang zum Starzlenbachtal hatte 1875 ein Muotataler Bauer den ersten Gang entdeckt. Nach dem Zweiten Weltkrieg wurde mehr und mehr erforscht, was unterirdische Wasser während fast einer halben Mio. Jahren geschaffen hatten. In den 70er Jahren des 20. Jh. stieß man gar in Gänge vor, die nahezu 700 m höher als der Basiseingang liegen. Das bisher erforschte, riesige und verzweigte System mißt über 170 km und gilt als eine der längsten Höhlen der Welt, dazu kommen etliche Kilometer unvermessener Gänge. Gesichert und beleuchtet und damit für »normale« Besucher zugänglich ist allerdings nur 1 km, dieser jedoch lohnt sich: Während der rund zwei Stunden dauernden Führung sind unterirdische Schluchten und Hallen von riesigen Ausmaßen, herrliche Tropfsteine und weitere imposante Felsgebilde, Wasserfälle und Gletschermühlen mit so abenteuerlichen Namen wie Donnertal, Alligatorenschlucht, Hexenkessel, Knochenkammer und Todesschlund zu entdecken. Auskunft über die Führungen gibt das Gasthaus Höllgrotte (✆ 830 12 08). Mutige buchen Hölloch-Expeditionen von einigen Stunden bis zu zwei Tagen (Trekking Team, ✆ 01/950 33 88).

ℹ️ **Information:** Verkehrsbüro, Hauptstrasse 48, 6436 Muotathal, ✆ 830 15 15.

🛏️ **Hotels: Post** ($$), ✆ 830 21 81, Fax 830 21 80: Kleines Dorfhotel im Zentrum. **Tell** ($–$$), ✆ 830 11 26, Fax 830 23 20: Sehr ruhig und familienfreundlich. **Alpenblick** ($–$$), in Stalden am Eingang zum Starzlental, ✆ 830 12 01: Schönes Chalet mit freundlichem Restaurant. **Gasthof Schwarzenbach** ($), in Schwarzenbach im Bisital, ✆ 830 12 16: Kleine, holzverkleidete Zimmer mit Dusche, WC auf dem Gang.

Expedition in die Hölloch-Schlucht

 **Restaurant: Post** ($–$$), ☎ 830 11 62: Rustikales, gepflegtes Restaurant mit klassisch-gutbürgerlicher Küche.

Wandern: Muotathal ist Ausgangspunkt für zahlreiche kürzere oder längere Höhen- und Gipfelwanderungen, etwa auf die nahe obere Zinglen (904 m), auf den Blüemberg (2405 m) mit seltener Alpenflora, auf Ruosalp (1424 m) und Waldisalp (1124 m). Wanderwege verlaufen auch in den drei Tälern, die von Muotathal abzweigen. Von Schwarzenbach im Bisistal lohnt sich der Weg auf das von trutzigen Bergen bewachte großartige Moor- und Karstgelände der Glattalp (2000 m) zum 25 m tiefen Glattalpsee, zur Glattalphütte und auf den Klausenpass (1948 m), wo sich die Kantone Uri und Glarus treffen.

Veranstaltungen: Das berühmte Muotathaler Volkstheater zieht jedes Jahr Publikum aus der ganzen Schweiz an.

Aktivitäten: Auf der Glattalp werden Schlittenhundetouren, Übernachtungen im Iglu, Schneewanderungen, im Sommer Seminare mit den »Muotathaler Wetterschmöckern« und Barfuß-Wanderungen im Hochmoor angeboten. Auskünfte beim Verkehrsbüro.

Durch den Kanton Uri

Das historische Altdorf und Umgebung

Zum Fuß des Gotthardpasses

Über die Teufelsbrücke durch die Schöllenenschlucht

Wandern und Wintersport in Andermatt

Vom Land der Bären zum Furka- und Gotthardpass

Die Teufelsbrücke, Gotthard-Paßstraße

Das Land Uri wird gemeinhin als urwüchsigster Schweizer Kanton bezeichnet. Die Route beginnt im Hauptort Altdorf, erschließt das Reusstal, dessen wildromantische Seitentäler, die unheimliche Schöllenenschlucht, den beliebten Wintersportort Andermatt, die Alpenpässe Klausen, Susten, Furka, Oberalp und Gotthard und regt zu zahlreichen Ausflügen, Bergwanderungen und Hochtouren an.

Der Gebirgs- und Bergbauernkanton Uri besteht eigentlich – mit Ausnahme des Hochtals von Urseren – aus einem einzigen langen Tal mit abgelegenen, kürzeren und längeren Seitentälern. Gegraben von der Reuss, ist dieses Tal von der Schöllenenschlucht im Gotthardmassiv im Süden bis Flüelen im Norden seit jeher die Lebensader Uris. Seit dem 12. Jh. verläuft hier mit der Gotthardroute einer der bedeutendsten Handels- und Verkehrswege Europas. Dies wußten die Urner schon früh zu nutzen. Als Säumer machten sie sich unentbehrlich: Sie organisierten und begleiteten den Transport der Güter über den Paß und sicherten damit Arbeit, Verdienst und gar einen gewissen Wohlstand im Land. Mit der Bedeutung der Gotthardroute läßt sich auch erklären, daß Uri bereits 1231 für das Reich eine wichtige und zur damaligen Zeit, weltpolitische Rolle spielte.

1291 gründete Uri zusammen mit Schwyz und Unterwalden die Eidgenossenschaft. In Gemeinschaft gestärkt, entwickelten die bis dahin recht friedlichen Bergler Expansionsgelüste. Jahrhundertelang lehrte der Uri-Stier, das Kantons- und Heeresbanner, halb Europa das Fürchten. Die Urner eroberten jenseits des Gotthardpasses die Leventina und stellten sich gar Mailands und Frankreichs Heeren. 1515 wurden die Eidgenossen bei Marignano schließlich vernichtend geschlagen, der Spuk einer selbsternannten Großmacht war vorbei. Vom Krieg hatten die Urner jedoch noch nicht genug. Für gutes Geld ließen sie sich als Söldner von ausländischen Herrschern anheuern, viele wurden mit höchsten militärischen Würden ausgezeichnet.

Die alten Zeiten sind längst vorbei. Heute ist Uri einer der wirtschaftlich schwächsten Kantone der Schweiz. Nach wie vor bewirtschaften Bergbauern den steilen, kargen Boden, noch existieren rund 400 Alpbetriebe. Aber die Zeit steht nicht still: Mit den Plänen für den Ausbau des Bahntransits durch den Gotthard wird sich der landschaftlich ursprünglich gebliebene und der bäuerlichen Tradition verbundene Kanton einschneidenden Veränderungen stellen müssen.

Altdorf und Umgebung

Kanton Uri

»Vater schieß, ich fürcht mich nicht!« soll der kleine Walterli anno 1291 tapfer ausgerufen haben – und Wilhelm Tell schoß, auf Geheiß des verhaßten Landvogts Gessler, den Apfel vom Kopf seines Sohnes. Die legendäre Apfelschußszene soll sich in **Altdorf** in der Ebene am südlichen Ende des Urner Sees abgespielt haben. An die Tellsage erinnert noch heute das überdimensionale Tell-Denkmal aus dem Jahr 1895. Es steht, geschützt von einem kuppelbekrönten Wohn- und Wehrturm aus dem 13. Jh., vor dem klassizistischen Rathaus von 1806, das seinerseits eine reiche Sammlung al-

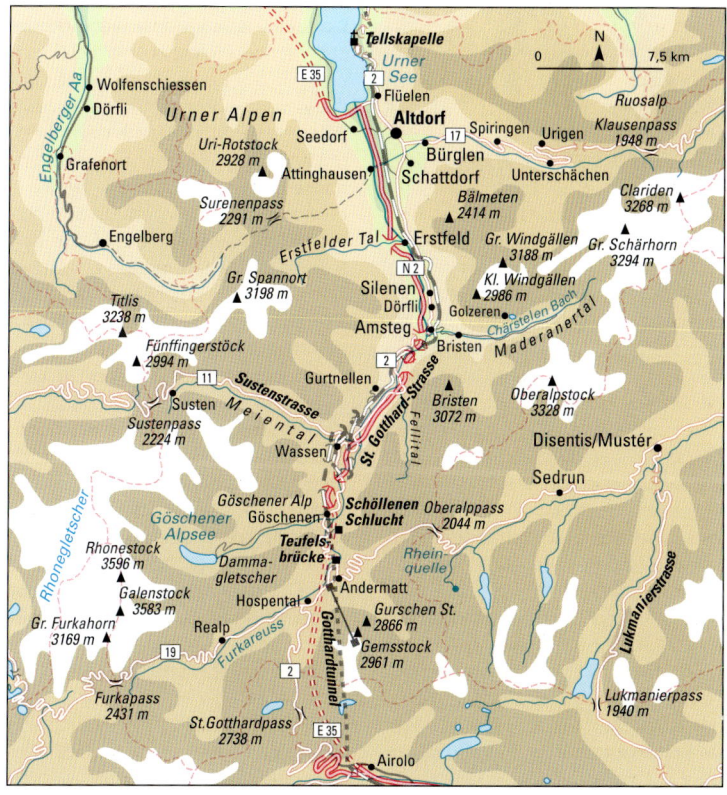

Tell-Denkmal in Altdorf

Regelmäßiger Gast im Städtchen ist der »älteste Urner«: Wenn der Föhn durchs Reusstal hinunter und durch Altdorfs Gassen stürmt, patrouillieren noch heute Föhnwächter durch den Ort. Immerhin haben vom warmen Südwind entfachte Brände in den Jahren 1400, 1693 und 1799 das Städtchen fast ganz zerstört.

Der Urner Hauptort ist mit viel Grün durchsetzt, südliche Impulse haben Architektur, Straßen und Gäßchen geprägt. Händler und die aus fremden Kriegsdiensten in Spanien, Neapel und Frankreich heimgekehrten Söldner brachten das Städtchen früh zu Wohlstand. Zahlreiche stolze Bürger- und Herrenhäuser aus dem 16. und 17. Jh. – darunter das Suworow-Haus, das Fremdenspital sowie die Häuserzeilen an der Herrengasse – zeugen noch heute von herrschaftlichem Reichtum. Die Pfarrkirche St. Martin aus dem Jahr 1810 besitzt herrliche Stuckdekorationen aus dem frühen 17. Jh.

Auf einem Hügel mit herrlicher Aussicht steht das Kloster, 1581 als erstes Kapuzinerkloster nördlich der Alpen erbaut. An der Gotthardstraße 18 zeigt das **Historische Museum** (Ostern bis Sept. Di–Sa 9–11 und 13–17 Uhr) sakrale Kunst – darunter bedeutende Holzplastiken –, mittelalterliche Ausgrabungsstücke, Urner Burgenmodelle und eine Postkutsche.

Von **Schattdorf,** 2 km südlich von Altdorf, verkehrt eine Luftseilbahn auf den Haldiberg (1079 m), ein

ter Urner Landesbanner birgt. Im Jahr 853 erstmals erwähnt, wurde das stattliche Städtchen zu Füßen des Roßstocks im 13. Jh. reichsfrei und war, zusammen mit dem Land Uri, einer der drei Stände, die sich auf dem Rütli zur Begründung der Eidgenossenschaft zusammenfanden. Über viele Jahrhunderte wohnten und lebten in der Stadt Kirchenfürsten, Landvögte und Soldaten. Im 16. Jh. ließen sich hier der spanische Königshof und der Papst durch residierende Gesandte vertreten. Und seit jeher ist Altdorf bedeutender Etappenort an der Handels- und Verkehrsroute über den Gotthardpass.

weitläufiges Wander-, Ausflugs- und Skigebiet.

 Information: Verkehrsverein, Marktgasse 7, 6460 Altdorf, ✆ 872 04 50, 872 04 51.

Hotels: Schwarzer Löwe ($$$–$$$$), ✆ 874 80 80, Fax 874 80 70: Bereits Goethe und Ludwig II. von Bayern nächtigten hier, Familien- und Spielzimmer. **Goldener Schlüssel** ($$–$$$$), ✆ 871 20 02, Fax 870 11 67: Traditionsreich und charmant, ruhige, komfortable Zimmer. **Höfli** ($$), ✆ 870 21 97, Fax 870 02 95: Freundlich und klein, hübsche Zimmer. **Brückli** ($), in Schattdorf, ✆ 870 13 87, Fax 870 13 57: Gemütliches, typisches Urner Holzhaus, Dachterrasse, Bergsicht.

Wasserschloß A Pro

Camping: Remo-Camping, ✆ 872 85 41.

Restaurants: Zum Kreuz ($–$$$), ✆ 870 26 67: Gemütliches Interieur mit einheimischem wie auswärtigem Publikum, gutbürgerliche und Gourmetküche. **Adlergarten** ($–$$$), in Schattdorf, ✆ 870 10 62: Rustikales Grotto, bekannt für Grillspezialitäten, Gartenterrasse. **Rössli** ($–$$$), in Schattdorf, ✆ 870 26 51: Liebenswertes Lokal, einheimische Spezialitäten, Bar, gutes Preis-Leistungs-Verhältnis. **Lehnhof** ($–$$), ✆ 870 12 29: Mediterran angehauchte Küche, Terrasse, Open-air-Bar. **Schwarzer Löwe** ($–$$), ✆ 874 80 80: Gutbürgerliche Küche. **Brückli** ($–$$), ✆ 870 13 87: Rustikal, klassische, vegetarische und Urner Gerichte, gutes Preis-Leistungs-Verhältnis.

Veranstaltungen: Juni bis Sept.: Historische Führungen (Information beim Verkehrsbüro). Alle drei Jahre Ende Juli bis Ende Aug.: Tellspiele (näch-

ste Aufführungen in den Jahren 2000 und 2003).

Knapp 3 km westlich von Altdorf liegt jenseits der Reuss der hübsche Ort **Seedorf.** Das mit Zinnen und Erkern bestückte, hinter Wassergräben und Mauern versteckte und mit prunkvollen Räumen ausgestattete **Wasserschlößchen A Pro** (Juni bis Sept Do u. Sa 13–17 Uhr) aus dem Jahr 1558 ist heute ein Pfarrhaus. Im ehemaligen Wirtschaftsgebäude des Schlosses zeigt das **Urner Mineralienmuseum** (Juni, Sept., Okt. Do, Sa, So 13–17, Juli–Aug. täglich 13–17 Uhr) über 400 verschiedene Kristalle und Mineralien und eine Tonbildschau über Suche und Bergung der Stücke in den Urner Bergen.

1291 siegelte Werner II. von **Attinghausen** den 1. Bundesbrief. Im kleinen, sonnigen Dorf mit herrlichem Blick auf den Bristenstock im Süden steht unweit der im 14. Jh. zerstörten »Festen Burg« der ehemals mächtigen Freiherren von Attinghausen das von weitem sichtbare Haus Schweinsberg. Dieses wahrscheinlich aus dem 14. Jh. stammende und noch heute bewohnte »Haus des Walter Fürst« soll der Familie jenes Mannes gehört haben, der für das Land Uri und zusammen mit den Vertretern von Schwyz und Unterwalden 1291 auf dem Rütli den legendären Schwur tat.

Wanderungen: Auf Gitschenberg und Rüti am imposanten Gitschen (Luftseilbahn ab Seedorf). Wandergebiet Brüsti (1530 m, Berggasthaus, Luftseilbahn ab Attinghausen).

Das vom reißenden Schächenbach durchzogene, enge und abgelegene **Schächental** zeigt von weitem das Bild einer einzigen Streusiedlung, das typisch für die ländlichen Gebiete des Kantons Uri ist. Nur um die Kirchen sind kleine Ortskerne anzutreffen. Die Schächentaler sind ihrer althergebrachten Lebensart bis heute treu geblieben. Seit Menschengedenken wurde durch das Schächental der Klausenpass begangen, mit Endziel Glarus im gleichnamigen Kanton. Heute führt ab Altdorf eine Panoramastraße, im Sommer mit Postauto befahren, durch das kontrastreiche Tal. Grüne Matten und alte Alphütten wechseln ab mit Schutthalden und hohen Felsen, in zahlreichen Serpentinen windet sich die Straße schließlich über den Paß.

Auf dem Schuttfächer des Schächenbaches ausgebreitet, gehört **Bürglen,** 857 erstmals erwähnt, zu den ältesten Siedlungen des Kantons. Der schmucke Ort mit etlichen bäuerlich-herrschaftlichen Wohnbauten aus dem 17. und späteren Jahrhunderten gilt als Geburtsort und Heimat Wilhelm Tells. Wo heute die Tellskapelle mit Fresken aus der Tellgeschichte zu besichtigen ist, soll dereinst sein Haus gestanden sein. Die auf einer romanischen Krypta errichtete Dorfkirche aus dem 17. Jh. beeindruckt mit barokken, goldbestückten Altären. Natürlich dürfen im »Tellendorf« auch ein Tell-Denkmal und das **Tellmuseum** (Mai bis Juni, Sept. bis Okt. 10–11.30 und 13.30–17, Juli bis

Tellmuseum in Bürglen

Aug. 10–17 Uhr) nicht fehlen. Letzteres ist in einem von vier mittelalterlichen Wehrtürmen, dessen ältester Teil aus dem 13. Jh. stammt, zu finden und zeigt zahlreiche Bilddarstellungen, Dokumente und alte Schriften über den Nationalhelden.

Rund 1 km östlich des Dorfes steigt von der Barockkapelle Loreto in **Stalden** ein Pilgerweg ins nahe Riedertal hinauf. An herrlicher Lage sind hier in einer weiteren Kapelle naive Malereien von großer Üppigkeit zu entdecken.

Wenige hundert Meter östlich von Stalden erschließen in **Brügg** zwei Seilbahnen die Wander- und Wintersportgebiete von Biel am Kinzig-Pass (1630 m) und Ruegig (1710 m).

ℹ Information: Touristikinformation, 6463 Bürglen, ✆ 870 78 88, Fax 870 07 88.

🛏 Hotels: Tell ($), ✆ 870 22 04: Stimmungsvoll, in typisch regionaler Bauweise, Urner Stube aus dem 16. Jh. **Adler** ($), ✆ und Fax 870 11 33: Eines der schönsten Häuser im Dorf, aus dem 16. Jh., Bad auf dem Gang.

✗ Restaurants: Schützenhaus ($–$$), ✆ 870 19 10: Einheimische Spezialitäten, große Sonnenterrasse

189

mit Holzgrill. **Tell** ($–$$), ✆ 870 22 04: Einheimische Spezialitäten, Garten. **Adler** ($–$$), ✆ 870 11 33: Regionale Spezialitäten.

Der Kern von **Spiringen,** größte Gemeinde des Schächentals, weist deutliche architektonische Spuren der Walser auf. Das kulturell eigenständige Bergvolk hatte im Mittelalter vom Oberwallis aus die einsamsten Bergtäler bis nach Italien und Österreich hinein besiedelt. Eine Luftseilbahn führt ins Wander- und Skigebiet Ratzi an der Sonnenseite des Schächentals.

Unterschächen, ein kleiner Ort am Eingang ins steile Brunnital, gibt den Blick auf die große Windgälle (3192 m) und den Großen Ruchen (3136 m) frei. In der Kirche St. Theodul aus dem Jahr 1684 sind schöne Rokokostukkaturen zu entdecken, das Beinhaus von 1701 besitzt sehenswerte barocke Wandmalereien.

Hotel/Restaurant: Brunnital ($–$$), in Unterschächen, ✆ 879 11 62, Fax 879 18 01: Mitten in der Natur, familienfreundlich, Touristenlager, Hallenbad (gratis!), Kinderspielplatz, Restaurant ($–$$) mit gutbürgerlichen, regionalen und vegetarischen Gerichten, Sonnenterrasse mit Bergsicht.

Über den Weiler **Urigen** und am 93 m hohen Stäubifall vorüber, erreicht die immer steiler werdende Straße schließlich die stille Alp der **Klausenpasshöhe** (1948 m). Zwar führt der Klausenpass in den Kanton Glarus, die Kantonsgrenze ist mit der Paßhöhe jedoch noch nicht erreicht. Der Grund dafür ist in der Geschichte zu suchen: Gemäß Überlieferung sollen sich Urner und Glarner einst gestritten haben, wem der Klausenpass gehöre. Nach langen Diskussionen wurde von Altdorf und Glarus aus je ein schneller Mann Richtung Streitobjekt bergauf geschickt; dort, wo sich die beiden treffen würden, sollte die Kantonsgrenze gezogen werden. Startschuß für die beiden Männer zu ihrem Rennen war der erste Hahnenschrei. Die Urner gaben ihrem Hahn allerdings am Vortag kein Futter, und dieser krähte vor Hunger, lange bevor es Tag war. Der gutgenährte Glarner Hahn hingegen meldete sich erst, als die Sonne schon am Himmel stand. Der Urner war also viel früher als der Glarner aufgebrochen und daher weiter gekommen. Er überwand so den Paß als erster und lief mit letzter Kraft auf der anderen Seite bergab, bis er schließlich erschöpft zu Boden sank und starb. Die Stelle heißt seither **Urnerboden.** Sie liegt auf 1530 m und gilt als eine der schönsten Alpen der Schweiz.

Hotel: Klausen-Passhöhe ($), ✆ 879 11 64, Fax 879 18 84: Einfach, großartige Aussicht, Touristenlager.

Wanderungen: Auf Ruosalp und ins Bisital, Berg- und Eistouren auf den Claridenstock und seinem Gletscher. Über 14 km führt ein beschilderter, naturkundlicher Höhenweg zurück nach Unterschächen. Broschüre bei der Gemeindeverwaltung Unterschächen erhältlich, ✆ 879 11 66.

Der Föhn im Urner Reusstal

Sturm, Kopfschmerzen und südliche Vegetation

»Es gibt nichts Seltsameres und Köstlicheres als das süße Föhnfieber, das in der Föhnzeit die Menschen der Bergländer und namentlich die Frauen überfällt, den Schlaf raubt und alle Sinne streichelnd reizt«. Über den warmen Südwind, von dem der Schriftsteller Hermann Hesse sich so begeistern ließ, ist allerdings nicht nur Positives zu berichten: Beschert der Föhn einerseits mildes Klima, eine üppige Vegetation, viele Sonnentage und eine klare Sicht, straft er Mensch und Natur andererseits durch Kopfschmerzen, Feuersbrünste, Überschwemmungen und Verwüstung.

Föhnwind entsteht, wenn sich Zonen höheren und niedrigeren Luftdrucks gegenseitig ausgleichen, der warme trockene Fallwind tritt vor allem in den Tälern am Alpennordrand auf. Ein sogenannter Föhndurchbruch läßt die Temperaturen innerhalb weniger Minuten um 10 bis 20 Grad in die Höhe steigen, gleichzeitig nimmt die Luftfeuchtigkeit rapide ab.

Ausgeprägtestes Föhn-Tal der Schweiz ist das Urner Reusstal vom Gotthard bis an den Vierwaldstätter See. In Altdorf weht der Föhn jährlich während 550 Stunden, in Göschenen zählt man rund 1100, am Gotthard gar 4000 Föhnstunden. Im Frühling bringt der Südwind in einem einzigen Tag soviel Schnee zum Schmelzen, wie es die Sonne in zwei Wochen vermag. Früher trat deshalb regelmäßig die Reuss über die Ufer.

Im Reusstal bringt das milde Föhnklima – untypisch für ein Bergtal in dieser Höhenlage – fruchtbare Kulturen, beispielsweise Getreide hervor. An den felsigen Ufern des Urner Sees sind Turiner Waldmeister und Lorbeerseidelbast, Strauchwicke und Quirblättriges Johanniskraut anzutreffen, sogenannte Föhnpflanzen, die üblicherweise südlich der Alpen heimisch sind. Im geschützten Dörfchen Bauen gedeihen Palmen und werden gar die Feigen reif.

An gewissen Tagen haben die Urner allerdings für die vom Föhn gesegnete Natur keinen Blick übrig. Wenn der »älteste Urner«, wie die Bevölkerung den Südwind nennt, mit Windstärke 9 vom Gotthard herunterbraust und den Urner See aufpeitscht, haben die Schiffer sofort ans schützende Ufer zurückzukehren. In den Dörfern patrouilliert die Föhnwache, um sofort die Feuerwehr zu rufen, sollte der Wind eine auch noch so kleine Glut entfachen. Immerhin haben vom Föhn verursachte Feuersbrünste in der Vergangenheit die Ortschaften Andermatt, Hospenthal, Amsteg, Flüelen und bereits dreimal Altdorf ganz oder teilweise eingeäschert. Schon im 15. Jh. versuchte man solche Katastrophen per Gesetz zu verhindern und dem Landbuch des Kantons Uri von 1823 ist zu entnehmen, es sei bei Strafe verboten, »bei Föhn und anderen gefährlichen Windszeiten zu backen, zu schmieden, zu nageln, zu söchten (waschen), Mott und Retschfeuer anzuzinden und sollen dergleichen Feuer bei einfallendem Wind sogleich gelöscht werden«. Auf den menschlichen Organismus hat der Föhn die unterschiedlichsten Wirkungen. Raubt er, gemäß Hesse, den einen den Schlaf, reizt ihnen die Sinne und macht sie ausgelassen und übermütig, löst er bei anderen Müdigkeit, Nervosität, starke Kopfschmerzen und Stimmungsschwankungen aus. Spüren manche den Föhn bereits vor der entsprechenden offiziellen Wetterprognose, überfällt er andere an den Föhntagen selber und plagt die dritten, wenn er bereits zusammengebrochen ist.

In der Innerschweiz ist der Föhn auch im Adressbuch anzutreffen. Die Vorfahren jener Urner und auch Schwyzer, die Föhn heißen, übten den Beruf Föhnwächter aus – das Familienwappen der Föhn zeigt ein Feuerhorn. Für ihre Arbeit wurden sie übrigens nur an Föhntagen bezahlt.

Von Altdorf an den Fuß des Gotthardpasses

Ab Altdorf steigt das Urner Reusstal und damit ein europaweit bedeutender Straßen- und Schienenweg zum Gotthardpass an. Erster Etappenort ist der Ort **Erstfeld** zu beiden Seiten der Reuss, bewacht von den Dreitausendern Kleine und Grosse Windgällen und der Pyramide des Bristenstocks. Hier beginnt die eigentliche Gotthardrampe.

Ein in der Gegend geborgener, kulturhistorisch einzigartiger und im Landesmuseum Zürich aufbewahrter keltischer Goldschatz bezeugt, daß Erstfeld bereits im 4. Jh. v. Chr. besiedelt war. Auf einer Wiese zwischen dem neuen und dem alten Ortsteil lohnt sich an der Stelle, wo um 800 einem Jäger ein Hirsch mit dem Schweißtuch Christi im Geweih erschienen sein soll, ein Blick in die frühbarocke Jagdmattkapelle aus dem Jahr 1638.

Hotels: Frohsinn ($–$$), ☎ 882 01 00: Beim Bahnhof, familienfreundlich, ruhig, Garten. **Albert** ($), ☎ 880 10 41, Fax 880 14 42: Klein und familiär, Pauschalwochen mit geführten Radtouren.

Restaurant: **Albert** ($–$$$), ☎ 880 10 41: Gemütliches Restaurant mit einheimischer Küche, baumbestandene Terrasse.

Wanderungen: Eine Luftseilbahn führt ins Wandergebiet Schwandi am Belmeten. Zahlreiche Bergtouren, etwa durch das Erstfeldertal zur Kröntenhütte.

Die sehr alte, ausgedehnte und mit ihren Streusiedlungen typische Urner Gemeinde **Silenen** besitzt mit dem architektonisch bedeutenden Ortsteil Dörfli am alten Saumpfad einige Bauten, die in direktem Zusammenhang mit dem alten Gotthardverkehr errichtet wurden. Dazu zählen der mittelalterliche Meierturm aus dem 11./12. Jh., der Spital als ehemalige Herberge und eine alte Schmiede.

Auf einer Anhöhe über der Reuss thront die bedeutende, auffallend große Barockkirche aus dem Jahr 1756 mit ihren schönen Deckenfres-

ken. Dahinter erhebt sich das fensterlose, sogenannte Steinhaus aus dem 12. Jh. Die Nothelferkapelle birgt Darstellungen der 14 Heiligen, die jeweils um Verschonung vor Gefahr und Krankheit angerufen wurden. Etwas weiter beherrscht auf einem Hügel die Burgruine »Zwing Uri« das Tal. Nach der Überlieferung soll die Errichtung der Festung vom Landvogt Gessler befohlen worden sein, vermutlich wurde der Bau jedoch noch vor seiner Vollendung zerstört.

Von hohen Felswänden eingerahmt, liegt zu Füßen des Bristenstocks am Eingang zum Maderanertal **Amsteg**. Vor der Erschließung des Gotthardpasses war der Ort eine wichtige Etappe der Handelsleute,

St. Albin in Silenen

Soldaten und Pilger, die sich über einen Saumweg nach Disentis und über den Lukmanierpass nach Süden begaben. Heute wird in Amsteg vor allem Elektrizität gewonnen: Am Pfaffensprung schießt die Reuss über 282 m hinab, in riesigen Turbinen wird das Wasser in Strom umgewandelt.

ℹ️ **Information:** Verkehrsbüro beim Bahnhof Amsteg-Silenen, 6473 Silenen, ☎ 883 11 36.

🛏️ **Hotels: Stern & Post** ($$–$$$), in Amsteg, ☎ 883 14 40, Fax 883 02 61: Traditionsreiches Hotel in historischem Posthaus, Garten, Bar.

🚶 **Wanderungen:** Wandergebiet Chilcherbergen auf 1200 m (Seilbahn ab Silenen).

Wer auch nur ein einziges Mal im **Maderanertal** war, wird dem Urner Naturforscher Karl Franz Lusser beipflichten: »Freunde sowohl anmuthiger als wild erhabener Alpennatur, Landschaftszeichner, Naturforscher, besonders Botaniker, Entomologen und Geognostiker werden nicht unbefriedigt aus diesem Thale zurückkehren.«

Von ursprünglicher, strichweise wilder Schönheit ist die abgelegene, nur auf einer steilen, engen Bergstraße zugängliche Landschaft, hohe Felswände und zahlreiche, dem ungebändigten Chärstelenbach entgegenstürzende Wasserfälle prägen den weiten Talkessel. In seiner Natur so gut erhalten wie kaum ein anderes Alpental, ist das Maderanertal

beliebter Ausgangspunkt zu Bergwanderungen, Hochgebirgs-, Gletscher- und Klettertouren. In den Alpmulden ruhen malerische Bergseen, darüber gleißt der Hüfifirn. Im hinteren Talabschnitt gedeihen in einem Naturschutzgebiet in überwältigender Landschaft zahlreiche seltene Pflanzen.

Das hübsche Bergdörfchen **Bristen** am Taleingang ist die Heimat etlicher berühmter Bergführerdynastien, vor allem aber der Strahler, wie die Kristallsucher genannt werden. Seit Menschengedenken bergen sie im Maderanertal und anderswo in den Urner Alpen wertvolle Funde. Bereits vom ausgehenden 15. Jh. an soll in Bristen und Umgebung Eisenerz abgebaut worden sein. Rund 2 km östlich von Bristen zeugt ein eindrucksvoller, renovierter Schmelzofen von dieser Zeit. Unweit davon führt eine Luftseilbahn nach **Golzern.** Der kleine, stille Ferienort vor herrlicher Bergkulisse liegt an einem idyllischen Bergsee und bietet zahlreiche Wandermöglichkeiten. Weiter östlich liegt auf der Balmenegg (1394 m) inmitten eines Naturschutzgebietes das berühmte Berghotel Maderanertal aus dem Jahr 1864.

🛏️🍴 **Hotel/Restaurant: Maderanertal** ($$), ☎ 883 11 22: Bis Mitte des 20. Jh. ein Treffpunkt der oberen Zehntausend, heute gemütliche Herberge für jedermann, mit Bergrestaurant.

Ab Amsteg windet sich die Gotthardstraße kurvenreich weiter bergan

Gotthard-Autobahn bei Wassen

Richtung Süden. Die parallel verlaufende Bahnlinie führt über hohe Viadukte und durch zahlreiche kürzere und längere Tunnel, tief unten rauscht die Reuss durch das enge Tal. Bald kommt **Gurtnellen,** ein Bergdorf aus zwei Siedlungskernen, in Sicht. Durch den Vorbau der schmucken, im 17. Jh. erbauten Kapelle St. Anna im Ortsteil Wiler führte einst der alte Säumerweg über den Gotthard hindurch.

Ein stehender Begriff und weit über die Landesgrenzen hinaus bekannt ist »Die Kirche von **Wassen**«: Auf einem Hügel thronend, zeigt sie sich dem Bahnfahrer einmal von Süden, dann von Westen, endlich von Norden. Des Rätsels Lösung: Um den starken Geländeanstieg zu überwinden, führt die Schiene zwischen den verschiedenen Ansichten der Kirche in Kehrtunnels rund um das Dorf. Der Anblick der sich romantisch vor einer Brücke präsentierenden Pfarrkirche lohnt sich auch aus der Nähe: Das 1735 eingeweihte, reich ausgestattete Gotteshaus birgt herrliche Schnitzaltäre im barocken Stil.

Der kleine Ort mit seinen akkurat aneinandergereihten Häusern vor der Pyramide des Meiggelenstocks diente als Rastplatz an der alten Gotthardroute. So hat sich auf dem Weg zur Schöllenenschlucht hier auch Goethe ein letztes Mal ausgeruht, vielleicht am reizvollen Dorfplatz mit seinem alten Brunnen und den spätgotischen Wohnbauten.

Hotel/Restaurant: Gotthard ($$), in Gurtnellen, ☎ 885 11 10, Fax 885 03 10: Gemütlich, herrliche Aussicht, Restaurant ($–$$) mit Urner und Innerschweizer Spezialitäten, köstliche Bachforellen, schöne Terrasse.

Wanderungen: Gurtnellen ist Ausgangspunkt zu etlichen Bergtouren, etwa ins Fellital und über die Fellilücke auf den Oberalppass.

In Wassen zweigt Richtung Westen die kurvenreiche Bergstraße durchs Meiental und damit über den Sustenpass ab. Nördlich der Paßhöhe imponiert das Massiv der Fünffingerstöck (3023 m). Vor **Meien** am Eingang ins Meiental sind die Reste der Meienschanze zu erkennen, ein

Bollwerk des Urner Militärs (1712) zur Abwehr der protestantischen Berner jenseits des Sustenpasses. Im Talboden fällt der Blick auf die charakteristischen kleinen Häusergruppen, an der Hangseite vieler Bauten fallen die sogenannten Spaltkeile auf. Diese sind zum Schutz gegen die zahlreichen Lawinen angelegt, die Winter für Winter im Meiental niedergehen. Der Spaltkeil bricht sie und führt sie so über das Hausdach hinweg.

Je höher die Straße steigt, desto mehr öffnet sich die imposante Bergwelt der Urner Alpen, und schon von weitem schimmert der Gletscher des Chalchtalfirns. Und schließlich ist der **Susten** (2224 m, Restaurant), bereits im Mittelalter ein bedeutender Paßübergang der Handeltreibenden, an der Grenze von der Zentralschweiz zum Berner Oberland erreicht. Das Panorama,

Hochalpine Landschaft bei Andermatt

vor allem vom in wenigen Minuten zu Fuß zu erreichenden Scheitelpunkt des Passes (Restaurant), ist überwältigend: Fast zum Greifen nah lockt im Norden der Fünffingerstock (2993 m), im Süden grüßt der Sustenspitz (2390 m) und ringsum schweift der Blick zu zahlreichen weiteren Gipfeln der Urner und Berner Alpen.

Am Nordportal von Straßen- und Bahntunnel durch den Gotthard war **Göschenen** einst wichtiger Etappenort am alten Gotthardweg, heute Verladestation durch den Tunnel und Umsteigebahnhof nach Andermatt. An die historischen Zeiten erinnert allein noch die alte Zollbrücke aus dem Jahr 1556 über die Göschenerreuss im Dorfkern, bei deren Turm noch bis ins 18. Jh. Brückenzoll zu entrichten war. Über etliche steile Kurven führt eine im Sommer mit Postauto befahrene Bergstraße durchs landschaftlich prachtvolle Göscheneralptal auf die **Göscheneralp** (1715 m). Ruhig liegt der **Göscheneralpsee,** mit dem größten Naturstaudamm Europas, im wilden und blumenreichen Hochalpental. Im Westen dominieren der Dammastock (3630 m) und sein mächtiger Gletscher die Szenerie.

🛏 **Hotels: Dammagletscher** ($$), auf Göscheneralp, ☎ 885 16 76, Fax 885 18 87: In großartiger Gebirgslandschaft, Touristenlager, Bergrestaurant. **Zum weissen Rössli** ($$–$$$), in Göschenen, ☎ 886 80 10, Fax 886 80 30: Ruhig, zentrale, schöne Wellness-Einrichtungen. **Gotthard** ($), in Göschenen,

☎ 885 12 63, Fax 885 17 65: Einfach, ruhige Zimmer.

🚶 **Wanderungen:** Ausgangspunkt Göscheneralp für Wander- und Hochtouren.

Durch die Schöllenenschlucht nach Andermatt

»Nicht die Brücke, sondern das ganze dieser Natur ist merkwürdig; es gehört sicher zu den fürchterlichsten, schauderhaftesten und ausserordentlichsten Gebirgsscenen der ganzen Schweiz. Das wüthende Donnern der stürzenden Reuss erschüttert diesen höllischen Ort« schrieb Johann Gottfried Ebel 1804 über **Teufelsbrücke** und **Schöllenenschlucht. Auf** dem Weg Richtung Italien bzw. Nordeuropa zogen jahrhundertelang Händler, Pilger, Studenten und Soldaten durch die unheimliche, enge Schlucht. Die Brücke über den tiefen Abgrund im oberen Drittel der Schöllenen soll, der Sage nach vom Teufel gebaut worden sein. Bevor er an die Arbeit ging, forderte er von den Urnern als Gegenleistung die erste Seele, die diesen Übergang überqueren würde. Die Urner schlugen ein, der Teufel vollendete sein Werk und erwartete am oberen Ende des Brückenbogens freudig seinen Lohn. Und tatsächlich rannte die erste Seele über die Brücke dem Teufel entgegen – ein Ziegenbock, den die Urner herüberge-

Andermatt

jagt hatten. Der derart gefoppte Baumeister schleppte alsbald einen riesigen Felsblock heran, um sein grandioses Werk damit zu zerstören. Als er seine Last kurz niederlegte, schlich ein altes Mütterchen heran, ritzte ein Kreuz in den Stein – und heulend vor Wut schoß der Gehörnte davon und ward nicht mehr gesehen. Der legendäre Teufelsstein steht heute neben dem Nordportal der Autobahn bei Göschenen. Über die Brücke steht fest, daß sie ursprünglich aus dem 12. oder 13. Jh. stammt und seither mehrmals erneuert worden ist. Im letzten Jahrhundert noch eine Postkutschen-Verbindung, dient die Brücke heute einem Wanderweg als Übergang.

Nicht zu verwechseln ist die alte Teufelsbrücke mit dem neueren, eleganteren Übergang gleichen Namens unweit der Gedenkstätte für den berühmten russischen General Suworow, welcher 1799 mit seinem Heer von Süden den Gotthardpass überwand. Oberhalb der neuen Teufelsbrücke fällt ein kurzer Tunnel im kantigen Fels ins Auge: Das Urnerloch, ganze 2,50 m breit, wurde 1707 als erster Straßentunnel durch die Alpen gebohrt. Zwischen Göschenen und Andermatt überwindet auch die Schöllenenbahn die schwindelerregenden Abgründe der tobenden Reuss.

Wo sich die drei Paßstraßen über den Gotthard, die Furka und den Oberalp treffen, liegt auf ebenem Alpboden der beliebte Sommer- und vor allem Winterferienort **Ander-**

matt (1444 m). Im Süden beschützt von den Bergriesen des Gotthardmassivs, ist der Ort gleichzeitig modernes Fremdenverkehrszentrum wie beschauliches, ländliches Dorf. Augenfällig sind die drei markanten Kirchen: Am Eingang zur Schöllenenschlucht beeindruckt die spätgotische Kolumban-Kirche aus dem 13. Jh. Zum romanischen Turm kontrastiert das kostbar ausgestattete Innere aus dem 16. und 17. Jh. Im Dorfzentrum steht die 1609 erbaute Kirche Peter und Paul und leicht erhöht grüßt am südlichen Ortsende die Maria-Hilf-Kapelle aus dem Jahr 1742. An der schmalen, schmucken Hauptgasse lohnt sich ein Blick auf das aus dem Jahr 1583 stammende und nach einem Dorfbrand 1767 wieder aufgerichtete Rathaus. An der Gotthardstraße 113 dokumentiert das **Talmuseum Andermatt** (Mi–So 16–18 Uhr) die geschichtliche und wirtschaftliche Entwicklung im Urserental und zeigt Objekte zu alter Wohnkultur, Naturkunde, Verkehrs- und Kulturgeschichte.

Andermatt ist ein Paradies für Wintersportler. Mit dem Skilift vom Nätschen auf den Gütsch wurde 1937 hier die erste Anlage dieser Art in der Schweiz eröffnet. Seit 1962/63 die Seilbahn auf Gurschenalp (2200 m) und Gemsstock (2961 m) ihren Betrieb aufgenommen hat, gilt Andermatt neben Engelberg als größter Wintersportplatz der Zentralschweiz und ist Durchführungsort nationaler wie internationaler Skirennen. Der absolut schneesichere Gemsstock bietet neben dem Ausblick auf nicht weniger als 600 Berggipfel schier unerschöpfliche Wintersportmöglichkeiten. Die Furkabahn führt in die Wintersportgebiete auf dem Oberalp und jenseits des Passes im Kanton Graubünden oder dann Richtung Westen ins Langlaufparadies Goms im Oberwallis.

Im Sommer ist die vielfältige Berglandschaft rund um Andermatt fest in der Hand der Wanderfreunde, Alpinisten und Kletterbegeisterten. In der nächsten Umgebung empfehlen sich die Wanderroute nach Gurschenalp (Bergrestaurant, Seilbahn) und auf den Gurschenstock (2866 m), auf den Gemsstock und den Gütsch (2158 m) und der Höhenweg durchs Urserental nach Tiefenbach am Furkapass. Ein gut ausgebautes und weitläufiges Wanderwegnetz überzieht die Gegend bis hinauf auf die Pässe Furka, Gotthard und Oberalp und über diese hinaus.

Ein Bergerlebnis besonderer Art ist die 110 km lange Dreipässerrundfahrt mit dem Wagen oder im Sommer per Postauto über Furka-, Grimsel- und Sustenpass.

Information: Verkehrsbüro, Gotthardstr. 2, 6490 Andermatt, ☎ 887 17 54, 887 01 85.

Hotels: Drei Könige & Post ($$–$$$$), ☎ 887 00 01, Fax 887 16 66: Ältester Gasthof im Ort, schöne Fitness- und Wellnessanlagen. **Kronen** ($$–$$$$), ☎ 887 00 88, Fax 887 18 38: Gemütlich, kinderfreundlich, Familienzimmer, Fitness- und Wellness-Studio, Bar. **Sporthotel Sonne** ($$–$$$),

Das Gotthardmassiv

Dachfirst und schnellste
Nord-Süd-Verbindung Europas

Das Gotthardmassiv ist die bedeutendste Wasserscheide Europas: Seinen Gletschern entspringen die Flüsse Rhone, Ticino, Rhein und Reuss, ihre Wasser führen sie ins französische und italienische Mittelmeer und in die Nordsee. Früher ein schmaler, gefahrenvoller Saumpfad, ist die Gotthardroute heute die kürzeste Verkehrsverbindung über die Alpen. Die beiden Gotthardtunnel – Eisenbahn 15 km, Straße 16,7 km – sind die längsten Tunnels Europas.

Bereits in prähistorischer Zeit trugen Maultiere auf Saumwegen Handelsgüter über den Berg. Später nutzten die Römer der Siedlung Hospental an der Nordseite des Massivs den unwegsamen Alpenübergang, während der Zeit der Völkerwanderung waren es germanische Stämme. Reger Verkehr kam allerdings erst auf, nachdem die Urner in der ersten Hälfte des 12. Jh. die wilde Schöllenenschlucht erschlossen hatten. Auf gefährlichem Saumweg – es drohten unvorhersehbare Wetterwechsel, Steinschlag und Lawinen – transportierten während rund 700 Jahren Pferde, Ochsen, Sänften und im Winter Schlitten Waren über den Paß, eilten und ritten Kuriere von Norden nach Süden und umgekehrt.

Im Jahr 1818 wurde auf Anregung der Tessiner Regierung mit dem Bau einer befestigten Straße über den Paß begonnen, 1830 war das Werk fertiggestellt. Dreimal wöchentlich verkehrten nun fünf- und sechsspännige Postkutschen zwischen Flüelen am Vierwaldstätter See und Bellinzona im Tessin, ab 1842 legte die Post die bis Mailand verlängerte Route in genau 23 Stunden zurück.

Als 1872 die Bauarbeiten für die Bahnverbindung von Luzern nach Chiasso und damit den Eisenbahntunnel durch den Paß aufgenommen wurden, stand in Sachen Ingenieur-, Vermessungs- und Bauwesen eine technische Meisterleistung bevor. Tag und Nacht erarbeiteten rund 2500 Arbeiter aus zahlreichen Ländern unter schwierigsten Bedingungen und mit einfachstem Werkzeug die Trasse, errichteten kunstvolle Brücken, bohrten Tunnels – neben dem langen Gotthardtunnel auch zahlreiche kürzere, darunter die kompliziert angelegten Kehrtunnel bei Wassen – in den harten Granit, legten Dämme an und bauten Vorrichtungen zum Schutz gegen Wildbäche, Erdrutsch, Steinschlag und Lawinen. Das monumentale, nach nur zehnjähriger Bauzeit bei seiner Eröffnung im Jahr 1872 hochgelobte Werk hat allerdings eine unrühmliche Kehrseite: Louis Fabre, Leiter des Projekts, hatte den Auftrag zum Bau der Eisenbahnstrecke durch den Gotthard nur erhalten, weil er kostengünstiger und schneller als seine Mitbewerber zu bauen versprach. Unter riesigem Zeitdruck stehend, holte er daher aus den Arbeitern das Letzte heraus, trieb sie zu größter Eile an und ließ Vorsichtsmaßnahmen außer acht. Das traurige Resultat: 177 Arbeiter erlitten tödliche Unfälle, über 700 wurden durch Berufskrankheiten invalid und darüber hinaus mittellos. Als sich die Minenarbeiter gegen die unmenschlichen Bedingungen beim Tunnelbau mit Streik auflehnten, wurden vier von ihnen erschossen. Schließlich kam während der Bauarbeiten auch Louis Fabre selber um.

Die Gotthardbahn bedeutete das Ende der Postkutschenzeit und hatte einen starken Rückgang des Verkehrs über den Paß zur Folge. Der Verkehr durch den Berg und damit der Aufschwung von Tourismus und Handel war hingegen beträchtlich; allein im ersten Betriebsjahr zählte die Bahn 250 000 Passagiere. Heute befördert die Eisenbahn durch den Gotthardtunnel jährlich rund 5,5 Mio. Passagiere und Güter im Gesamtgewicht von rund 10 Mio. Tonnen.

1980 wurde nach elfjähriger Bauzeit der Gotthard-Straßentunnel eingeweiht. Zusammen mit der Gotthard-Autobahn gilt er als Jahrhundertwerk in der Geschichte des Schweizer Straßenbaus. Die moderne Gotthardstraße hat jedoch nicht nur eitel Freude gebracht. Die unzähligen Autos, die sich zu Ferienbeginn kilometerweit vor beiden Tunnelportalen stauen, ziehen Mensch und Natur in Mitleidenschaft; im Laufe der Jahre ist die Opposition gegen Beton und Blechlawinen immer größer geworden.

In den nächsten Jahren wird die Gotthardstrecke, nach wie vor die wichtigste Alpentransitstrecke im europäischen Verkehr, weiter ausgebaut werden. Mit der NEAT – Neue Eisenbahn-Alpentransversale – wird ein neuer Basistunnel erstellt und der Nord-Süd-Schwerverkehr von der Straße auf die Schiene verlagert. Bis zum Jahr 2012 soll somit der längste Eisenbahntunnel der Welt entstehen. Das Projekt hatte in der Vergangenheit sowohl Befürworter wie Gegner und provozierte seit Jahren heftige Diskussionen innerhalb der Schweiz: Für die NEAT waren die EU-Anhänger, die sich mit den EU-Gegnern, den Umweltschützern und denjenigen, welche die zu erwartenden immensen Kosten des Projekts in anderen Bereichen einsetzen wollen, heftig stritten. Eine Entscheidung fiel im Dezember 1998: Rund 60% der Schweizer Wähler stimmten für den weiteren Bau der Alpentransversale.

☎ 887 12 26, Fax 887 06 26: Heimeliges Haus nähe Gemsstockbahn und Langlaufloipe, Sauna. **Aurora** ($$), ☎ 887 16 61, Fax 887 00 86: Familienhotel im rustikalen Stil, Bergsicht, komfortable Zimmer, Sauna, Bar. **Bergidyll** ($$), ☎ 887 14 55, Fax 887 05 55: Zentral, ruhige Zimmer, Garten, Bar. **Schweizerhof** ($$), ☎ 887 11 89, Fax 887 07 49: Traditionsreiches Haus an der Hauptgasse. **Altkirch** ($), ☎ 887 14 40, Fax 887 14 08: Nähe Bahnhof, einfach und freundlich.

✗ **Restaurants: Drei Könige & Post** ($–$$$), ☎ 887 00 01: Gutbürgerliche Saisonküche. **Postillion** ($–$$), ☎ 887 10 44: Gemütliches Lokal, gutbürgerliche Küche. **Kronen** ($–$$), ☎ 887 00 88. Gemütliches Restaurant mit persönlicher Note, gutbürgerliche Küche.

Y **Nachtleben:** Picadilly Pub, ☎ 887 15 15.

🏃 **Sport:** Schneeschuhtouren (Bergschule Uri, ☎ 887 17 70), Eislauf, Curling. Klettern (Schweizerische Bergsteigerschule, ☎ 872 09 00).

Von Andermatt auf Furka- und Gotthardpass

»Statio ursariorum« – Land der Bären hatten die Römer das heutige **Urserental** genannt. Um den strategisch wichtigen Weg über die Pässe Furka und Oberalp und damit zwischen dem Wallis und Rätien zu sichern, hatten die Besetzer vor 2000 Jahren die Einwohner des 10 km langen Verbindungstals zur Bärenjagd eingesetzt. Sonnig und karg, weist das breite Hochtal zwar grüne Alpmatten bzw. während fast sechs Monaten Tiefschnee, jedoch kaum Bäume auf. Wie und wann ihm der Wald abhanden gekommen ist, bleibt bis heute Ursache von Spekulationen.

Untypisch für den Kanton Uri bilden die Dörfer im Tal der Furkareuss kompakte Siedlungen. Und bis heute verwalten die Urschner über 80 % ihres Bodens als Gemeingut.

Wo die Paßstraße über den Gotthard auf jene über die Furka trifft, liegt **Hospenthal,** als »Hospitaculum« ehemalige Herberge für römische Soldaten und Händler und im Mittelalter Etappen- und Umladeort am Säumerweg vom Norden in die Westschweiz und nach Italien. Heute ein kleiner Luftkur- und Skisportort, beeindruckt Hospenthal schon von weitem mit seinem mächtigen quadratischen Wehrturm, dem einzigen Überrest einer Burg der Edlen von Hospenthal aus dem 13. Jh. Dicht drängen sich darunter die blumengeschmückten Häuser, der Ortskern hat sich im Laufe der Jahrhunderte kaum verändert. Über die Reuss führt eine spätmittelalterliche Steinbrücke.

Westlich des kleinen Ortes **Realp,** Autoverladestation durch den Furka-Bahntunnel, windet sich die Bergstraße in spektakulären Serpentinen zur Paßhöhe empor. Je höher sie klettert, desto mehr öffnet sich die Sicht auf das immer ferner rückende Urserental und die immer kleiner werdenden roten Waggons der Furka-Oberalp-Bahn, blühende Berg-matten werden mehr und mehr von schroffem Fels und abweisenden Geröllfeldern verdrängt. Schließlich ist der **Furka-Pass** (2431 m) – Was-serscheide zwischen Rhein und Rhone und Kantonsgrenze zwi-schen Uri und Wallis – erreicht. Ge-bieterisch beherrschen die prächtige eis- und schneebedeckte Kuppe des imposanten Galenstock (3583 m) und der mächtige Rhonegletscher den kargen Ort. Bis in die 60er Jahre des 19. Jh. war die Furka bedeuten-der Handelsweg: Säumer und mit Getreide, Salz und Wein vollge-packte Pferde und Maultiere begin-gen den damaligen engen Weg. Auf der 1866 gebauten Paßstraße ver-kehrten Postkutschen und später die ersten Autos. Seit der Jahrhundert-wende verbindet die Bahn das Wal-lis über Furka- und Oberalppass mit Graubünden, seit den 70er Jahren des 20. Jh. besteht ein 15 km langer Basistunnel.

Gotthardpasshöhe

 Hotel/Restaurant: Galen-stock ($$), ☎ 887 17 60: Berghotel mit großartigem Ausblick, Tou-ristenlager, Aussichtsrestaurant.

 Camping: Campingplatz in Realp, ☎ 881 15 54.

Nach Andermatt und Hospenthal klettert die Gotthardstraße steil und schließlich im Zickzack Richtung Paßhöhe empor. Das Verkehrsauf-kommen bleibt relativ gering, wäh-len die meisten Autofahrer für die Fahrt nach Süden doch den Auto-bahntunnel zwischen Göschenen und Airolo. Wer sich für die längere Fahrt, auch mit dem Postauto, über den **Gotthardpass** (2108 m) ent-scheidet, wird durch die imposante hochalpine Kulisse mit etlichen Dreitausendern reichlich entschä-digt.

Auf der Paßhöhe stehen ein altes Hospiz, eine Sternwarte, eine Berg-kapelle und ein Hotel-Restaurant, in der ehemaligen Herberge, Zoll- und Poststation »Alte Sust« zeigt das **St.-Gotthard-Museum** (Juni bis Okt. 9–18 Uhr) die bedeutende ge-schichtliche und zeitgenössische Bedeutung des Passes für die Schweiz und Europa auf.

TIPS & ADRESSEN

Alle wichtigen
Informationen rund
ums Reisen –
von Anreise bis
Zeitungen – auf
einen Blick

INHALT

REISEVORBEREITUNG

Information

Schweiz Tourismus

… in Deutschland
Kaiserstr. 23
60311 Frankfurt/M. 1
✆ 069/25 60 01-0
Fax 0 69/25 60 01-38
E-mail:
stfrankfurt@switzerlandtourism.ch

Wilhelm-Marx-Haus
Heinrich-Heine-Allee 53
40213 Düsseldorf 1
✆ 02 11/83 07-2-42
Fax 02 11/83 07-3-93

Speersort 8/IV
20095 Hamburg
✆ 040/32 14 69
Fax 040/32 39 00

Leopoldstr. 33
80802 München
✆ 089/33 30 18
Fax 089/34 53 46

… in Österreich
Postfach 34
1015 Wien
✆ 01/512 74 05
Fax 01/513 93 35

… in der Schweiz
Bellariastr. 38
8027 Zürich
✆ 01 /288 11 11
Fax 01/288 12 05

Zentralschweiz-Tourismus
Alpenstr. 1
CH-6002 Luzern
✆ 041/418 40 80
Fax 041/418 40 81

Fast jeder Ort in der Zentralschweiz verfügt über ein **Fremdenverkehrs-büro** (Verkehrs- oder Tourismusbüro), Auskunft erteilt Zentralschweiz-Tourismus. Das Verkehrs- bzw. Tourismusbüro vermittelt Hotel- und Privatzimmer, Ferienwohnungen und Pauschalangebote, zudem sind Prospektmaterial, Fahrpläne, Karten und Pläne aller Art und zahlreiche weitere Informationen erhältlich.

Diplomatische Vertretungen

Deutsche Botschaft
Willadingweg 83
3006 Bern
✆ 031/859 41 11
Fax 031/859 44 44

Österreichische Botschaft
Kirchenfeldstr. 28
3005 Bern
✆ 031/351 01 11
Fax 031/851 56 64

Einreise- und Zollbestimmungen

Zur Einreise in die Schweiz benötigen deutsche Staatsbürger einen Reisepaß (weniger als 1 Jahr abgelaufen) oder einen gültigen Personalausweis. Kinder bis 10 Jahre: Kinderausweis ohne Fotografie; bis 16 Jahre: Kinderausweis mit Fotografie oder Eintrag im Familienpaß.

Österreichische Staatsangehörige benötigen zur Einreise in die Schweiz entweder einen Reisepaß (nicht länger als fünf Jahre abgelaufen) oder einen gültigen Personalausweis.

Bei der Einreise in die Schweiz sind pro Person zollfrei: Persönliche Habe wie Kleider, Toiletten- und Sportartikel, Foto- und Videokameras mit Filmen, Campingausrüstungen usw. sowie Reiseproviant für einen normalen Tagesbedarf. Rauchwaren: 200 Zigaretten oder 50 Zigarren oder 250 g Pfeifentabak. Alkoholische Getränke: 2 l mit Alkoholgehalt unter 15 % (Bier, Wein), 1 l mit Alkoholgehalt über 15 % (Schnaps). Andere Waren zu Geschenkzwecken bis zu einem Gesamtwert von sfr. 100,– (für Fleischwaren gelten besondere Bestimmungen). Personen unter 17 Jahren dürfen je die Hälfte zollfrei einführen. Für die Ein- und Ausfuhr von Devisen bestehen keine Vorschriften.

Reisezeit

Hauptreisezeit herrscht am Vierwaldstätter See und im Mittelland nördlich davon von März/April bis Oktober, vor allem aber in den Sommermonaten Juli und August. Die Monate Juli bis September eignen sich am besten für Urlaub und Reisen in den Bergtälern südlich vom Vierwaldstätter See. Die Wintersportsaison beginnt ca. Mitte Dezember und hält bis März an.

ANREISE

… mit dem Auto

Die Zentralschweiz ist bequem auf dem Fernstraßennetz bzw. über die europäische Nord-Süd-Transitachse zu erreichen:

• Über Singen – Schaffhausen – Winterthur – Zürich und Zug nach Luzern (kurze Zwischenstrecken auf Überlandstraßen).

• Über St. Margarethen – St. Gallen – Winterthur – Zürich und Zug nach Luzern.

• Über Basel – Olten – Sursee (Luzerner Mittelland) nach Luzern.

• Durch den Arlbergtunnel über Feldkirch nach Buchs, von hier aus über St. Gallen, Zürich und Zug nach Luzern oder über Sargans und am Ufer des Zürichsees entlang nach Zug und Luzern (kurze Zwischenstrecken auf Überlandstraßen).

Ab Luzern führt die Autobahn nach

• Beckenried – Stans – durch den Seelisbergtunnel – Altdorf – durch den Kanton Uri Richtung Gotthard.

• Über Zug bzw. über Goldau und Schwyz nach Brunnen, von wo die Axenstrasse an den Autobahnanschluß Altdorf führt.

• Über Sarnen.

Über den Bodensee verkehren Autofähren von Meersburg nach Konstanz/Kreuzlingen und von Friedrichshafen nach Romanshorn, Weiterfahrt jeweils Richtung Winterthur – Zürich.

Zur Einreise in die Schweiz benötigen Autofahrer Paß oder Personalausweis, Fahrzeugausweis und nationalen Führerschein; das Auto muß mit einem Nationalitätenkennzeichen (D, A) versehen sein. Detaillierte Auskunft über Straßennetz und -zustand gibt der Automobil-Club der Schweiz (ACS), Wasserwerkgasse 39, CH-3000 Bern 13, ✆ 031/328 31 11, Fax 311 03 10.

Die Höchstgeschwindigkeit auf der Autobahn beträgt 120 km/h. Spikesreifen sind auf Autobahnen verboten. Autobahnen und Autostraßen verfügen über Notrufsäulen. Auf Autobahnen und in Städten kann rund um die Uhr an vielen Tankstellen mit 10- und 20-Franken-Scheinen Benzin bezogen werden.

Auf Schweizer Autobahnen ist die **Autobahnvignette** zum Preis von sfr. 40,– (Autobahngebühr) obligatorisch. Sie gilt von Dezember bis Januar des übernächsten Jahres und ist erhältlich bei Postämtern, Tankstellen und Automobilwerkstätten in der Schweiz sowie bei Automobilclubs und den Vertretungen von Schweiz Tourismus in Deutschland und Österreich.

… mit der Bahn

Euro-, Intercity- und einige ICE-Züge verkehren täglich mehrmals ab den größeren Städten Deutschlands und Österreichs nach Basel und Zürich; Platzreservierung wird empfohlen. Stündlich verkehren ab Basel Schnellzüge über Olten nach Luzern und ab Zürich über Zug nach Luzern und von hier aus in alle größeren Orte der Innerschweiz. Ab Hamburg, Berlin, Dresden und Leipzig verkehren Nachthotelzüge (City Night Line) nach Basel, von Wien ein Nachtzug nach Zürich. An allen größeren deutschen und österreichischen Bahnhöfen kann das Gepäck bis zum Zielbahnhof aufgegeben werden. Von Hamburg, Hannover, Berlin, Düsseldorf und Köln verkehren Autozüge nach Lörrach bei Basel.

… mit dem Flugzeug

Swissair, Lufthansa und Austrian Airlines bieten täglich Direktflüge ab den meisten Flughäfen in Deutschland und Österreich nach Zürich an. Das Umsteigen auf die Bahn erfolgt direkt im Flughafenareal; von hier aus verkehren stündlich Züge nach Luzern (rund 1 h 20 Fahrtzeit). Auskunft erteilen die Swissair in Zürich, ✆ 01/816 22 11 oder die Agenturen der Luftfahrtgesellschaften in Deutschland und Österreich. Mit »Fly Rail Bagagge« kann das Gepäck auf Flügen mit jeder nationalen Fluggesellschaft bis an den Zielort befördert werden, bei der Rückreise ist der Check-in an den größeren Bahnhöfen möglich (z. B. Luzern, Zug, Brunnen, Flüelen, Sarnen usw.). »Fly Rail Bagagge« ist an Swissair-Schaltern oder bei den Vertretungen von Schweiz Tourismus erhältlich und kostet sfr. 20,- pro Gepäckstück und einfachen Flug.

UNTERWEGS IN DER ZENTRALSCHWEIZ

… mit dem Auto

Das Straßennetz der Zentralschweiz, inkl. Nebenstraßen, ist sehr gut ausgebaut. Zahlreiche größere Ferienorte sind per Autobahn oder Autobahnzubringer zu erreichen (siehe auch unter »Anreise«). Eine besondere Erwähnung verdient der Seelisbergtunnel, der in kürzester Zeit von Emmetten am Südufer des Gersauer Sees nach Altdorf führt. Die Straßen über die Pässe Furka, Glaubenberg, Gotthard, Grimsel, Ibergeregg, Klausen, Oberalp, Pragel und Susten sind normalerweise von Ende November bis Ende Mai gesperrt, ganzjährig befahrbar ist in der Regel der Brünigpass. Im Winter sind in den Bergregionen Schneeketten unbedingt zu empfehlen. Aktuelle Informationen über den Straßenzustand erteilt ☎ 163. Zudem strahlen die meisten Radiostationen Straßenzustands- und Verkehrslageberichte aus (vor oder nach den Nachrichten sowie nach Bedarf).

Die Höchstgeschwindigkeit beträgt innerorts (in geschlossenen Ortschaften) 50 km/h, auf Landstraßen 80 km/h, auf Autobahnen 120 km/h. Für Fahrzeuge mit Anhänger gilt generell 80 km/h, ebenso für Wagen mit Spikesreifen, die jedoch nur von November bis März zugelassen und auf Autobahnen generell verboten sind. Kreuzen sich Fahrzeuge auf engen Bergstrecken, hat das bergwärts fahrende Auto Vorfahrt.

In der ganzen Schweiz gilt Anschnallpflicht; Motorradfahrer haben einen Helm zu tragen. Der zulässige Alkoholgrenzwert beträgt 0,8 Promille. Während der Autofahrt dürfen ausschließlich Freisprech-Telefonanlagen benutzt werden. Bei Unfällen mit Personenschaden muß die Polizei (☎ 117) benachrichtigt werden, über ☎ 144 ist der Sanitätsnotdienst, über ☎ 140 der Pannendienst erreichbar. Benzin – bleifrei und bleihaltig – kostet etwas weniger als in Deutschland und Österreich, Diesel etwas mehr. An vielen Tankstellen ist Benzin nur noch über den Automaten mit 10- oder 20-Franken-Scheinen und/oder Kreditkarte erhältlich.

… mit der Bahn

Das öffentliche Verkehrsnetz ist gut ausgebaut, auch abgelegenere Orte sind leicht zu erreichen. Besonders zu empfehlen ist der Tell-Pass, das Ferien-General-Abonnement für die Region Zentralschweiz für 7 bzw. 15 Tage (sfr. 128,- bzw. sfr. 175,-). Damit genießt man an 2 bzw. 5 frei wählbaren Tagen freie Fahrt auf dem Streckennetz von 30 Bahnen, Schiffen und Postautos. Während der restlichen Tage können Fahrkarten zum halben Preis gelöst werden. Erhältlich ist der Tell-Pass von Mai bis Oktober an Bahn- und Schiffsstationen.
Bahnstrecken führen von Luzern nach
• Hergiswil – Stans – Engelberger Tal – Engelberg.
• Küssnacht – Immensee – Arth-Goldau – Schwyz – Brunnen – Flüelen – Urner Reusstal – Göschenen – durch den Gotthard ins Tessin.
• Arth-Goldau – Sattel – Rothenthurm – an den Zürich See.

- Hergiswil – Alpnach – Sarnen – über den Brünig ins Berner Oberland.
- Rotkreuz – Cham – Zug und weiter nach Zürich.
- Hochdorf – Baldegger See (Hitzkirch) – Hallwiler See (Hallwil).
- Sempach – Sursee und weiter nach Olten.
- Wohlhusen – durchs Entlebuch nach Bern.

Einfache Fahrkarten gelten einen Tag (bis 80 km Distanz) bzw. zwei Tage, Rückfahrkarten einen Tag (bis 36 km), zwei Tage (bis 80 km) bzw. einen Monat. Kinder fahren gratis (bis 6 Jahre) oder zum halben Preis (6–16 Jahre).

Daneben gibt es etliche Vergünstigungsangebote, die ebenfalls andere öffentliche Verkehrsmittel einschließen.

- **Swiss Card**: Freie Fahrt ab Schweizer Grenze oder Flughafen bis zum Zielort, beliebig viele Fahrten zum halben Preis (Bahn, Schiff, Postauto), viele Bergbahnen gewähren ebenfalls Ermäßigungen. Gültig 1 Monat, nur im Heimatland erhältlich.
- **Swiss Pass**: Freie Fahrt auf den meisten Bahn-, Schiff- und Postauto-Strecken sowie im öffentlichen Verkehrsnetz der größeren Städte, Preisermäßigungen auf privaten Busstrekken und Bergbahnen. Gültig 4, 8 oder 15 Tage bzw. 1 Monat, nur im Heimatland erhältlich. Kostenlos wird zu Swiss Card und Swiss Pass die STS-Familienkarte abgegeben: Kinder bis 16 Jahre reisen in Begleitung ihrer Eltern gratis; Kinder, die nicht zur Familie gehören, 50 % billiger. Gültig 1 Jahr, Preis sfr. 20,-.
- **Swiss Flexi Pass**: Gleiche Bedingungen wie Swiss Pass, aber nur an drei frei wählbaren Tagen innerhalb von 15 Tagen gültig.

- **Halbpreis-Abonnement**: Beliebig viele Fahrten (Bahn, Postauto, Bergbahn, Schiff) zum halben Preis; mit dem Erwerb einer Tageskarte gilt das Abo während eines Tages als Netzkarte mit freier Fahrt. Gültig 1 Monat (sfr. 90,-), 1 Jahr (sfr. 150,- / Paßfoto) oder 2 Jahre (sfr. 222,- / Paßfoto). Swiss Pass, Swiss Flexi Pass und Swiss Card sind bei der Deutschen Bahn AG und in den Reisebüros erhältlich.

Informationen (über Preise usw.) erteilen auch die Agenturen von Schweiz Tourismus in Deutschland und Österreich.

Ein besonderes Erlebnis bieten von Mai bis Oktober der »Wilhelm-Tell-Express« (mit Schiff und Bahn von Luzern durch den Gotthard nach Locarno oder Lugano), von Juni bis Oktober die Fahrt mit einem Dampfzug auf der alten Furka-Bergstrecke (Realp-Furka-Passhöhe).

… mit dem Bus

Das Postautonetz ist sehr dicht, selbst entlegenere Ortschaften werden mehrmals täglich bedient. An den größeren Postautostationen (meist bei den Bahnhöfen) sind Postauto-Ferienabonnements erhältlich; Gültigkeitsdauer 1 Monat.

In der Hauptsaison bieten etliche lokale Busunternehmen Ausflugsfahrten innerhalb der Zentralschweiz, aber auch über den Gotthard ins Tessin oder ins Berner Oberland an.

… mit den Bergbahnen

Die Zentralschweiz verfügt über ausgesprochen viele Bergbahnen (Zahnradbahnen, Seilbahnen, Sessellifte usw.). Am bekanntesten sind die zwei Zahnradbahnen und mehrere Luftseilbahnen auf die Rigi sowie Zahnradbahn und Seilbahn auf den Pilatus. Während der Hauptreisesaison verkehren die meisten Bergbahnen rund jede halbe Stunde, manchmal auch in kürzeren Abständen.

… mit dem Schiff

Auf Vierwaldstätter und Zuger See besteht ein fahrplanmäßiger, im Winterhalbjahr jedoch deutlich reduzierter Schiffsverkehr. Information (auch über diverse Vergünstigungen): Schiffahrtsgesellschaft des Vierwaldstätter Sees, ✆ 041/367 66 66 bzw. Schiffahrtsgesellschaft des Zuger Sees, ✆ 041/726 24 24. Von Gersau nach Beckenried verkehrt eine Autofähre. Im Sommerhalbjahr verkehren einige wenige Kursschiffe auf Hallwiler und Ägerisee.

… mit dem Fahrrad

Das Radwegnetz wurde in den letzten Jahren ständig ausgebaut, 1998 wurde zudem das zusammenhängende und einheitlich signalisierte Netz »Veloland Schweiz« eröffnet. Dessen Nord-Süd-Route führt von Basel über Olten durch das ländliche Gebiet des Kantons Luzern nach Luzern und weiter am Vierwaldstätter See entlang über Küssnacht und Brunnen nach Altdorf und über den Gotthard ins Tessin. Die Alpenrand-Route zieht sich aus Richtung Westschweiz über Bern durchs Entlebuch und Obwalden nach Luzern und weiter über Schwyz Richtung Glarus. Informationen und Dokumentation, auch über regionale Radwege sowie Fahrradkarten im Maßstab 1:50 000 sind erhältlich beim Verkehrs-Club der Schweiz (VCS), Bahnhofstr. 8, 3360 Herzogenbuchsee, ✆ 062/956 56 56, Fax 956 56 57.

Fast an allen Bahnstationen können Fahrräder – auch Mountainbikes, Kinderräder und Kindersitze – gemietet werden; Mieträder bieten ebenfalls etliche größere Ferienorte an. Auf den öffentlichen Verkehrsmitteln (Bahn, Schiff, Bus) und auf manchen Bergbahnen ist der Fahrrad-Transport in der Regel problemlos möglich. Bei Schweiz Tourismus ist die Broschüre »Spaß am Biken« mit für Radfahrer spezialisierten Hotels erhältlich.

UNTERKUNFT

Hotels und Pensionen

Von klassizistischen Prachtbauten im Stil der Jahrhundertwende über gemütliche Landgasthöfe bis zur preisgünstigen Familienpension ist in der Zentralschweiz alles zu buchen. Wie generell in der ganzen Schweiz hat die Hotellerie auch in der Zentralschweiz einen guten Ruf, die Unterkünfte sind sauber, die Küche in der Regel vielseitig und der Gast wird aufmerksam und freundlich betreut.

Eine Auswahl empfehlenswerter Hotels ist bei den jeweiligen Orten im Routenteil aufgeführt. Die Signete stehen für den Preis einer Übernachtung im Doppelzimmer für zwei Personen inkl. Frühstück:

$	bis 100 sfr.
$$	100–150 sfr.
$$$	150–200 sfr.
$$$$	200–300 sfr.
$$$$$	über 300 sfr.

Der umfangreiche Schweizer Hotelführer wird jedes Jahr neu aufgelegt und ist erhältlich bei den Reisebüros sowie beim Schweizer Hotelier-Verein (SHV), Monbijoustr. 130, 3001 Bern, ✆ 031/370 41 11. Aufgeführt sind alle dem SHV angeschlossenen Betriebe, aufgeteilt in fünf Kategorien (***** bis *). Die mit Foto dargestellten Häuser sind mit Hinweisen auf Lage, Freizeit-, Ausflugs- und Sportmöglichkeiten, Spezialeinrichtungen (Wellness, historisches Ambiente, vegetarische Küche oder Schonkost, usw.) versehen und geben an, ob sie kinder- oder be-hindertengerecht und ob Haustiere erlaubt sind. Qualitativ ebenbürtig sind diesen Häusern jedoch auch zahlreiche der nicht dem SHV angeschlossenen und daher weder im Führer verzeichneten noch offiziell klassifizierten Hotels; ein Augenmerk verdienen vor allem die Pensionen. Wer mehrere Nächte im gleichen Hotel logiert, profitiert mancherorts von Vergünstigungen, außerhalb der Hochsaison (Weihnachten/Neujahr, Ostern, Juli/August) werden vielerorts günstige Pauschalarrangements angeboten.

Schweiz Tourismus verfügt über aktuelle Hotelführer und Unterkunftsverzeichnisse einzelner Regionen, darunter gibt es auch speziell auf Familien oder Senioren zugeschnittene Hotellisten, Verzeichnisse mit Landgasthöfen, Berghotels, Gruppenunterkünften und *einfachen und gemütlichen* – und daher preisgünstigen – Hotels (sogenannte E&G-Hotels). Ein Führer mit speziell für Behinderte geeigneten Hotels ist erhältlich beim Schweizerischen Invalidenverband, Postfach, 4600 Olten, ✆ 062/212 12 62, Fax 212 31 05.

Über ein umfangreiches Hotelverzeichnis mit detaillierten Angaben in Wort und Bild verfügt auch Zentralschweiz-Tourismus, detaillierte Listen zum lokalen Angebot sind bei den Verkehrsbüros erhältlich.

Die Schweizerischen Bundesbahnen SBB bieten spezielle Pauschalangebote für Bahn und Hotel an; Auskunft erteilt railtour Suisse, Chutzenstr. 24, 3000 Bern 17, ✆ 031/378 00 00, Fax 378 02 22.

Ferienwohnungen

In der Zentralschweiz werden zahlreiche Ferienwohnungen angeboten. Eine einfache Unterkunft ist ab rund sfr. 350,- erhältlich; komfortablere Wohnungen und ganze Ferienhäuser, z. B. Chalets können erheblich teurer sein. Über Prospektmaterial verfügen Zentralschweiz-Tourismus und die Schweizer Reisekasse (REKA), Neuengasse 15, 3001 Bern, ☎ 031/329 66 33. Während der Hochsaison (Weihnachten/Neujahr, Ostern, Juli/August) werden viele Wohnungen nur für mindestens zwei Wochen vermietet.

Camping

Etliche Fremdenverkehrsorte verfügen über Campingplätze, sie sind bei den jeweiligen Orten im Routenteil aufgeführt. Zeltplatzverzeichnisse mit detaillierten Angaben sind erhältlich beim Verband Schweizerischer Campings (VSC), Seestr. 119, 3800 Interlaken, ☎ 033/823 35 23 und 823 29 91, beim Schweizerischen Camping- und Caravaning-Verband (SCCV), Habsburger Str. 35, 6000 Luzern 4, ☎ 041/210 48 22, Fax 210 00 02, und bei Schweiz Tourismus. Während der Hauptferienzeit (Juli/August) wird frühzeitige Reservierung dringend empfohlen! Wildes Campen ist nur mit Genehmigung des Grundstücksbesitzers erlaubt.

Jugendherbergen

Die Schweizer Jugendherbergen (SJH) betreiben Jugendherbergen in Engelberg, Gersau, Hoch-Ybrig, Hospental,
Luzern, Melchsee-Frutt, Seelisberg und Zug; die genauen Adressen sind im Routenteil aufgeführt. Außer in Melchsee-Frutt haben eingecheckte Gäste rund um die Uhr Zugang. Die Jugendherbergen stehen Gästen jeden Alters zur Verfügung. Wer keinen gültigen Mitgliedsausweis besitzt, zahlt sfr. 5,- mehr pro Nacht. Bei Platzknappheit haben Jugendliche unter 25 Jahren Vorrang. Familien und Gruppen benötigen eine spezielle Mitgliedskarte. Mitgliedsausweise sind erhältlich bei:

• Deutsches Jugendherbergswerk, Postfach 1455, 32756 Detmold, ☎ 05231/9 93 60, Fax 28 927,

• Österreichischer Jugendherbergsverband, Helferstorferstr. 4, 1010 Wien, ☎ 01/53 31 83 30, Fax 53 31 83 385,

• Schweizer Jugendherbergen, Schaffhauserstr. 14, 8042 Zürich, ☎ 01/360 14 14, Fax 360 14 60,

• und in jeder Jugendherberge.

Privatunterkünfte

In Kleinstädten und auf dem Land werden oft preisgünstige Privatzimmer angeboten. Auskunft gibt das lokale Verkehrsbüro.

Ferien auf dem Bauernhof

Ferien auf dem Bauernhof erfreuen sich, vor allem bei Familien, steigender Beliebtheit. Eine detaillierte Broschüre ist erhältlich bei der REKA (Adresse s. oben).

ESSEN UND TRINKEN

Das Angebot aus Küche und Keller wurde bereits auf S. 45 ff. ausführlich vorgestellt. In der Zentralschweiz sind sowohl Lokale mit einheimischer Küche wie – vor allem in den Städten und größeren Orten – viele Spezialitätenrestaurants mit ausländischen Gerichten zu finden. Die Qualität gilt als durchweg gut, das Personal aufmerksam, die Lokale sind angenehm eingerichtet. Die Preise liegen allerdings, vor allem in den größeren Orten, etwas höher als in Deutschland und Österreich. Eine Auswahl empfehlenswerter Restaurants ist bei den jeweiligen Orten im Routenteil aufgeführt. Die Signete stehen für ein Gericht der Abendkarte:

$	bis 20 sfr.
$$	20–40 sfr.
$$$	über 40 sfr.

Viele Restaurants bieten mittags, oft auch abends ein oder mehrere »Menüs«, bestehend aus einer Vorspeise – meist Suppe –, einem Hauptgericht und einem Nachtisch an: Sie sind, verglichen mit A-la-carte-Service, recht günstig und rasch aufgetragen.

Hauptessenszeiten sind von 12–14 Uhr und ab 18 oder 19 Uhr am Abend. In manchen Lokalen gibt es ab 22 Uhr kein warmes Essen mehr, andere wiederum bieten den ganzen Tag über warme Küche an. Die meisten Restaurants sind an einem oder zwei Tagen pro Woche geschlossen.

Bei Schweiz Tourismus ist ein Verzeichnis mit vegetarischen Restaurants erhältlich.

REISEINFORMATIONEN VON A BIS Z

Aktivurlaub

Die Zentralschweiz ist ein Paradies für Urlauber, die es sportlich lieben: Zu Lande und in der Luft reicht das Angebot von Gleitschirmfliegen über Bungee Jumping bis zu Goldwaschen, von Sommerrodeln und Minigolf bis zu »richtigem« Golf. Entsprechende Hinweise sind bei den jeweiligen Orten im Routenteil aufgeführt. Detaillierte Informationen zu den zahlreichen Gleitschirm-Startplätzen gibt der Schweizer Hängegleiter-Verband, Zürcherstr. 47, 8620 Wetzikon, ✆ 01/ 932 43 53. Über die Golfplätze informiert ein Golfplatzführer, zu beziehen bei Schweiz Tourismus.

Fast jeder größere Ort weist Tennis-Anlagen auf. Fahrradfahren und Mountainbiking sind vielerorts möglich.

Auf den größeren Seen der Zentralschweiz kann man segeln, surfen, Wasserski fahren, rudern, Boote mieten und natürlich schwimmen. Fast jeder Seeort verfügt über ein Strandbad, in den meisten anderen größeren Orten sind Frei- und Hallenbäder zu finden. Unterlagen über Segel- und Surfschulen erhält man bei Zentralschweiz-Tourismus. Angeln am Ufer ist am Vierwaldstätter- und am Zuger See ohne Patent erlaubt. Für die übrigen Seen gelten unterschiedliche Bestimmungen, Auskunft geben die lokalen Verkehrsbüros.

Riverrafting und Kanufahrten werden auf einigen Flüssen, aber auch auf Seen angeboten. Detaillierte Angaben hat Eurotrek, Malzstr. 17, 8036 Zürich, 01/462 02 03, Fax 462 93 92.

Das Wanderwegnetz ist dicht, gut unterhalten und mit gelben Wegweisern, Rhomben und Farbmarken gekennzeichnet. Bergpfade sind weiß-rot-weiß markiert. Im Sommer werden vielerorts geführte Wanderungen angeboten. In nahezu allen Verkehrsbüros sind lokale Wanderkarten mit eingezeichneten Routen erhältlich. Empfehlenswert sind Karten im Maßstab 1:50 000 oder 1:25 000. In einzelnen Fällen werden Wanderkarten im Maßstab 1:40 000 angeboten. Sie sind genau, können jedoch den an die gängigen Maßstäbe gewohnten Wanderer möglicherweise verwirren. Wo Wanderkarten fehlen, bieten sich die hervorragenden Blätter 1:50 000 oder 1:25 000 der offiziellen Schweizerischen Landeskarte, erhältlich in den lokalen Buchhandlungen, an.

Viele Alpinschulen, u. a. in Engelberg und Andermatt, bieten Kletterkurse für Anfänger und Fortgeschrittene an, mancherorts werden geführte ein- oder mehrtägige Hochtouren durchgeführt; Auskunft gibt Zentralschweiz-Tourismus. Bei Schweiz Tourismus kann ein Verzeichnis der Klubhütten des Schweizerischen Alpenklubs (SAC) bezogen werden.

Die Zentralschweizer Wintersportorte gelten als verhältnismäßig schneesicher. Die größten und bekanntesten sind Engelberg, Andermatt und, für Skilanglauf, Einsiedeln. Bei Familien beliebt ist Sörenberg. Unter ✆ 120 kann der aktuelle Skipistenbericht abgehört werden. Viele Ferienorte verfügen über ein gut unterhaltenes Netz an Winterwanderwegen und bieten Rodel-, Natur- und Kunsteisbahnen an. Unterlagen über Wintersportmöglichkeiten hat Zentralschweiz-Tourismus.

Ärztliche Versorgung

Die ärztliche Versorgung kann in der ganzen Schweiz als sehr gut bezeichnet werden. Man begibt sich zum nächsten Arzt oder in die Notfall-Station des Spitals. Über ✆ 144 ist der Sanitäts-Notruf zu erreichen.

Deutsche Krankenkassen erstatten in der Schweiz entstandene Kosten gegen Vorlage der Rechnungen nach speziellen Tarifen. Über Einzelheiten informieren die Kassen. Zwischen den offiziellen österreichischen und schweizerischen Krankenkassen besteht kein entsprechendes Abkommen, es empfiehlt sich daher der Abschluß einer privaten Krankenversicherung.

Einkaufen und Souvenirs

In jedem Ferienort sind »typische« Schweizer Mitbringsel erhältlich: Schokolade, Uhren, Schmuck, Schweizer Offiziersmesser, Käse, Kuhglocken im Klein- bis Kleinstformat und vieles mehr. In den größeren Orten gibt es Läden, die ausschließlich Souvenirs anbieten. Echtes einheimisches Kunsthandwerk – z. B. Töpfer- und Lederwaren – und Antiquitäten werden in speziellen Geschäften, oft aber auch auf den lokalen Märkten angeboten. Lokaltypische Souvenirs sind bei den jeweiligen Orten im Routenteil aufgeführt.

Den täglichen Bedarf decken die in allen größeren Orten vertretenen Großverteiler Coop und Migros, in den Dörfern sind – obwohl sie nach und nach verdrängt werden – »Tante Emma«-Läden anzutreffen.

Elektrizität

Die Stromspannung beträgt 220 Volt/Wechselstrom. Es empfiehlt sich, einen Netzadapter mitzuführen, da Schukostecker nicht auf Schweizer Steckdosen passen.

Feiertage

Offizielle Feiertage und daher arbeitsfrei sind 1. Januar, 2. Januar (Berchtoldstag), Karfreitag, Ostermontag, Auffahrt (Christi Himmelfahrt), Pfingstmontag, Fronleichnam, 1. August (Nationalfeiertag), 15. August (Mariä Himmelfahrt), 1. November (Allerheiligen), 8. Dezember (Mariä Empfängnis), 25. Dezember, 26. Dezember (Stefanstag). Verschiedene Regionen der Zentralschweiz kennen zusätzliche Feiertage.

Geld und Geldwechsel

In Umlauf sind Banknoten zu 1000, 200, 100, 50, 20 und 10 sfr. sowie Münzen zu 5, 2 und 1 sfr. und 50, 20, 10 und 5 Rappen. Der Geldwechsel erfolgt bei Banken und Wechselstuben, in Bahnhöfen, Reisebüros und größeren Hotels.

Fast in allen Geschäften, Hotels und Restaurants werden mittlerweile Kreditkarten angenommen, in manchen abgelegeneren Orten nimmt man jedoch nach wie vor ausschließlich Bargeld entgegen.

Haustiere

Hunde und Katzen müssen gegen Tollwut geimpft sein, bei der Einreise muß ein tierärztliches Zeugnis vorgelegt werden. Die Impfung muß älter als 30 Tage sein, darf aber höchstens ein Jahr zurückliegen.

Internet

Die Zentralschweiz verfügt über eine Vielzahl von nützlichen Internet-Adressen, von denen hier eine Auswahl präsentiert wird.

Allgemeine Informationen:

http://www.centralswitzerland.ch
(Infos und Links zu allen Regionen der Zentralschweiz)
http://www.centralnet.ch
(Infos zur Region Zentralschweiz und zur Schweiz allgemein)

Regionale Informationen:

http://www.luzern.org.
(Verkehrsverein Luzern)
http://www.luzern.ch
(Wissenswertes zum Kanton Luzern)
http://www.lucernemusic.ch
(Infos zu den Internationalen Musikfestwochen Luzern)
http://www.staluzern.ch
(Staatsarchiv des Kanton Luzern)
http://www.weggis.ch
(Infos zum Vierwaldstätter See)
http://www.zug.ch
(Wissenswertes zum Kanton Zug)
http://www.uri-online.ch
(Wissenswertes zum Kanton Uri)
http://www.ybrig.ch
(Homepage zum Hoch-Ybrig)

http://www.engelberg.ch
(Tourist Center Engelberg)
http://www.go-seetal.ch
(Infos zum Luzernbiet)

Mehrwertsteuer

1998 erhöhte die Schweizer Regierung die Mehrwertsteuer von 6,5 auf 7,5%. Ebenso stieg der ermäßigte Spezialtarif für Hotels, Pensionen und Ferienhäuser von 3,0 auf 3,5%.

Naturschutzgebiete

In den Naturschutzgebieten ist das Stören von Tieren, das Sammeln von Pflanzen und Hinterlassen von Abfällen strikt verboten.

Notruf

Polizei: ☎ 117
Feuerwehr: ☎ 118
Pannenhilfe: ☎ 140
Sanitätsnotruf: ☎ 144
Bergrettung: ☎ 14 14
(Schweizerische Rettungsflugwacht).

Öffnungszeiten

In größeren Ortschaften sind die Geschäfte in der Regel von 8 oder 9 bis 12.30 und von 13.30 bis 18.30 Uhr, manche auch über Mittag geöffnet. Einige sind über Mittag sowie am Montagmorgen geschlossen; Samstag ist 16 oder 17 Uhr Ladenschluß. In Luzern und Zug herrscht je nach Geschäft Donnerstag oder Freitag Abendverkauf (bis 21 Uhr). Gewisse Geschäfte –

z. B. Bäckereien – sind oft auch sonntags für einige Stunden geöffnet. In den kleineren Orten herrschen reduzierte Öffnungszeiten.

Banken: Mo bis Fr 8.30 bis 12 und 14 bis 16.30 Uhr.

Postämter: In der Regel Mo bis Fr 7.30 bis 12 und 13.45 bis 18, Sa 7.30 bis 11 Uhr, in den größeren Orten ist die Post auch mittags offen. Abends sowie an Wochenenden stehen zu bestimmten Zeiten Dringlichkeitsschalter zur Verfügung. In kleineren Orten ist die Post oft nur wenige Stunden täglich offen.

Postgebühren

»Schnelle« Briefe und Postkarten nach Deutschland und Österreich kosten, mit dem Vermerk »Prioritaire« sfr. 1,10 (bis 20 g) bzw. 1,80 sfr. (bis 50 g). Fehlt der Vermerk, beträgt die Gebühr 90 Rp. resp. sfr. 1,20 und benötigt bis zur Zustellung in der Regel über 5 Tage.

Telefon

Telefonvorwahl
in die Schweiz: 0041
Aus der Schweiz
nach Deutschland: 0049
Aus der Schweiz
nach Österreich: 0043

Fast die ganze Zentralschweiz weist die regionale Vorwahl (0)41 auf; eine Ausnahme bildet die Region Einsiedeln mit (0)55. Alle Telefonnummern in diesem Buch haben demnach, falls nichts anderes erwähnt ist, die regionale Vorwahl (0)41.

Sofern die Telefonautomaten noch Kleingeld akzeptieren, kostet ein Anruf mindestens 60 Rp. Immer mehr Automaten sind ausschließlich mit Karten zu bedienen; die sogenannte Taxcard ist zu 5, 10 oder 20 Franken in Postämtern und an Kiosken erhältlich.

Trinkgeld

Trinkgeld gibt man nach freiem Ermessen bzw. honoriert damit eine gute Leistung. Im Gastgewerbe wird in der Regel mindestens auf den nächsten ganzen Franken aufgerundet.

Zeitungen

Im kleinsten Bergdorf ist das Boulevard-Blatt Blick erhältlich. Regional dominiert die Luzerner Zeitung, die in der übrigen Zentralschweiz verschiedene Kopfblätter mit Regionalteil (oft unter dem Namen des entsprechenden Kantons) herausgibt. In den großen Fremdenverkehrsorten sind auch deutsche und österreichische Presseerzeugnisse erhältlich.

LESETIPS

Heinrich **Federer:** Am Fenster; Durch Zeit und Welt; Geschichten aus der Urschweiz: Die Romane des Obwaldner Heimatdichters über Innerschweizer Charaktere und deren Schicksale sind beim Rex-Verlag, Luzern, erschienen.

Max **Frisch,** Wilhelm Tell für die Schule, Frankfurt/M. 1976: Der bedeutende, vor wenigen Jahren verstorbene Schweizer Schriftsteller interpretiert Wilhelm Tell auf sarkastische Weise und ohne Pathos.

Sergius **Golowin,** Phantastische Geschichte der freien Schweiz (Lustige Eidgenossen), Fischer Media-Verlag, Münsingen/CH 1998: Spannende Verbindung von Legende und Wirklichkeit aus der Geschichte der freien Schweiz.

Meinrad **Inglin,** Schweizerspiegel, Berlin 1998: Das bedeutendste Werk des Schwyzer Schriftstellers gibt ein lebendiges Bild der Schweiz während des Ersten Weltkriegs.

Eduard **Renner,** Goldener Ring über Uri, Zürich [4]1991: Leben und Arbeit eines Landarztes vor dem Hintergrund der mythisch-realen Welt der Urner Bergbevölkerung.

Ernst **Scagnet,** Zentralschweiz, Harlekin-Verlag Luzern 1983: Das Herz der Schweiz in wunderschönen Texten und großartigen Fotos (inzwischen leider vergriffen, nur noch im Antiquariat erhältlich).

Friedrich **Schiller,** Wilhelm Tell, München 1998 (dtv Bibl. der Erstausg. 2647). Das klassische Drama über die Gründungsgeschichte der Schweizer Eidgenossenschaft am Vierwaldstätter See.

Mark **Twain,** Eine Rigibesteigung, in: Meistererzählungen, Zürich [3]1997. Die abenteuerlichen und – für heutiges Empfinden – amüsant beschriebenen Erlebnisse eines berühmten Vielreisenden an und auf der »Königin der Berge«.

Mit Wilhelm Tell um den Vierwaldstätter See, aus der Reihe (Klett) Literaturreisen, Stuttgart 1990.

Schiffahrt auf dem Vierwaldstätter See, Eisenbahn-Verlag, Villingen/CH 1974: Bildband über die Geschichte der Vierwaldstätter See-Schiffahrt und die einzelnen Schiffe.

Rund um den Vierwaldstätter See, Wanderführer, Bern 1979: Detaillierte und interessante Angaben über Ortschaften, Berge usw. im Anhang.

Informationsblätter über die Schweiz (darunter die Zentralschweiz), Schweizer Kulturstiftung Pro Helvetia, Zürich: Hefte werden laufend aktualisiert und neu herausgegeben.

ABBILDUNGS- UND QUELLENNACHWEIS

Abbildungen

Alle Fotos: **Heiko Specht / Laif, Köln**, außer:

Felix Aeberli / Ringier Dokumentationszentrum (RDZ), Zürich   S. 171
Charles Seiler / RDZ, Zürich   S. 39

Karten und Pläne

Elsner & Schichor, Karlsruhe
© DuMont Buchverlag

REGISTER

Personenregister

Ortsregister